Oeuvres Complètes De George Sand: Tamaris...

George Sand

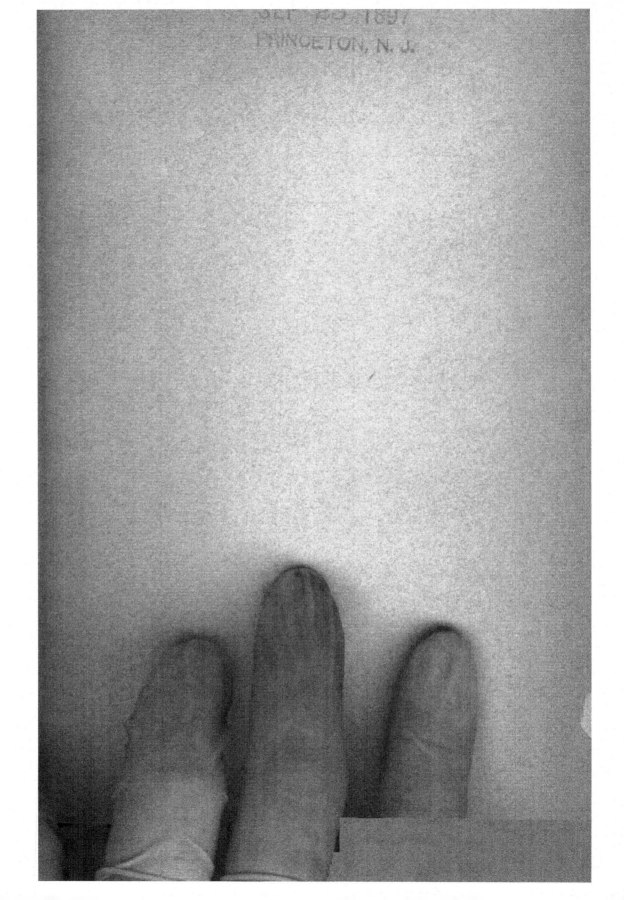

ŒUVRES

DE

GEORGE SAND

—

TAMARIS

CALMANN LÉVY, ÉDITEUR

ŒUVRES COMPLÈTES

DE

GEORGE SAND

Nouvelle édition format grand in-18

Emile Colin. — Imprimerie de Lagny.

TAMARIS

PAR

GEORGE SAND

NOUVELLE ÉDITION

PARIS

CALMANN LÉVY, ÉDITEUR

ANCIENNE MAISON MICHEL LÉVY FRÈRES

3, RUE AUBER, 3

—

1890

(RECAP)

3290
.3
.1865
J.99

AU DOCTEUR H. VERGNE.

A BEAUREGARD

Mon ami, ce n'est pas vous qui me reprocherez de vouloir farder la nature et dépasser la vraisemblance dans les sentiments exprimés par le narrateur de cette histoire. Vous n'en auriez pas le droit, vous qui n'avez jamais compris le bonheur que dans le dévouement.

GEORGE SAND.

Nohant, 10 janvier 1862.

1

TAMARIS

I.

En mars 1860, je venais d'accompagner de Naples
à Nice, en qualité de médecin, le baron de la Rive,
un ami de mon père, un second père pour moi. Le
baron était riche et généreux; mais je m'étais fait
un devoir de lui consacrer *gratis* les premières années de ma carrière médicale : il avait sauvé ma
famille de plus d'un désastre, nous lui devions tout.
Il se vit contraint d'accepter mon dévouement, et il
l'accepta de bonne grâce, comme un grand cœur qu'il
était. Atteint, deux ans auparavant, d'une maladie
assez grave, il avait recouvré la santé en Italie; mais
je lui conseillai d'attendre à Nice les vrais beaux jours

de l'année pour s'exposer de nouveau au climat de
Paris. Il suivait ma prescription ; il s'établissait là
pour deux mois encore et me rendait ma liberté, dont,
au reste, la privation s'était peu fait sentir, grâce au
commerce agréable de mon vieux ami et au charme
du voyage. Ayant quelques intérêts à surveiller en
Provence, une petite succession de famille à liquider
pour le compte de mes parents, établis en Auvergne,
je m'arrêtai à Toulon et j'y passai trois mois, durant
lesquels se déroulèrent les événements intimes que
je vais raconter.

M. de la Rive ayant déjà fait un séjour forcé de
plusieurs semaines dans cette ville au début de son
voyage, je m'étais lié avec quelques personnes, et le
pays ne m'était pas complétement étranger. Parmi ces
amitiés passagèrement nouées, il en était une dont le
souvenir m'attirait particulièrement, et j'appris avec
un grand plaisir, dès mon arrivée, que l'enseigne la
Florade était passé lieutenant de vaisseau, et se trouvait à bord du navire de guerre la *Bretagne*, dans la
rade de Toulon. La Florade était un Provençal élevé
sur la mer et débarrassé en apparence de sa couleur
locale, mais toujours Provençal de la tête aux pieds,
c'est-à-dire très-actif et très-vivant d'esprit, de sentiments, de caractère et d'organisation physique.
C'était pour moi un type de sa race dans ce qu'elle
a de meilleur et de plus distingué. J'ai connu peu de
natures aussi heureusement douées. Il était plutôt

petit que grand, bien pris, large d'épaules, adroit et
fort ; la figure était charmante d'expression, la bouche grande, ornée de dents magnifiques, la mâchoire
un peu large et carrée, sans être lourde, la face carrée aussi, les pommettes hautes, le cou blanc, fort et
admirablement attaché, la chevelure abondante,
soyeuse, un peu trop frisée malgré le soin qu'il prenait de contrarier ce caprice obstiné de la nature ;
le nez était petit, sec et bien fait, l'œil d'un cristal
verdâtre, clair et perçant, avec des moiteurs soudaines et attendries, des sourcils bruns bien arqués,
et autour des paupières un large ton bistré qui devenait d'un rose vif à la moindre émotion. C'était là
un trait caractéristique, moyennant lequel on eût
pu le spécifier dans un signalement et que je n'ai
vu que chez lui : bizarrerie plutôt que beauté ; mais
ses yeux y gagnaient une lumière et une expression extraordinaires. Sa physionomie en recevait
cette mobilité que j'ai toujours aimée et prisée
comme l'indice d'une plénitude et d'une sincérité
d'impressions rebelles à toute contrainte et inca-
pables de toute hypocrisie.

Tel qu'il était, sans être un fade ou insolent joli
garçon, il se faisait remarquer et plaisait à première
vue. Ses manières vives, cordiales, un peu turbu-
lentes, et empreintes à chaque instant d'une sensi-
bilité facile, répondaient au charme de sa figure. Son
intelligence rapide, nette, propre à chercher et à

retenir, — deux facultés généralement exclusives
l'une et l'autre, — faisait de lui un excellent marin
qui eût pu être aussi bien un artiste, un indus-
triel, un avocat, un colonel de hussards, un poëte. Il
avait cette espèce d'aptitude universelle qui est
propre aux Français du Midi, race grecque mêlée
de gaulois et de romain ; intelligences plus éten-
dues en superficie qu'en profondeur, on peut dire
qu'elles ont pour ver rongeur, et souvent pour principe de stérilité, leur propre facilité et leur fécon-
dité même.

Heureusement pour Hyacinthe de la Florade, car
il était gentillâtre et supprimait de son plein gré la
particule, il avait été jeté de bonne heure, par la
force des choses, dans une spécialité qui dominait
tout caprice. Quoiqu'il sût assez bien dessiner et
qu'il chantât d'une voix charmante et d'une manière
agréable, bien qu'il fît des vers à l'occasion et qu'il
lût avec ardeur et pénétration toute espèce de livres,
bien qu'il possédât quelques notions des sciences
naturelles et qu'il eût le goût des recherches, il était
marin avant tout ; son cœur et son esprit s'étaient
mariés d'inclination, comme son corps et ses habitudes, avec *la grande bleue,* c'est ainsi qu'il appelait
gaiement la mer.

— Je sais très-bien, disait-il, que notre beau siècle
a tout critiqué, et que la critique n'est plus que l'enseignement du dégoût de toutes choses. Vous autres

jeunes gens de Paris, blasés sur tous les plaisirs qui vous provoquent, vous riez volontiers d'un homme de mon âge (la Florade avait alors vingt-huit ans) qui aime avec passion la plus austère, la plus perfide, la plus implacable des maîtresses... Vous croyez que c'est là une brute, avide d'émotions violentes, et j'ai connu un homme de lettres qui me conseillait de me faire arracher une dent de temps à autre pour assouvir ce besoin de situations critiques et désagréables. Selon lui, c'était bien plus commode et plus prompt que d'aller chercher les détresses et les épouvantes à trois mille lieues de chez soi. Moi, je vous dis que ces esprits dénigrants sont des malades hypocondriaques, et qu'il leur manque un sens, le sens de la vie, rien que ça !

La Florade raisonnait de même à l'égard de ses autres passions. Il se faisait une sorte de point d'honneur d'en ressentir vivement tous les aiguillons. Il aimait et choyait en lui toutes les facultés du bonheur et de la souffrance. Il regardait presque comme une lâcheté indigne d'un homme la prudence qui s'abstient et se prive par crainte des conséquences d'un moment d'énergie. Il ne voulait pas maîtriser ni dominer la destinée ; il était fier de l'étreindre et de sauter avec elle dans les abîmes, disant qu'il y avait plus de chances pour les audacieux que pour les poltrons, et que peu importait de vivre longtemps, si on avait beaucoup et bien vécu. Ce sys-

tème n'allait pas jusqu'aux mauvais extrêmes. Il
avait une sincère, sinon scrupuleuse notion du bien
et du mal, et, sans y réfléchir beaucoup, il était
préservé du vice par son tempérament d'artiste
et ses instincts généreux; mais il n'en est pas
moins vrai que, emporté par de bouillants appétits
et se prescrivant à lui-même de ne jamais leur résister, il amassait sur sa tête des orages très-redou-
tables.

Mon ami la Florade n'était donc point un parfait
héros de roman, on le verra de reste dans ce récit;
mais, avec ses défauts et ses paradoxes, il exerçait
sur ceux qui l'entouraient une sorte de fascination.
Je la subissais tout le premier, cette influence un
peu vertigineuse. J'étais jeune et je n'avais pas eu
de jeunesse. Le devoir, la nécessité, la conscience,
m'avaient fait une vie de renoncement et de sacri-
fices. Après des années d'études austères, où j'avais
ménagé parcimonieusement mes forces vitales comme
l'instrument de travail qui devait acquitter les dettes
de cœur et d'honneur de ma famille envers M. de la
Rive, je venais de passer deux ans auprès de ce vieillard calme, patient avec ses maux et doué d'un courage à toute épreuve pour vaincre la maladie par un
régime implacable. En qualité de médecin, habitué
à considérer la conservation de la vie comme un but,
je tombais avec la Florade en pleine antithèse, et,
tout en le contredisant avec une obstination vrai-

ment *doctorale,* je me sentais charmé et comme converti intérieurement par le spectacle de cette force épanouie, de cette ivresse de soleil, de cette intensité et de cette bravoure d'existence qui étaient si bien ce qu'elles voulaient être, et que tout caractérisait fortement : la figure, les idées, les paroles, les goûts, et jusqu'à ce nom horticole de la Florade, qui semblait être le bouquet de sa riante personnalité. Je le voyais presque tous les jours; mais, au bout d'une semaine, un incident romanesque nous jeta dans une complète intimité.

Je fus, en vue des affaires personnelles qui me retenaient à Toulon, engagé à consulter un propriétaire résidant non loin du terrain dont j'avais hérité, et qu'il s'agissait pour moi de vendre aux meilleures conditions possibles. C'était un ancien marin, officier distingué, qui avait créé une bastide et un petit jardin sur la côte, pour ne pas se séparer de la mer et pour se livrer à la pêche, son délassement favori.

L'endroit s'appelle *Tamaris.* C'est un des *quartiers* (divisions stratégiques du littoral) qui enserrent le petit golfe du Lazaret, à une lieue de Toulon à vol d'oiseau. Ce nom précieux de Tamaris est dû à la présence du tamarix narbonais, qui croît spontanément sur le rivage, le long des fossés que la mer remplit dans ses jours de colère [1]. L'arbre n'est pas

1. Par corruption, les géographes ont écrit quelquefois *Tamarin,* croyant traduire littéralement, et confondant le tamarinier (*tamarindus*)

1.

beau : battu par le vent et tordu par le flot, il est
bas, noueux, rampant, échevelé; mais, au printemps, son feuillage grêle, assez semblable d'aspect
à celui du cyprès, se couvre de grappes de petites
fleurs d'un blanc rosé qui rappellent le port des
bruyères et qui exhalent une odeur très-douce. Une
de ces grappes prise à part ne sent rien ou presque
rien ; la haie entière sent bon. Il en est ainsi de la
véritable bruyère blanche arborescente, qui, au mois
d'avril, embaume tous les bois du pays.

J'avais pris une barque pour aller par mer à Tamaris. C'est le plus court chemin quand le vent est
propice. J'abordai à la côte juste au pied de la bas-
tidette de M. Pasquali. Je trouvai un homme entre
deux âges, d'une aimable figure, d'une grande franchise et d'une obligeance extrême. Il avait peu
connu le vieux parent dont j'héritais.

— C'était une espèce de maniaque, me dit-il; il
ne sortait plus depuis longtemps, et vivait là avec
une espèce de fille naturelle...

— Qui a droit, je le sais, à la moitié du petit héritage. Il n'y aura pas contestation de ma part. Si elle
veut acquérir l'autre moitié, je ne lui ferai certes
pas payer ce qu'on appelle la *convenance*. C'est pour
savoir en toute équité la valeur de cette portion de
terrain que je suis venu vous consulter.

---

avec le *tamarisc,* qui appartient à une tout autre famille. Les géographes ne devraient jamais corriger les noms traditionnels.

— Eh bien, puisque vous êtes un bon garçon et un honnête homme, je prendrai les intérêts des deux parties. Cela vaut quinze mille francs. Mademoiselle Roque a de quoi payer comptant une portion de la somme. Avec le temps, elle acquittera le reste.

— C'est une honnête personne?

— Vous ne la connaissez donc pas?

— Pas plus que je ne connais la propriété.

— Vous n'êtes pas curieux!

— On m'a dit que l'endroit était triste et laid, et, quant à la fille, j'aurais cru manquer au savoir-vivre en allant faire une sorte d'expertise chez elle.

— Oui, vous avez raison; je vois que la Florade m'avait dit la vérité sur votre compte.

— Vous connaissez donc la Florade?

— Pardieu, si je le connais! il est mon filleul. Un charmant enfant, n'est-ce pas? une diable de tête! Mais, à son âge, je raisonnais un peu comme lui! Me voilà vieux, j'aime la pêche, je m'y donne tout entier. Vous, vous aimez la science... Au bout du compte, chacun en ce monde court à ce qui lui plaît, et il n'y a que les hypocrites qui s'y rendent en cachette.

Là-dessus, le franc marin me força d'accepter un verre d'excellent vin où il me fit tremper un pain frais de biscuit de mer.

— Je n'ai pas d'autre gala à vous offrir, me dit-il; car je n'ai pu aller à la pêche ce matin. Il y avait

encore trop de ressac dans mes eaux. Il faut aussi
vous dire que je ne couche presque jamais ici. J'ai
ma demeure au port de la Seyne, à une demi-heure
de marche, sur l'autre versant de la presqu'île. Je
viens tous les jours de grand matin visiter mes ap-
pâts et explorer mon quartier de pêche. Je fais une
sieste, je fume une pipe, je me remets en pêche
quand le temps est bon, et, au coucher du soleil,
je retourne à la ville.

— Et vous ne laissez ici personne? Votre propriété
est respectée durant la nuit?

— Oui, grâce aux douaniers et gardes-côtes qui
sont échelonnés sur le rivage. Les gens du pays sont
généralement honnêtes; mais nos sentiers déserts,
nos bastides isolées les unes des autres par de vastes
vergers sans clôture, tentent ce ramassis de bandits
étrangers que la mer, les grands ateliers et les chemins de fer nous amènent. Vous voyez que tous nos
rez-de-chaussée sont grillés comme des fenêtres
de prison, et, si vous demeuriez ici, vous sauriez
qu'on ne sort pas la nuit sans être bien accompagné
ou bien armé. Malgré tout cela, on vole et on assas-
sine; mais, avec un bon *revolver* et un bon casse-
tête, on peut aller partout.

— Vous ne me donnez pas grand regret d'avoir
dans vos parages une propriété à vendre au plus
vite. Je n'aimerais pas à vivre sur ce pied de guerre
avec mes semblables.

— Les bandits ne sont pas nos semblables, reprit-il. Mais venez donc jeter un coup d'œil sur nos rivages, et puis nous irons voir votre propriété.

Le terrain de la plage assez vaste qui se prolongeait vers le sud était plat et coupé d'une multitude de cultures à peu près toutes semblables : des plantations de vigne basse rayées de plantations d'oliviers et de larges sillons de céréales hâtives et souffreteuses ; dans chaque enclos, une bastide généralement laide et décrépite. Celle de M. Pasquali était agréable et confortable ; mais, placée au niveau de la mer, elle n'avait pas de vue, et, comme j'en faisais la remarque, il me dit :

— Vous ne connaissez pas le pays. Là où nous sommes, il ne paye pas de mine ; mais vous ne le voyez pas. Je me suis planté au ras du flot, parce que j'y suis abrité du mistral par la colline, et parce que tout ce que j'aime dans la campagne, c'est l'eau salée, c'est le roc submergé et les intéressants animaux qui s'y cachent et qui me font ruser et chercher. Cependant, si vous aimez les belles vues, faisons deux cents pas un peu en roideur, et vous ne regretterez pas votre peine.

Nous gravîmes un escalier rustique formé de dalles mal assorties qui, de terrasse en terrasse, nous conduisit au sommet de la colline, tout près d'une maison basse assez grande et assez jolie pour le pays. Le toit de tuiles roses se perdait sous les vastes parasols d'un large bouquet de pins d'Alep négligemment mais gracieusement jeté sur la colline. Au premier abord, ce dôme de sombre verdure enveloppait tout ; mais, en faisant le tour du parc, si l'on peut appeler parc une colline fruste, herbue, crevée de roches, et où rien n'adoucissait les caprices du sentier, on saisissait de tous côtés, à travers les tiges élancées des arbres, de magnifiques échappées de vue sur la mer, les golfes et les montagnes : au nord, une colline boisée que dépassait la cime plus éloignée du Coudon, une belle masse de calcaire blanc et nu brusquement coupée en coude, comme son nom semble l'indiquer ; à l'est, des côtes ocreuses et chaudes festonnées de vieux forts dans le style élégant de la renaissance ; puis l'entrée de la petite rade de Toulon et quelques maisons de la ville, dont heureusement un petit cap me cachait la triste et interminable ligne blanche sans épaisseur et sans physionomie ; puis la grande rade, s'enfonçant à perte de vue dans les montagnes et finissant à l'horizon par les lignes indécises de la presqu'île de Giens et les masses vaporeuses des îles d'Hyères. De ce côté, la vue, heureusement encadrée par les pins-parasols et les buissons fortement découpés, était si bien composée et d'un ton si pur et si frais, que je restai un instant comme en extase ; je n'avais rien trouvé de plus beau sur les rivages de Naples et de la Sicile. La grande rade, ainsi vue de haut, et par-

tout entourée de collines d'un beau plan et d'une
forme gracieuse, avait les tons changeants du prisme.
La houle soulevait encore quelques lignes blanches
sur les fonds bleus du côté de la pleine mer; mais,
à mesure qu'elle venait mourir dans des eaux plus
tranquilles, elle passait par les nuances vertes jusqu'à ce que, s'éteignant sous nos pieds dans le petit
golfe du Lazaret, elle eût pris sur les algues des
bas-fonds l'irisation violette des mers de Grèce.

— Voici, dis-je à mon guide, une des plus belles
marines que j'aie jamais vues. Qui donc habite cette
maison si bien située?

— Une jeune veuve avec un enfant malade a loué
Tamaris pour la saison; car c'est ici le véritable endroit, jadis appelé le *Tamarisc*, qui a donné son
nom au *quartier*. La petite villa appartient à un de
mes amis; mais, dans nos pays, on ne loue aux
étrangers que pour la mauvaise saison, puisque les
étrangers ont la simplicité de croire à nos printemps,
et on ne prend sa propre villégiature qu'à la fin de
l'été.

J'observai que, si la nature était belle en ce lieu,
le climat m'y semblait effectivement bien âpre, et
mal approprié aux délicats organes d'une femme et
d'un enfant.

— C'est rude mais sain, reprit M. Pasquali. L'enfant s'en trouve bien, à ce qu'il paraît. Quant à la
mère, elle ne m'a pas semblé malade. C'est une jolie

femme très-douce et très-aimable. Et tenez! la voilà
qui nous fait signe d'approcher.

En effet, une des fenêtres du rez-de-chaussée
s'était ouverte, et, à travers les barreaux de fer, une
gracieuse main blanche s'offrait à la main du vieux
marin; une voix douce l'appela du titre de *cher voisin,* et on échangea des politesses cordiales. L'enfant
sortit au même moment, et, comme je me tenais
discrètement à l'écart, il vint autour de moi, ainsi
qu'un oiseau curieux, babiller tout seul, faire des
grâces, et finalement répondre à mes avances en
grimpant sur mes épaules. La mère s'inquiéta sans
doute, car j'entendis M. Pasquali lui dire :

— Oh! soyez tranquille; s'il le casse, il le rac-
commodera, c'est un médecin!

— Un médecin? reprit la mère. Oh! tant mieux!
Je consulte pour lui tous les médecins que je rencontre, et je serai bien aise d'avoir son avis.

Elle sortit aussitôt et m'invita à m'asseoir sur la
terrasse pavée de grands carreaux rouge étrusque
et ombragée de plantes exotiques, qui est, dans le
pays, l'invariable appendice de toute maison, si
pauvre ou si riche qu'elle soit.

Il me sembla, en regardant cette femme, que je
l'avais vue quelque part, peut-être dans les premières loges de l'Opéra ou des Italiens; mais M. Pasquali l'appelait d'un nom qui me dérouta : ce nom
de *madame Martin,* qui s'accordait mal avec un type

confus dans mes souvenirs, ne me rappelait plus
rien du tout.

Je ne la décrirai pas. Il est des êtres que l'ana-
lyse craint de profaner... Je dirai seulement qu'elle
pouvait avoir trente ans, mais seulement pour l'œil
exercé d'un physiologiste; car il ne tenait qu'à elle
d'en avoir vingt-cinq, tant sa démarche avait d'élé-
gance et ses traits de pureté. Elle avait pourtant
beaucoup souffert, on le voyait; mais ce n'avait jamais été par sa faute, on le voyait aussi. Il y a tant
de différence entre la trace des malheurs non mérités
et celle des passions irritées ou assouvies!

Cette femme était belle et d'une beauté adorable.
Une perfection intérieure toute morale semblait se
refléter dans ses paroles, dans sa voix, dans son sourire mélancolique, dans son regard bienveillant et sérieux, dans son attitude pliée plutôt que brisée, dans
ses manières nobles et rassurantes, dans tout son
être chaste, aimant, intelligent et sincère. Telle fut
mon impression dès le premier coup d'œil, et je n'ai
pas eu lieu de changer d'opinion.

Comme j'hésitais à examiner son fils, alléguant
qu'elle devait avoir un médecin, elle insista.

— Nous avons un excellent docteur, un ami, me
dit-elle; mais il est à Toulon. Cette campagne-ci est
loin et d'un accès peu facile quand la mer est mauvaise. Il ne peut donc pas venir tous les jours, et il
y a près d'une semaine que je ne l'ai consulté.

Voyez, je vous prie, en quel état est la poitrine de ce cher enfant. Il me semble, à moi, qu'il guérit ; mais j'ai tant peur de me tromper!

L'enfant avait huit ans. Il était bien constitué, quoique frêle, et tous les organes fonctionnaient assez bien. Je demandai quel âge avait son père.

— Il était vieux, à ce qu'il paraît, répondit sans façon M. Pasquali. N'est-ce pas, madame Martin, vous m'avez dit qu'il était plus âgé que moi?

L'âge du père constaté, la débile structure de l'enfant me parut un fait organique dont il fallait tenir grand compte. Aucune lésion ne s'étant produite, on pouvait, avec des prévisions et des soins bien entendus, compter sur un développement à peu près normal.

— Ne songez qu'à le fortifier, dis-je à la mère; ne le mettez pas trop dans du coton. Puisque l'air vif et salin de cette région lui convient, c'est la preuve qu'il a plus de vitalité qu'il n'en montre. Il vivra à sa manière, mais il vivra, c'est-à-dire qu'il aura souvent de petits accidents qui vous affecteront, mais il les secouera par une force nerveuse propre aux tempéraments excitables, et peut-être sera-t-il mieux trempé qu'un colosse. C'est ici le pays des corps secs. actifs, cuits et recuits par les excès de température et mus par des esprits ardents et tenaces. Votre fils se trouve donc là dans son milieu naturel. Restez-y, si vous pouvez.

— Oh! s'écria-t-elle, je peux tout ce qu'il lui faut, je ne peux que cela! Merci, docteur, vous avez dit absolument comme notre médecin de Toulon, et vous m'avez fait grand bien. Vous n'êtes pas du Midi, je le vois à votre accent; mais êtes-vous fixé près d'ici? Vous reverra-t-on?

M. Pasquali lui expliqua ma situation, et lui dit à l'oreille un mot qu'elle comprit en me tendant la main avec grâce et en me disant encore d'une voix attendrie :

— Merci, docteur! Revenez me voir quand vous reviendrez chez mon voisin.

Cela signifiait : « Je sais qu'il ne faut pas vous offrir de l'argent; alors va pour une gratitude qui ne pèsera pas à un cœur comme le mien! »

— Quelle adorable femme! dis-je à mon guide quand nous nous fûmes éloignés; mais d'où sort-elle, et comment ne fait-elle pas émeute à Toulon quand elle passe?

— C'est parce qu'elle ne passe pas: elle ne se promène que dans les endroits où personne ne va. Elle ne voit et ne connaît, ni ne veut, je crois, connaître personne. Quant à vous apprendre d'où elle est, elle m'a dit qu'elle était née en Bretagne, et que son nom de demoiselle commençait par *Ker*, mais j'ai oublié la fin. Elle est veuve d'un vieux mari, comme vous savez, et elle l'est depuis peu, je crois. Elle ne parle jamais de lui, d'où on peut conclure qu'elle n'a pas été bien heureuse. Elle paraît avoir une certaine aisance : elle a quatre domestiques, une bonne table, point de luxe ; mais elle ne marchande rien. Je n'ai pas pu savoir la profession de son mari, ni si elle a des parents. Je n'ai pas cru devoir faire des questions indiscrètes. C'est une femme absolument libre, à ce qu'on peut croire, et ne songeant à rien au monde qu'à son enfant. Ils descendent quelquefois à ma baraque. Je les promène sur le golfe dans mon *passe-partout*. On me confie même le moutard pour le mener à la pêche. Enfin c'est une très-bonne personne, et son voisinage m'est agréable.

— Vous la voyez tous les jours ?

— Je passe tous les jours à travers la propriété. Je n'ai pas d'autre sentier pour regagner la Seyne, à moins de faire un grand détour, et, dans ce pays-ci, où il n'y a ni murs d'enceinte, ni barrières, ni portes, on a droit de passage les uns chez les autres. Cela donne pourtant lieu à de grandes disputes quand on a des voisins fâcheux ; mais, ici, ce n'est pas le cas. Toutes les fois que je passe, même bien discrètement, et le plus loin possible de la maison, la mère, l'enfant ou les domestiques courent après moi pour me faire politesse ou amitié. Mais allons voir votre héritage ; c'est sur le chemin de la Seyne, à un petit quart d'heure de marche.

— Vous savez que je ne veux pas troubler cette pauvre cohéritière que je ne connais pas, et qui peut bien avoir hérité des préventions de son père contre le mien, car, je vous l'ai dit, nous étions fort brouillés.

— Bah! bah! elle verra bien que vous n'êtes pas un diable. Je la connais fort peu, mais assez pour qu'elle ne me jette pas à la porte. Elle ne passe pas pour une mauvaise créature d'ailleurs; c'est une grosse endormie, voilà tout.

Et, comme j'allais questionner M. Pasquali sur cette personne dont j'ignorais l'âge, le nom et les mœurs, il détourna ma pensée vers un sujet sur lequel deux ou trois fois déjà il m'avait entamé.

— Parbleu! dit-il, il serait probablement bien facile de vous entendre avec elle. Si vous vouliez sa part, elle vous la céderait et s'en irait vivre dans son vrai pays. Pourquoi diable, ayant ici un coin de terre, n'y installez-vous pas vos vieux parents? Ils y vivraient peut-être plus longtemps que dans votre froide Auvergne : vous viendriez les y voir quelquefois, et je vous aurais pour assez proche voisin, ce qui ferait bien mes affaires, vu que vous me plaisez beaucoup.

Comme je discutais l'excellence de son climat, sur lequel il se faisait, au reste, peu d'illusions, nous passâmes au pied du fort Napoléon, l'ancien fort Caire, dont la prise assura celle de Toulon et fut le premier exploit militaire et stratégique du jeune Bonaparte en 93. Je ne pus résister au désir de gravir le talus rocheux qui nous séparait du fort à travers les chênes-liéges, les pins et les innombrables touffes de bruyère arborescente qui commençaient à ouvrir leurs panaches blancs. Nous atteignîmes le sommet de la colline, et je contemplai une autre vue moins gracieuse, mais plus immense que celle de Tamaris, toute la chaîne calcaire des montagnes de la Sainte-Baume, la petite rade de Toulon et la ville en face de moi, à l'ouest une échappée sur les côtes pittoresques de la Ciotat.

— Montrez-moi la *batterie des hommes sans peur*, dis-je à M. Pasquali.

— Ma foi, répondit-il, j'avoue que je ne sais pas où elle est, et je doute que quelqu'un le sache aujourd'hui. Les bois abattus à l'époque du siége de Toulon ont repoussé, et, par là-bas, car ce doit être par là-bas, au sud-ouest, il n'y a que des sentiers perdus.

— Cherchons.

— Ah ! bah ! que voulez-vous chercher ? Les paysans ne vous en diront pas le premier mot. Vous ne vous figurez pas comme on aime peu à revenir sur le passé dans ce pays-ci.

— Oui, trop de passions et d'intérêts ont été aux prises dans ces temps tragiques. On craint de se quereller avec un ami dont le grand-père a été tué par votre grand-oncle, ou réciproquement.

— C'est précisément cela.

— Mais, moi, repris-je, moi qui n'ai eu ici personne

de tué, moi dont le père était soldat à la batterie des hommes sans peur, je tiens à voir l'emplacement, et, d'après ses récits, je parierais que je le reconnaîtrai!

— Eh bien, allons-y ; mais votre propriété?

— Ma propriété m'intéresse beaucoup moins. Je la verrai au retour, s'il n'est pas trop tard.

— Alors, reprit M. Pasquali, il nous faut descendre la côte en ligne droite et suivre le chemin creux de l'*Évescat*, parce que je suis sûr que les corps français républicains ont dû passer par là pour aller assaillir le fort, pendant qu'une autre colonne partie de la Butte-des-Moulins passait par la Seyne.

Nous suivîmes pendant vingt minutes le petit chemin bas, ombragé et mystérieux qu'il désignait, puis pendant vingt minutes encore un sentier qui remontait vers des collines, et nous entrâmes à tout hasard dans un bois de pins, de liéges et de bruyère blanche de la même nature que celui du fort. Un sentier tracé par des troupeaux dans le fourré nous conduisit à une palombière. Dix pas plus loin, pénétrant à tour de bras à travers des buissons épineux, nous trouvâmes les débris d'un four à boulets rouges et les buttes régulières bien apparentes de la fameuse batterie; les arbres et les arbustes avaient poussé tout à l'entour, mais ils avaient respecté la terre végétale sans profondeur qui avait été remuée et recouverte de fragments de schiste. Nous pûmes suivre, retrouver et reconstruire tout le plan des travaux et ramasser des débris de forge et de projectiles. En face de nous, à portée de boulet, nous apercevions le fort à travers les branches; un peu plus loin, d'énormes blocs de quartz portés par des collines vertes avaient été soulevés par la nature dans un désordre pittoresque; puis, à la lisière du bois, une vallée charmante d'un aspect sauvage et mélancolique que le soleil bas couvrait d'un reflet violet; les montagnes, la mer au loin; autour de nous, un troupeau de chèvres d'Afrique couleur de caramel, gardées par une belle petite fille de cinq ans, qui, chose fantastique et comme fatale, ressemblait d'une manière saisissante à une médaille du premier consul.

— Impératrice romaine, m'écriai-je, que diable faites-vous ici?

— Elle s'appelle Rosine, répondit la mère de l'enfant en sortant des bruyères.

— Et comment s'appelle l'endroit où vous êtes?

— Roquille.

— Et la batterie?

— Il n'y a pas de batterie.

— Personne ne vient se promener dans ce bois?

— Personne; mais on vient là-bas chez moi pour boire de bon lait; en souhaitez-vous? Tenez, voilà une chèvre blonde qui me rapporte un franc par jour. *Croyez-vous que c'est là une chèvre!*

Le jour tombait, nous nous fîmes montrer un

sentier pour gagner la Seyne à vol d'oiseau. J'y pris congé à la hâte de mon aimable compagnon de promenade. Il rentrait à *son bord*, c'est-à-dire dans sa maison de citadin, et j'avais à me presser pour ne pas manquer le dernier départ du petit *steamer-omnibus* qui, à chaque heure du jour, transporte en vingt minutes à Toulon la nombreuse et active population ouvrière et bourgeoise occupée ou intéressée aux travaux des ateliers de construction marine.

A peine eus-je retrouvé la Florade, qui m'attendait sur le port avec une anxiété à laquelle je ne donnai pas en ce moment l'attention voulue, que je lui parlai de ma découverte et de l'abandon où j'avais trouvé la batterie des hommes sans peur; mais il était distrait, et il n'écoutait pas.

— Avez-vous enfin vu votre propriété? me dit-il.

— Non, je n'ai pas eu le temps.

— Ah! vous n'avez pris alors aucun renseignement sur la valeur de votre lot?

— Si fait! Est-ce que cela vous intéresse?

— A cause de vous... oui! Combien ça vaut-il?

— Quinze mille.

— Diable! c'est trop cher!

— Vous croyez? Moi, je n'en sais rien.

— Je ne discute pas la valeur, du moment que c'est le papa Pasquali...

— Auriez-vous par hasard l'intention d'acheter?

— Je l'avais, je ne l'ai plus.

— Que ne le disiez-vous? Vous auriez fait le prix vous-même.

— Moi, je n'y entends rien, et je m'en serais rapporté au parrain. Je m'étais imaginé que c'était une affaire de deux ou trois mille francs; mais la différence est trop grande. Je n'ai pas le sou, je n'attends aucun héritage, il n'y faut plus songer.

— Comment! m'écriai-je en riant, vous êtes Provençal à ce point-là, de penser déjà, vous, marin de vingt-huit ans, à l'achat d'un verger et d'une bastide! Si quelqu'un me semblait devoir être exempt de cette manie locale, c'est vous, le roi du beau pays d'imprévoyance.

— Aussi, répondit-il, n'était-ce pas pour moi... On a toujours quelque parent ou ami à caser;... mais n'en parlons plus, je chercherai autre chose. — Vous me disiez donc que la fameuse batterie était abandonnée? Je savais cela. J'y ai été, comme vous, à l'aventure, et j'ai vu avec chagrin que le caprice de la pioche du propriétaire peut la faire disparaître d'ici à demain. Les antiquaires cherchent avec amour sur nos rivages les vestiges de Tauroëntum et de Pomponiana; on a écrit des volumes sur le moindre pan de muraille romaine ou sarrasine de nos montagnes, et vous trouveriez difficilement des détails et des notions topographiques bien exactes sur le théâtre d'un exploit si récent et si grandiose! Aucune

administration, aucun gouvernement, même celui-ci,
n'a eu l'idée d'acheter ces vingt mètres de terrain, de
les enclore, de tracer un sentier pour y conduire, et
de planter là une pierre avec ces simples mots : *Ici
reposent les hommes sans peur!* — Ça coûterait peut-
être cinq cents francs! — Ma foi, si je les avais, je
me payerais ça! Il semble que chacun de nous soit
coupable de ne l'avoir pas encore fait! Quoi! tant
de braves sont tombés là, et l'écriteau prestigieux
qui les clouait à leurs pièces n'est pas même quelque
part dans l'arsenal ou dans le musée militaire de la
ville?

— Ah! qui sait, lui dis-je, si, en présence d'un
monument fréquenté par les oisifs, le charme serait
aussi vif que dans la solitude? Je ne peux pas vous
dire l'émotion que j'ai eue là. Je reconstruisais dans
ma pensée une série de tableaux qui me faisaient
battre le cœur. Je rétablissais la petite redoute, je
revoyais les vieux habits troués des volontaires de
la République, et leurs armes, et leurs groupes
pittoresques, et leurs bivacs, et la baraque des officiers... peut-être la palombière qui est là auprès
dans une petite clairière gazonnée.

— Et *lui!* s'écria la Florade, l'avez-vous vu, lui, le
petit jeune homme pâle, avec son habit râpé, ses
bottes percées, ses longs cheveux plats, son œil mé-
ditatif, son prestige de certitude et d'autorité déjà
rayonnant sur son front, et cela sans orgueil, sans

ambition personnelle, sans autre rêve de grandeur
que le salut de la patrie? La plus belle page, la plus
belle heure de sa vie peut-être! Mais il est trop beau
quand on le voit là, et la foule aime mieux le voir
drapé et couronné sur les monuments grecs et ro-
mains de l'Empire!

Tout en causant avec le jeune lieutenant, je commis
une grande faute que je me reprocherai toute ma vie.
Je ne me bornai pas à lui parler du bon accueil que
m'avait fait son parrain, je me laissai entraîner à lui
parler avec enthousiasme de *la voisine* établie depuis
peu au petit manoir de Tamaris. Je vis aussitôt ses yeux
briller et ses paupières rougir jusqu'aux sourcils.

— Ah! ah! lui dis-je, vous la connaissiez avant
moi?

— Je vous jure que je n'en ai jamais entendu
parler. Il y a deux ou trois mois que je n'ai été voir
Pasquali, et vous m'apprenez que le gaillard a une
belle voisine; mais je vous réponds bien que, s'il en
rêve la nuit, c'est sous la forme d'un poulpe caché
entre deux roches. Voyons, voyons! parlez-moi de
cette beauté mystérieuse : une grande dame, vous
dites?

— J'ai dit l'air d'une grande dame; mais elle s'appelle d'un nom plébéien.

— Ça m'est bien égal ! il n'y a pour moi de noblesse
que celle du type. Une batelière est une reine, si elle
a l'air d'une reine.

— Comment se nomme-t-elle?

— Qui?

— La batelière qui vous fait roi?

— Il n'est pas question d'elle. Parlez-moi de la voisine à Pasquali. Quel âge?

—Quarante-cinq ans, répondis-je pour me divertir de son désenchantement.

— J'y perdis ma peine.

— Quarante-cinq ans, c'est beaucoup, si elle les a, reprit-il ; mais, si elle a vingt-cinq ans sur la figure, c'est comme si elle les avait sur son acte de naissance.

— Comme vous prenez feu, mon petit ami ! Je vois que vous êtes comme tous ces rassasiés que vous méprisez tant. La plus belle des femmes est pour vous celle que vous rêvez.

— Oh ! ma foi, non, je vous jure que non ! La plus belle est celle qui me plaît ; mais, si vous êtes peintre, ce n'est pas ma faute ! Si vous me montrez un portrait qui me tourne la tête ! On peut s'éprendre à la folie d'un portrait. Cela se voit dans tous les contes de fées, et la jeunesse se passe dans le pays des fées. J'irai demain à Tamaris. Je suis sûr que Pasquali jure après moi, parce que je l'abandonne !

Le lendemain, il était à Tamaris ; il en revint sans avoir aperçu la dame. Elle était partie dès le matin en voiture, avec son enfant, pour une promenade dont M. Pasquali ignorait le but. Les devoirs du service ne permettaient pas à la Florade d'attendre

2.

qu'elle rentràt. Il était désappointé, un peu rêveur,
aussi contrarié que le permettait son caractère ouvert
et riant.

— Il n'est pas possible, lui dis-je, que le regret de
n'avoir pas vu cette inconnue vous pénètre à ce point.
Cette aventure-là en cache une autre, n'est-ce pas?

— Ma foi, non ! répondit-il. Parlons de la batterie
des hommes sans peur.

— Ah ! bien, c'est-à-dire ne me faites pas de questions !

Deux jours après, M. Aubanel, l'avoué, que je con-
sultais pour ma vente, et qui était précisément le
propriétaire de la bastide Tamaris, m'engagea à ne
pas vendre mon terrain à mademoiselle Roque, la
fille naturelle de mon défunt parent. Il motiva ce
conseil sur ce que la pauvre héritière était bien capable de se faire illusion sur ses ressources, mais non
de jamais rembourser.

Il m'est si odieux de me faire faire droit au pré-
judice d'une personne gênée, tant d'occupations plus
intéressantes pour moi me rappelaient dans ma province, que j'eusse, à coup sûr, abandonné tout à
mademoiselle Roque ou à mon ami la Florade, si
cette mince affaire n'eût concerné que moi; mais ma
famille, fière et discrète, était pauvre. Mon père
n'était plus, et ma mère rêvait de ces quinze mille
francs pour doter ma jeune sœur. Tout est relatif;
cela avait donc de l'importance pour nous, et je ré-

solus de m'en rapporter entièrement aux sages avis
de M. Aubanel. Je ne pus cependant me défendre de
lui demander si mademoiselle Roque était une personne digne d'intérêt.

— Je n'en sais rien, répondit-il. Elle a été élevée
si singulièrement, que personne ne la connaît. Et
puis... Permettez-moi de ne pas m'expliquer davantage ; je craindrais de faire un propos hasardé. Voyez
vous-même si elle vous intéresse.

— Je ne sais pas pourquoi elle m'intéresserait,
répondis-je. Vendez mon terrain, et renvoyez-moi
le plus tôt possible.

Une difficulté arrêtait M. Aubanel. La petite propriété perdait beaucoup à être divisée. Il eût voulu
me faire acheter l'autre moitié, ou tout au moins
persuader à mademoiselle Roque, dans notre commun intérêt, de vendre sa part indivise avec la
mienne. Il me promit de s'occuper de cette solution,
et me proposa de m'emmener à Tamaris, où il devait
se rendre le jour même ; mais je n'étais pas libre.
Je promis de l'y rejoindre le lendemain.

Je m'y rendis cette fois par la Seyne, dont le port
est à l'entrée nord de la presqu'île ou promontoire
du cap Sicier. Tamaris est sur le versant oriental.

Ce coin de terre, où j'ai tant erré depuis, et que
je connais si bien à présent, est la pointe la plus méridionale que la France pousse dans la Méditerranée,
car la presqu'île de Giens, auprès des îles d'Hyères,

est un doigt presque détaché, tandis que ceci est une main dont le large et solide poignet est bien soudé au corps de la Provence. Cette main s'est en partie fermée, abandonnant au flot qui la ronge deux de ses doigts mutilés, la presqu'île du cap Cépet, qui formait son index, et les îlots des Ambiers, qui sont les phalanges rompues de son petit doigt. Son pouce écourté ou rentré est la pointe de Balaguier, qui protége la petite rade de Toulon d'un côté, de l'autre le golfe du Lazaret et, par conséquent, le quartier de Tamaris. Ceci n'est pas une comparaison poétique : rien n'enlaidit la nature comme de comparer sa grandeur à notre petitesse; c'est tout simplement une indication géographique nécessaire pour dessiner à l'œil le mouvement d'un littoral labouré et déchiré par de grands accidents géologiques.

Cette presqu'île, tournée vers l'Afrique, n'a pas de nom qui la caractérise. Dans le Var, il ne faut pas beaucoup espérer retrouver l'orthographe des noms propres; chacun les arrange à sa fantaisie, et beaucoup de localités en ont plusieurs à choisir. Les cartes nouvelles sont, sur beaucoup de points, en plein désaccord avec les anciennes pour spécifier les criques, les calangues, les caps, les pointes, les écueils et les îlots. Il paraît que le cap Sicier lui-même, ce beau bastion naturel qui brise l'effort d'une mer furieuse, et dont le front, souvent couronné de nuages, préserve Toulon des vents de sud-ouest, a perdu son nom. Conservons-le-lui quand même et donnons-le à tout le promontoire, d'environ trois lieues de long sur autant de large, qui s'étend de la Seyne à Saint-Nazaire, et de la route de Marseille à la pointe des Jonquiers.

Tamaris est situé dans la courbe décrite entre le pouce tronqué et l'index déchiré. On voit dès lors que de la Seyne, située à la jointure du poignet, j'avais peu de distance à parcourir pour m'y rendre par terre. Le petit chemin ondulé monte et descend, remonte et redescend et remonte encore. Un kilomètre à vol d'oiseau comporte toujours dans cette région un kilomètre en plus, quand il n'en comporte pas davantage. La presqu'île, si elle était dépliée sur un plan uni, occuperait peut-être une superficie quadruple de son emplacement maritime. Le département du Var n'a qu'une vallée, étroite et longue, de Toulon à Fréjus; le reste est une série de plis de montagnes et de gorges plus ou moins profondes, qui méritent à peine le nom de vallons, mais qui recèlent des beautés de premier ordre.

Dans une des parties encaissées de mon trajet, frappé de la brusque variété des zones de terrain fertiles ou désolées, je remarquai sur ma gauche une bastide si laide, que je me pris à rire. Dans ce pays du laid en fait de constructions, celle-ci devait remporter le prix; c'était une petite masse informe de bâtiments décrépits, plantée de travers et comme à

demi enterrée au beau milieu d'un champ de blé :
ni cour ni jardin ; une façade sans entrée, soudée
à un appendice complétement aveugle. En revanche,
la façade avait quatre gros yeux carrés ; mais, en
regardant mieux, je reconnus que trois de ces fenêtres
étaient peintes, et qu'une seule, fermée d'un volet,
pouvait s'ouvrir.

Je ne sais pourquoi il est de ces gîtes insignifiants
qu'on prend en horreur rien qu'à les regarder de
loin et à rêver qu'on pourrait être forcé par un accident d'y entrer et d'y mourir.

—En voici un, pensai-je, où je voudrais mourir vite
par exemple ! Quelle créature humaine abandonnée
du ciel et des hommes peut donc s'être résignée à
vivre là, et quel insensé a pu faire édifier à ses frais
une pareille demeure ?

Les Provençaux sont fiers de leurs bastides, parce
qu'ils ont les matériaux à discrétion, et que leurs
yeux ne sont jamais attristés par les chaumes mous-
sus et les pignons pittoresques du vieux temps français. Depuis l'époque gallo-romaine, je crois qu'ils
ont toujours dû bâtir à l'instar caricaturé des villas
de la campagne de Rome. Il semble que le moyen
âge et la renaissance n'aient point passé par là, et
que, de temps immémorial, on ait gardé, en l'abêtis-
sant de plus en plus, la tradition imposée par la con-
quête. On a perdu l'art des parties en relief. Il était
plus facile et plus prompt de percer les ouvertures

dans la muraille lisse, sans les rehausser par aucun filet en saillie. Soit : l'économie est une nécessité qui ne se discute pas ; mais le goût est autre chose, et celui des Provençaux, toujours entiché de la tradition romaine de la décadence, s'est vengé de la pénurie de sculpture par une atroce peinture imitant de la façon la plus grossière les angles en pierre de taille, les cordons d'architecture en saillie, et les reliefs d'encadrement des ouvertures. De plus, comme on est sous le ciel de la couleur, il en faut mettre partout, et les maisons sont badigeonnées des tons les plus faux ou les plus criards. C'est beaucoup quand on s'en tient au jaune d'ocre sale, qui est le moins voyant et le moins prétentieux. Quant aux reliefs, sous prétexte d'imiter les marbres antiques, ils sont d'un vert désolé ou d'un rouge féroce. Dans l'horrible masure que j'avais sous les yeux, ils étaient vert-bouteille rehaussés d'un filet orange dont le soleil et la pluie, qui avaient tout rayé de noir inégalement, n'avaient encore pu atténuer l'aigre contraste.

Prétention et misère, c'est le caractère de toutes ces maisons ; or, toute maison est comme le vêtement d'une pensée ou la révélation d'un instinct. — La Provence possède à profusion la plus belle pierre à bâtir qui existe, un calcaire gris ou bleuâtre qui a la finesse de grain et la densité du marbre. Les yeux indigènes ont horreur de ce beau produit de la na-

ture. Il faut cacher et barbouiller cela. Il faut tâcher
de faire croire aux Italiens qui passent en mer, le
long des côtes, qu'on a comme eux des palais de
marbre de toutes les couleurs. Aussi cette région,
que la nature semble avoir mouvementée et plantée
pour les délices des artistes, est-elle gâtée par une
sorte de gale. On ne peut appeler autrement cette
multitude de bâtisses ridicules qui lui sortent de
partout, et qui semblent se disputer la gloire de gri-
macer et de clignoter d'une façon burlesque, en
détruisant l'harmonie sévère de sa belle couleur,
jusque dans les sites les plus sauvages. La bastide,
épuisons ce sujet pour n'y plus revenir, a encore un
agrément remarquable : c'est que, sous un ciel généralement pur et sur un sol désastreusement sec, elle
est une éponge salpêtrée qui trouve moyen de ne
jamais sécher. Les habitants prétendent que les
pluies amenées par le vent d'est, et qui sont dilu-
viennes, il faut le reconnaître, prennent les murs
horizontalement et les pénètrent en vingt-quatre
heures de part en part; mais, au lieu de bâtir à cette
exposition une muraille épaisse et dense, ils imagi-
nent toute sorte de revêtements ingénieux. Le moins
laid est en tuiles imbriquées. Le plus atroce et le
plus estimé est en goudron de navire. Imaginez
l'agréable effet de ces maisons, dont la couleur voyante
accuse les formes piètres et bâtardes, flanquées sur
toute une face d'une immense tache d'encre ! Pauvre

charmant paysage, qu'as-tu donc fait à l'homme
barbare de ces contrées?

Au reste, le site, qu'achevait d'enlaidir la bastide
aux trois yeux crevés, la bastide cyclope que j'avais
devant moi, était d'une tristesse navrante. Des champs
maigres où l'on ne connaît pas le bluet, et que
n'égayait pas encore la fleur du glaïeul pourpré des
moissons; au delà des champs, les pentes pierreuses
de la colline, l'horizon fermé par une ligne symé-
trique d'oliviers blafards et par la masse carrée du
fort Napoléon : il y avait là de quoi mourir du spleen
en vingt-quatre heures. Tout à coup l'idée me vint
que ce maussade terrain pourrait bien être le mien,
la cause de mon séjour forcé dans un pays où je
n'avais rien autre chose à faire que de m'en défaire.
Qui me l'eût demandé en ce moment eût pu l'avoir
à bon marché; mais non, la dot de ma pauvre petite
sœur! Voyons ce que cela peut être.

Je pris une espèce de chemin à demi perdu sous
les sillons et obstinément disputé à la charrue par
les lentisques, et je cherchai une entrée. Il n'y avait
pas de clôture à la petite cour infecte placée derrière
la maison ; le pays nourrit très-peu de bestiaux;
donc il manque d'engrais, et, ne voyant point là de
fumiers, je cherchais la cause de cette insupportable
odeur. Des grognements sourds me firent remarquer
que j'étais sur une espèce de pont à fleur de terre,
et qu'une demi - douzaine de porcs engraissaient

dans les silos abjects creusés sous mes pieds. C'est
l'usage du pays ; ces misérables bêtes ne sortent de
là que pour mourir. On ne nettoie guère leur bauge
qu'une fois l'an, pour prendre le fumier à la saison du labour. Un médecin ne voit pas sans en être
indigné ces foyers de pestilence auprès des habita-
tions.

Sauf la présence de ces animaux et de quelques
poules criardes, j'aurais cru la bastide abandonnée.
Les petits bâtiments, dégradés et lézardés, tombaient
en ruine. Le châssis sans vitres de ce qui pouvait
avoir été la fenêtre du fermier pendait le long du
mur, à une corde fatiguée de le disputer au vent
d'est. Il y avait pourtant derrière le logis principal
une espèce de jardin, quelques légumes dans un
carré de cyprès. Le cyprès pyramidal est encore une
des grâces de la bastide : on en plante une haie serrée qui forme péristyle devant les fenêtres, cache la
vue, et jette dans les chambres basses une ombre
de cimetière. J'avisai une porte entre-bâillée, je
frappai : rien ne répondit. Je voulais simplement
demander le nom de l'habitation, et j'allais y renoncer, lorsque je vis, au fond du couloir sombre, une
vieille femme assise par terre et courbée dans l'attitude du sommeil. J'élevai la voix en l'appelant *madame* ; elle se leva, comme en colère, en grommelant
qu'elle n'était pas *madame*, et, quand elle fut dans
le rayon de jour que projetait la porte entr'ouverte,

je vis que c'était une négresse d'un âge très-avancé et vraiment hideuse.

— Moi *madame* donc aujourd'hui? dit-elle d'un ton grondeur. Vous plus aimer personne ici donc? Vous méchant de plus jamais venir! Maîtresse toujours pleurer!

En me tenant cet étrange discours, la vieille Africaine, presque aveugle, marchait devant moi vers un horrible escalier noir.

— Vous vous trompez sûrement, lui dis-je. Je ne connais personne ici; je suis un passant qui vient vous demander le nom...

Elle ne me laissa pas achever, et, donnant les signes de la plus grande terreur, elle fit entendre des cris inarticulés. Ne pouvant lui faire comprendre que je n'étais pas un voleur, j'allais me retirer, lorsqu'un petit chien furieux, s'élançant par l'escalier, vint ajouter au ridicule de la scène.

— Qu'est-ce qu'il y a donc? cria d'en haut une voix dont le timbre doux et voilé contrastait avec la rudesse de l'accent provençal.

Et une très-belle jeune femme se montra comme une apparition dans le cadre noir de l'escalier.

Dès que je lui eus expliqué, pour la rassurer, l'objet de ma demande, elle me regarda avec attention, et me dit :

— Ne seriez-vous pas le docteur *** ?

— Précisément.

— Eh bien, vous êtes ici chez mademoiselle Roque. Entrez, monsieur, on s'attendait à l'honneur de votre visite.

Je montai une douzaine de marches derrière elle, et je me trouvai avec surprise dans un très-joli salon entièrement meublé à l'orientale. Je me rappelai alors que la défunte mère de mademoiselle Roque était une Indienne de Calcutta, et je crus reconnaître là les vestiges de l'héritage maternel; mais je ne fus pas longtemps occupé de l'étrangeté de ce riche mobilier dans une maison si misérable. Mademoiselle Roque, car c'était elle en personne qui m'introduisait dans son sanctuaire, devenait tout d'un coup pour moi un bien autre objet de surprise et de curiosité. Elle offrait dans toute sa personne un mélange singulier de races, et ce mélange avait produit un de ces types indéfinissables que l'on rencontre parfois dans les régions maritimes commerçantes, et en Provence particulièrement. Elle était petite et grasse, très-brune, mais non mulâtre; une peau unie magnifique, des yeux superbes, un peu trop longs pour le reste de sa figure, qui était courte et sans autre expression que celle d'une curiosité enfantine; le nez arqué, les lèvres fortes et fraîches, de beaux bras, de petites mains effilées et paresseuses, de belles poses, de la grâce dans les mouvements, un air de nonchalance qui semblait trahir l'absence complète de la réflexion; un ensemble de séductions toutes physiques qui n'éveillait dans l'esprit aucun intérêt puissant ou délicat. « Elle est très-belle ! » voilà tout ce qu'on pouvait dire d'elle. L'idée ne venait pas de chercher dans son cœur ou dans son cerveau l'âme de sa beauté. Comme elle était trop belle pour sourire, rougir ou s'effrayer de quoi que ce soit, son accueil était impassible. La tranquille froideur de ses manières mit les miennes à l'unisson.

Sa toilette, car elle était en toilette, était métissée comme sa figure. Sur une robe de soie de Lyon très-garnie de franfreluches et très-mal faite, elle portait une sorte de draperie en foulard qui n'était ni châle ni manteau ; ses cheveux, divisés en nombreuses petites nattes, pendaient sur son dos, et je vis sur la table, auprès d'elle, un de ces petits chapeaux de feutre à plumes blanches, que les Françaises ont eu l'esprit de mettre à la mode pour la campagne, et qu'elles devraient avoir celui de porter à la ville

Un superbe narghileh était posé à terre devant une pile de riches carreaux. Était-ce pour l'ingrat dont la négligence, au dire de sa négresse, la faisait pleurer ? Mais ces beaux yeux d'émail, fixes comme ceux d'un sphinx, connaissaient-ils les larmes ?

Je m'adressais rapidement ces deux questions, lorsque je vis mademoiselle Roque repousser du pied le tapis, comme s'il n'eût pas dû être profané par

un étranger, m'offrir un siége et s'asseoir elle-même
sur le divan, ni plus ni moins qu'une Française qui
se dispose à faire la conversation ; mais elle ne
trouva rien à me dire, et ne chercha rien ; ce qui,
je le reconnus, valait mieux que de parler à tort et
à travers. J'avais donc à faire tous les frais de la
conversation. J'allai droit au but en lui parlant du
projet de notre avoué dans mon intérêt comme dans
le sien.

Quand elle m'eut bien écouté sans donner le moindre signe d'assentiment ou de répugnance :

— Que voulez-vous que je pense de cela? me dit-
elle. Je n'y entends rien. Je sais que me voilà très-
gênée. J'avais toujours compté sur la petite fortune
de mon père. Ma pauvre mère ne savait seulement
pas qu'elle ne fût pas bien mariée avec lui, et il n'y
a pas longtemps que je le sais moi-même. J'ai toujours vécu sans rien comprendre à l'argent, et je ne
savais pas qu'il faut en avoir beaucoup pour vivre
en France. Je suis pourtant Française ; mais on ne
m'a rien appris de ce qu'il faudrait savoir. Mon père
disait que j'en aurais assez. Je croyais qu'il avait
pensé à tout ; mais vous savez comment le pauvre
homme est mort !

— D'un coup de sang, m'a-t-on dit?
— Oh! non, d'un coup de pistolet.
— Comment! il s'est battu?
— Mais non! il s'est tué.

Mademoiselle Roque me fit cette réponse avec un sang-froid tout fataliste, et elle ajouta en bonne chrétienne : « Dieu lui pardonne! » du ton dont elle aurait dit la phrase sacramentelle des Orientaux : « C'était écrit. »

— Vous ne savez donc pas? reprit-elle en voyant ma surprise. Je croyais qu'on vous l'aurait dit en confidence. On l'a caché parce que les prêtres lui auraient refusé la terre sainte, et parce que le peuple d'ici aurait peut-être brûlé la maison. Ils ont bien assez crié contre nous dans le pays, parce que ma mère était de la religion de ses pères. Ils auraient dit que c'était la cause du péché de suicide commis ici. Vous voyez qu'il ne faut pas en parler à ceux qui n'ont rien su.

— Je m'en garderai bien! mais M. Roque avait donc quelque grand chagrin?

— Non, il s'ennuyait. Il disait qu'il avait assez vécu. Il avait la goutte, il ne pouvait plus sortir, il n'avait plus de patience. Voulez-vous voir ce qu'il a écrit avant de mourir?

— Oui; si c'est quelque disposition en votre faveur, je vous réponds que ma famille la respectera, fût-elle illégale.

— Oh! il n'est pas question de moi, reprit mademoiselle Roque en tirant d'un sachet de soie parfumé un papier maculé de sang qu'elle toucha sans frémir. Je lus ces mots :

« Cachez mon suicide, si c'est possible; mais, si quelqu'un était soupçonné, produisez cet écrit. Je meurs de ma propre main.

» JEAN ROQUE. »

— Il ne vous aimait donc pas? dis-je à mon hôtesse impassible.

— Je ne sais pas, répondit-elle sans aucune amertume.

Et je vis alors deux grosses larmes se détacher de ses yeux et tomber sur ses joues, qu'elle ne songea point à essuyer. Ces larmes ne rougirent pas ses paupières et ne leur imprimèrent pas la moindre contraction. Elle pleurait sans effort et sans que le cœur parût prendre aucune part à l'acte de sa douleur. Elle me paraissait si extraordinaire, que je ne pus me défendre de lui demander, bien ou mal à propos, dans quelle religion elle avait été élevée.

— Je suis chrétienne, répondit-elle. J'ai été baptisée et j'observe la vraie religion.

— Mais votre mère?...

— Ma mère était de race mêlée. Elle était de l'Inde; mais elle y avait été élevée dans la loi du Coran, et mon père n'a jamais exigé qu'elle changeât sa manière d'aimer Dieu, qui était bonne aussi.

Il fallait conclure sur nos intérêts respectifs, et je vis bien qu'elle ne le pouvait pas, faute des plus simples notions sur le monde pratique. Elle me pa-

raissait en proie à un découragement complet de sa
situation, acceptée avec la plus complète inertie. Je
voulus en vain réveiller en elle quelque esprit de
prévoyance ; je me permis quelques questions. Elle
m'apprit qu'elle ne possédait rien au monde que la
terre qui entourait sa maison, les meubles et bijoux
qui remplissaient la pièce où nous nous trouvions.

— A quoi évaluez-vous tout cela ? me dit-elle. On
m'a dit que j'en tirerais un peu d'argent.

— Pour cela, lui dis-je, je n'en sais pas plus que
vous. Avez-vous confiance en quelqu'un dans votre
voisinage ?

— J'ai confiance en tout le monde, répondit-elle
avec une candeur qui me toucha.

— Me permettez-vous d'en causer avec M. Pasquali et M. Aubanel ?

— Certainement.

— De leur confier vos intérêts comme les miens
propres, et de chercher avec eux le moyen de tirer
de ce qui vous reste de quoi assurer votre existence
dans des conditions peut-être meilleures que celles
où je vous vois ?

— Oui, oui ; mais écoutez : je veux bien vendre,
mais je ne veux pas quitter la bastide.

— Comment ! vous y tenez, à cette horrible masure qui vous rappelle à toute heure de si tragiques
souvenirs ?

— Où voulez-vous que j'aille ? Je n'ai jamais habité d'autre maison. Je me trouve bien où je suis née. Je ne suis pas loin de l'église pour dire mes prières, et, quant à mon pauvre papa, je ne veux pas l'oublier.

Je trouvai une certaine grandeur d'âme dans cette stupidité de caractère, et, bien que cette fille de seize ans, qui paraissait en avoir vingt-cinq, n'exerçât sur mes sens aucune espèce de fascination, je me promis de la servir malgré elle du mieux que je pourrais.

— Est-ce que vous reviendrez? me dit-elle en me reconduisant jusqu'au bas de l'escalier.

— Si cela peut vous être utile, oui.

— Ne revenez pas, reprit-elle sans aucun embarras. Je vous remercie d'être venu; mais, une autre fois, si vous avez quelque chose à me dire, il faudra m'envoyer le vieux Pasquali.

— Ou vous écrire?

— Oh! c'est inutile, reprit-elle en souriant sans confusion aucune, je ne sais pas lire!

Je m'en allai stupéfait. Je venais de voir un être tout exceptionnel probablement, et comme une anomalie de type et de situation. Je m'expliquai ce phénomène en me rappelant que c'était la fille d'une sorte d'esclave amenée par un Turc ou un Persan à Marseille, et d'un homme atteint peut-être depuis longtemps de la monomanie la plus sinistre. Je m'expliquai pourquoi Pasquali m'avait dit d'elle :

« C'est une grosse endormie. » Pourtant cette endormie avait un ami de cœur, un amant peut-être.
N'était-ce pas à lui d'arranger ses affaires et de veiller sur son sort? Il la négligeait, au dire de la négresse ; mais il ne l'abandonnait pas, puisqu'il était
jaloux et que *je ne devais pas revenir.*

Je quittai avec empressement cette lugubre bastide, et je ne me retournai pas pour la regarder.
J'étais bien sûr de la trouver plus hideuse depuis
que je savais la catastrophe dont elle avait été le
théâtre, et que sans doute elle avait provoquée en
partie par sa laideur. Il est des lieux qu'on n'habite
pas impunément. Je me croisai dans le sentier avec
le fermier ou régisseur de mademoiselle Roque et sa
fille, assez jolie, vêtue de haillons immondes comme
toutes les paysannes des environs. Il m'aborda en
me demandant si j'étais le propriétaire de la moitié
qu'il cultivait encore, et si je voulais le garder. Je
lui demandai s'il avait un bail ; mais il me répondit
d'une façon évasive ou préoccupée. Lui aussi semblait atteint de spleen ou d'imbécillité. Sa fille prit
pour lui la parole.

— Mon père ne comprend pas beaucoup le français, dit-elle d'une voix glapissante ; il ne sait que le
provençal. Pauvre homme, il est en peine et nous de
même ! Nous avons perdu la pauvre maman il y a
quinze jours. Pauvres de nous ! elle nous fait bien
faute, elle avait du courage, oui. Il n'y a plus que

nous pour servir la demoiselle et la vieille sorcière noire, qui n'est plus bonne à rien. C'est de l'ouvrage, allez! des femmes qui ne s'aident non plus que deux pierres! Et aller aux champs, et tout faire, et gagner si peu! Bonsoir, monsieur, il faudra avoir égard à nous, qui sommes les plus à plaindre!

Après ce discours, débité avec une volubilité effrayante, elle remit sur sa tête un paquet de bruyère coupée et suivit son père, qui était déjà loin.

A peine eus-je repris le chemin de Tamaris, que je vis M. Aubanel venir à ma rencontre.

— Retournons, me dit-il; vous voilà, sans le savoir, tout près de votre propriété; je vais vous y conduire.

— Oh! grand merci! m'écriai-je, j'en viens, et j'en ai assez!

Et je lui racontai mon aventure, sans lui parler de ce que je croyais devoir lui taire; mais il me prévint.

— Ne vous inquiétez pas tant de sa position, me dit-il; mademoiselle Roque a une liaison. J'en suis sûr à présent, la fille de son fermier a causé avec la femme du mien. On ne sait pas encore le nom du personnage. Il vient, le soir, bien emmitouflé; mais, quoiqu'il ne soit pas très-assidu, il paraît qu'il a l'intention d'acheter votre part pour la lui donner. Attendez les événements, et ne vous montrez pas trop coulant avant de savoir à qui nous avons affaire.

Or donc, venez vous reposer chez moi et vous rafraîchir.

Au bas de la colline de Tamaris, nous vîmes accourir Paul, l'enfant de la charmante locataire de M. Aubanel. Il se jeta dans mes bras, et je le portai jusqu'en haut en excitant son babil. Il était beau comme sa mère, aimable et sympathique comme elle. Aubanel me fit l'éloge de madame Martin, dont il était déjà l'ami, disait-il. Aimable et sympathique lui-même, il pouvait être cru sur parole ; mais je remarquai qu'en prononçant son nom, il eut un certain sourire de réticence : elle ne s'appelait pas réellement madame Martin, cela devenait évident pour moi.

Comme je souriais aussi, il ajouta :

— Vous croyez donc qu'elle ne s'appelle pas Martin ?

— Vous ne le croyez pas plus que moi.

— C'est vrai, je sais son nom ; mais j'ai promis de ne pas le dire.

Il me fit entrer dans le pied-à-terre qu'il s'était réservé dans sa maison et qui avait une entrée du côté opposé aux appartements de sa locataire.

— Savez-vous, me dit-il en me forçant à boire du vin de Chypre, que votre ami la Florade est déjà venu faire l'Almaviva sous les fenêtres du rez-de-chaussée ? Mais il a perdu son temps, et le voisin Pasquali s'est fièrement moqué de lui !

– C'est donc un séducteur, ce lieutenant?

— Eh ! oui, et dangereux même !

— Ce n'est pourtant pas un roué, je vous jure ; il a trop de cœur et d'esprit...

— C'est pour cela. Je le sais bien, qu'il est charmant, et il a un grand attrait pour les femmes, c'est qu'il les aime toutes.

— Toutes?

— Toutes celles qui sont jolies.

— Et il les aime toutes à la fois?

— Ça, je n'en sais rien. On le dit, mais j'en doute; seulement, je sais que la succession est rapide, et qu'il s'enflamme comme l'étoupe.

— Mais vous pensez que madame Martin...?

— N'est pas pour son nez, je vous en réponds !

— Elle est trop haut placée?...

— Vous voulez me faire parler, vous n'y réussirez pas !

— Est-ce que j'insiste?

— Non ; mais vous courez des bordées autour de moi ; or, je suis un rocher, vous ne pourrez pas m'attendrir.

M. Aubanel était vif et enjoué, et le secret n'avait sans doute pas une grande importance, car il mourait d'envie de me le confier; mais, au moment de profiter de l'occasion, je m'arrêtai, saisi d'un respect instinctif pour cette femme que j'avais vue un quart

d'heure et qui m'avait pénétré de je ne sais quel enthousiasme religieux.

Aubanel remarqua ma réserve subite, s'en amusa,
et prétendit que j'étais amoureux d'elle.

— Je ne crois pas, répondis-je en riant ; pourtant,
depuis que vous me faites pressentir qu'elle appartient à une région inaccessible, je ne suis pas assez
fou pour souhaiter de la revoir souvent, et j'aime
autant...

— Vous sauver chez Pasquali ? Il est trop tard,
mon cher, et vous êtes perdu, car la voilà !

Elle accourait pâle et agitée. Paul venait de se
blesser en jouant. Une pierre lui avait foulé un doigt.
J'y courus. L'enfant gâté criait et pleurait.

— Oh ! quel douillet ! lui dis-je en le prenant sur
mes genoux. Regardez donc comme maman est pâle !

— Il se tut aussitôt, regarda sa mère, comprit
qu'elle souffrait plus que lui, m'embrassa et m'aban-
donna sa petite main, qui n'était que légèrement
blessée. Je le pansai, et, avant la fin du pansement,
il s'agitait déjà sur mes genoux pour retourner à ses
jeux.

Madame Martin nous retint au salon, Aubanel et
moi, comme pour nous prouver que son système de
claustration ne nous concernait pas. Cette femme si
rigidement ensevelie avait une grande effusion de
cœur quand elle se sentait avec de bonnes gens. Elle
était même gaie, et le sourire était attendrissant sur

cette physionomie mélancolique. Elle semblait faite
pour la vie intime et les joies de la famille. D'où
vient donc qu'elle était seule au monde avec son
fils?

Au bout d'un quart d'heure, Aubanel, qui était
forcé de retourner à Toulon, me proposa de m'y
conduire dans sa voiture. Je le remerciai; je voulais descendre au rivage pour rendre visite au
bon M. Pasquali. Je pris congé en même temps
que lui de madame Martin, sentant bien qu'il
serait indiscret de rester davantage. Elle me retint. Aubanel se retira en me lançant un coup d'œil
malin qui n'avait rien d'offensant pour elle; mais
elle ne le vit pas : toute légèreté était si loin de sa
pensée !

— Docteur, me dit-elle quand nous fûmes seuls,
pouvez-vous me trouver un professeur pour mon fils?
Aubanel et Pasquali n'en connaissent pas un dont ils
puissent me répondre, car il me faut un être parfait,
pas davantage! Je sais que vous n'êtes pas du pays;
mais vous avez fait vos études à Paris, vous avez
voyagé ensuite : peut-être connaissez-vous quelque
part un honnête homme pauvre, instruit et bon,
qui viendrait demeurer dans mon voisinage et qui
tous les jours consacrerait deux ou trois heures à
mon fils? Puisque je demeure ici... c'est l'histoire
du grec et du latin, vous savez; pour le reste, je
m'en charge.

— J'espère trouver cela, et je vais m'en occuper tout de suite.

— Comme vous êtes bon !... Attendez ! je l'aimerais plutôt vieux que jeune.

— Vous avez raison.

— Pourtant, si c'était un homme sérieux !... Mais dans la jeunesse c'est bien rare, et puis ça ferait causer, et, bien que je me soucie peu des propos, il est inutile de devenir un sujet d'attention ou de risée quand on peut se faire oublier dans son coin.

— Il me paraît difficile qu'on vous oublie, et je m'étonne de la tranquillité dont vous jouissez.

— On est toujours tranquille quand on veut l'être. Pourtant j'ai à me débattre un peu contre mon ancien monde !

— Votre *ancien* monde ?

— Oui, un monde avec lequel je n'ai pas de raisons pour rompre, mais dont j'aimerais à me délier tout doucement. Je ne suis pas madame Martin, je suis la marquise d'Elmeval.

—Ah ! mon Dieu, oui ! Je vous reconnaissais bien ! Je vous ai vue... une seule fois... un instant, chez...

— Oui, oui, vous me connaissiez de vue, j'ai vu cela dans vos yeux l'autre jour. Je ne fais réellement pas mystère de mon nom ; mais j'ai beaucoup de personnes de ma connaissance à Hyères, à Nice, à Menton et sur toute la côte, sans compter celles qui vont en Italie ou qui en reviennent. Toulon est un passage : je l'ai choisi parce que ce n'est pas la mode de s'y arrêter; mais, à force de venir me voir en passant on ne me laisserait plus seule, et que de questions, que de persécutions pour m'arracher à cette solitude! Vous savez! les gens qui ne comprennent la campagne qu'avec la vie de Paris ou la vie de château! On me trouverait bizarre d'avoir les goûts d'une bourgeoise; peut-être irait-on jusqu'à me traiter d'artiste, c'est-à-dire de tête folle, ou bien l'on supposerait que j'ai quelque intérêt de cœur bien mystérieux pour vivre ainsi dans une villa de troisième ordre, loin de toute région adoptée par la mode. — Et toutes ces questions, toutes ces insinuations, toutes ces critiques, tous ces étonnements devant mon enfant, qui, un beau matin, me dirait : « Ah çà! mère, tu es donc bizarre? Qu'est-ce que c'est?' » Je vous confie mon secret; il ne pourra pas durer bien longtemps, mais ce sera toujours autant de pris, et, quand on viendra me crier : « Mais vous ne pouvez pas vivre ici; vous y mourrez! le climat tuera votre fils; comment! vous, habituée au luxe...» j'aurai le droit de répondre : « C'est le luxe qui tuait mon fils, et nous voilà ici depuis assez longtemps pour savoir que nous nous en trouvons bien. »

— Vous pouvez compter sur ma discrétion. Sans doute votre famille sait où vous êtes?

— Je n'ai plus de famille, docteur; aucun proche parent du côté de mon mari ni du mien. Quant à de

vieux amis, bien bons et bien respectables, j'en ai,
Dieu merci ; mais ceux-là me comprennent et ne me
tourmentent pas. Ils disent à Paris que je suis dans
le Midi, et c'est si grand, le Midi ! Personne ne me
cherche jusqu'à présent, et c'est tout ce qu'il me
faut. Je resterai ici tant qu'on m'y laissera en paix,
et, si l'on m'y relance, j'irai dans quelque autre coin
du pays. Le vent est un peu dur, le mistral me fatigue ; mais Paul le boit comme un zéphyr, et je m'y
habituerai. Je serai si heureuse et si fière, si je viens
à bout de l'élever sans que son éducation soit abandonnée ! C'était impossible dans le monde. Une pué-
rile multitude de faux devoirs m'arrachaient à lui à
toute heure ; il me fallait le confier à des gens qui
avaient une certaine valeur assurément, mais qui
n'étaient pas moi. Il est assez curieux, il aime l'étude ;
mais il a besoin de mouvement, et il y avait toujours
trop ou trop peu de l'un ou de l'autre. Ici, je peux
lui mesurer la dose, et même fondre ensemble l'étude
et l'exercice. J'apprends tout ce que j'ai à lui apprendre. J'ai des livres, je travaille un peu le soir,
quand il est couché. Je tâche de m'instruire pour
l'instruire à mon tour. Nous faisons de grandes promenades ; nous étudions l'histoire naturelle en courant, et il y trouve un plaisir extrême, sans cesser
d'être joueur et latin. Quand vous m'aurez tranquillisé l'esprit sur les études classiques...

— Je m'en occuperai dès ce soir.

— Eh bien, merci, dit-elle en me tendant la main.
Et à présent laissez-moi vous dire que je ne suis pas
si indiscrète ou si légère que j'en ai l'air en accep-
tant vos soins et en réclamant vos services. On est
toujours dans son droit quand on se fie à la bonté
d'un cœur et à la raison d'une intelligence : or, je
vous connais depuis longtemps.

— Moi, madame?

— Oui, vous! Est-ce que le baron de la Rive ne
vous a jamais parlé de moi?

— Plusieurs fois, au contraire.

— Eh bien, il était tout simple qu'il me parlât de
vous. Il est un de ces vieux amis dont je me vantais
tout à l'heure, et, si vous ne m'avez rencontrée chez
lui qu'une seule fois, lorsqu'il a été si malade il y a
deux ans, c'est parce qu'à cette époque, ayant moi-
même un malade à soigner, je ne devais pas sortir;
mais le baron, depuis sa guérison, m'a écrit d'Italie.
Il ne me sait pas encore ici, il ne savait pas que je
vous y rencontrerais; il m'a dit vos soins pour lui,
votre dévouement, votre mérite... et votre nom, que
je ne savais pas mettre hier sur votre figure, mais
que M. Aubanel m'a dit ce matin en me confirmant
votre identité. Au revoir donc, et le plus souvent que
vous pourrez!

Tout cela était bien naturel, bien simplement dit,
et avec la confiance d'une noble femme qui s'adresse
à un homme sérieux. D'où vient donc qu'en descen-

dant l'escalier rustique pour aller chez Pasquali, j'étais comme un enfant surpris par l'ivresse? Moi, d'une organisation si bien matée par la volonté, je sentais un feu inconnu monter de mon cœur et de ma poitrine à ma tête. Il me semblait que ce long escalier surplombait la mer éblouissante, et que j'allais étendre deux longues ailes pour m'y précipiter, ni plus ni moins qu'un alcyon en délire de force et de joie.

Aimer cette femme! Pourquoi l'aimer, moi qui à trente ans avais su me défendre de tout ce qui pouvait me distraire de mes devoirs et entamer ma persévérance et ma raison? Cet impétueux la Florade m'avait-il inoculé sa fièvre de vie et d'audace? Mais cela ne m'allait pas du tout, et je me sentais ridicule sous cette peau de lion!

Pasquali était sur sa barque, à peu de brasses du rivage. Il vint me prendre, et, m'expliquant tous ses engins de pêche et la manière de s'en servir, il m'emmena à quelque distance. Il ne pêchait guère que des poulpes et des coquillages : il n'y a pas de bons poissons dans ce golfe sans profondeur, et sa pêche était une affaire d'art et de ruse, sans aucun but d'utilité personnelle. Il n'y goûtait jamais et donnait tout aux pêcheurs de la côte, qui n'étaient pas moins jaloux pour cela de son habileté, et prétendaient qu'il dépeuplait leurs eaux avec ses malices. Il se servait principalement d'un long roseau

tout simplement taillé par un bout, en croix double
ou simple. Les bouts écartés du roseau forment ainsi
une sorte de pince que l'on applique lestement et
adroitement sur le coquillage aperçu au fond de
l'eau. On l'y fixe en appuyant; les aspérités de la
coquille se prennent aux bouts du roseau, qui ten-
dent à se rejoindre, et on ramène la proie bien entière et bien vivante. La chasse aux poulpes et aux
calmars est plus savante. Ces animaux sont méfiants,
voient et entendent on ne peut mieux : ils savent se
cacher ou fuir rapidement. Pasquali avait l'œil d'une
mouette, pour voir au fond de l'eau et pour distinguer dans les algues une patte mal rentrée, que
j'aurais cent fois prise pour un bout de plante marine.

Je m'amusai une heure avec lui de ses prises intéressantes, de ces étranges polypes qui s'épanouissent
comme une fleur à la surface de l'eau, et qui ren-
trent tout à coup dans leur tige, de ces moules délicates, appelées dattes de mer, qui habitent le cœur
des plus durs rochers, où elles savent se creuser une
demeure dont il ne leur est plus possible ni nécessaire de sortir, l'eau pénétrant leurs galeries et leur
apportant la nourriture. Les rochers de calcaire
compacte forés par ces patients coquillages arrivent
à représenter un gâteau de cire travaillé par les
abeilles. J'aurais pourtant mieux aimé parler de
madame Martin; mais Pasquali était trop absorbé

pour me répondre. Couché à plat ventre sur sa barque, le corps penché sur l'eau et les bras étendus pour manœuvrer son roseau, il ressemblait au férai de proue d'une gondole vénitienne.

Quand je le quittai au bout de deux heures, j'avais retrouvé l'équilibre de mes idées. Je m'étais rappelé avec quel respect M. de la Rive m'avait parlé à diverses reprises de la vie austère et méritante de madame d'Elmeval. C'était à ce point que, sans connaître les particularités de son caractère et de sa situation, j'avais à peine osé la regarder lorsque je l'avais rencontrée chez lui. Je traversai la colline de Tamaris à distance craintive de la maison, et sans vouloir observer si les fenêtres étaient ouvertes. Il faisait encore chaud. Je fus donc étonné, après que j'eus dépassé la bastide Roque, de voir marcher devant moi un homme enveloppé d'un burnous et la tête cachée comme un blessé ou un malade. Il marchait vite et sans voir ni entendre que j'étais derrière lui. Quand nous nous trouvâmes près de la Seyne, dans un endroit très-encaissé, auprès d'une petite voûte de terre et de verdure formée par le cours d'un égout pluvial, il s'enfonça sous cet abri, se débarrassa de son burnous, qu'il mit sous son bras, et se trouva en face de moi au moment où il reprenait la voie. Je fus très-surpris : c'était la Florade.

Il faut croire que j'étais déjà envahi à mon insu

par une passion insensée ; car, au lieu de l'aborder avec satisfaction comme de coutume, je sentis en moi un mouvement de jalousie amère, et une seule idée me vint à l'esprit : c'est qu'il venait encore de rôder autour de Tamaris, peut-être de voir la marquise et de lui parler ou d'attirer son attention.

La Florade ne comprit rien à ma figure bouleversée, sinon que la fantaisie de sa promenade en capuchon par un si beau temps m'étonnait beaucoup. Il se hâta, après m'avoir serré la main avec autant de cordialité que de coutume, de me dire qu'il avait été pris le matin d'une insupportable névralgie dans l'oreille, et qu'il venait de se guérir en se promenant au soleil la tête empaquetée.

— Je suis sujet à cela, ajouta-t-il ; mais je sais le remède, et pour moi il est infaillible : porter le sang à la tête.

— C'est très-ingénieux ! lui répondis-je d'un ton probablement assez aigre, car il en fut frappé et me demanda brusquement ce que j'avais.

— Peut-être une douleur d'oreille aussi ! repris-je du même ton maussade.

Mais je me sentis parfaitement ridicule, et j'essayai de simuler l'enjouement en lui faisant entendre que je n'étais pas sa dupe, et que son capuchon arabe ne couvrait pas une ruse digne d'un Arabe, mais une très-peu discrète entreprise sous quelque balcon d'alentour.

— Ah çà! qu'est-ce qui vous prend? répondit-il en s'arrêtant à l'entrée du chemin de la Seyne à Balaguier. On dirait que vous avez de l'humeur. De qui êtes-vous, en ce pays si nouveau pour vous, le garde du corps ou le chevalier?

Après l'échange de quelques plaisanteries un peu acides, il me prit le bras en me disant :

— Mon cher docteur, il y a ici un quiproquo; je n'ai été hier qu'à Tamaris, et vous, vous avez été aujourd'hui ailleurs qu'à Tamaris, n'est-ce pas?

La lumière se fit.

— Ah! m'écriai-je, c'est de la bastide Roque que vous venez?

Comme il s'en défendait, je lui racontai l'indiscrétion de la négresse, les propos des paysans et la coïncidence d'un personnage mystérieusement *emmitouflé* avec l'accoutrement dont il venait de se débarrasser. Il rêva quelques instants, et, regardant sa montre :

— J'ai encore une heure de liberté, dit-il; et vous?

— Et moi aussi.

— Voulez-vous que nous prenions par ici, à droite, un sentier qui nous reconduit au pied du fort? La promenade est jolie, et je pourrai causer avec vous.

Nous traversâmes un champ et gravîmes le revers de la colline qui regarde l'ouest par un escalier dans des schistes lilas, à travers les arbres et les buissons.

Il n'était pas facile de causer sur une pente si roide ; mais, quand nous eûmes gagné un joli coin herbu, en vue de la mer, sous les cytises, nous nous arrêtâmes, et la Florade me parla ainsi :

— J'aime autant vous dire tout. Vous êtes un homme sérieux, vous serez discret, et puis vous me donnerez un bon conseil. J'en ai besoin. Je ne suis pas l'amant de la personne que vous avez vue, et je ne le serai pas, je vous en donne ma parole d'honneur. Si je l'avais rencontrée dans son pays, je ne me serais pas fait grand scrupule d'être le premier ami d'une fille de seize ans. A cet âge-là, les femmes de l'Orient d'une certaine classe savent fort bien ce qu'elles font, et comptent pour l'avenir sur une succession plus ou moins florissante d'amis de passage. L'opinion n'est pas sévère pour elles, car elles trouvent fort bien à se marier dans leur race, surtout quand elles ont mis de côté quelque argent.

» J'aurais donc pu aimer Nama sans avoir de grave reproche à me faire ; mais je n'aurais pas fait la sottise de l'enlever à son milieu pour la transplanter dans le mien, comme M. Roque a enlevé la mère de Nama à un riche musulman en voyage pour la transplanter dans sa triste bastide ; on ne peut pas s'attacher à ces femmes déclassées et dépaysées qui sont vieilles à vingt ans, et qui, n'ayant rien de commun avec nous dans l'esprit et dans les habitudes, ne sont ni des compagnes ni des servantes.

Une des causes de la mélancolie noire à laquelle a succombé votre vieux parent — je sais qu'on vous a tout dit — est certainement cette association impossible qu'il a eu la charité de ne pas rompre, mais qui lui a pour ainsi dire ôté peu à peu la moitié de son cœur et de son cerveau.

» Or, je ne veux pas faire comme lui. Je ne veux pas vivre conjugalement avec Nama; mais je ne veux pas non plus être son amant, car Nama est mademoiselle Roque, Française et passible des mœurs et usages de la société française. Elle a beau n'y rien comprendre, avoir été élevée dans une cave et ne pas savoir les conséquences d'une faute, je les connais, moi, et je serais un misérable si je la séduisais pour l'abandonner. Vous me croyez, j'espère, je ne suis pas menteur!

— Je vous crois parfaitement; mais permettez-moi de vous dire...

— Ce que vous allez me dire, je le sais! je me le suis dit à moi-même. J'ai eu tort, grand tort de rendre quelques visites à mademoiselle Roque. Écoutez l'aventure, elle n'est pas compliquée.

» Un soir, il y a six semaines, en revenant seul de chez Pasquali, c'était trois jours après la mort tragique du vieux Roque, j'entendis des cris effroyables partir de la bastide. Je crus qu'on assassinait les femmes restées seules en cette maison en deuil. Je ne fis qu'un saut; j'enfonçai la porte d'un coup de

poing, et je vis Nama pour la première fois. Étendue
sur un tapis avec sa vieille négresse, elle était vêtue
d'une courte tunique de laine blanche, les cheveux
épars, belle comme une statue grecque...

— Sauf l'embonpoint?

— C'est vrai ; mais la tête, les bras, les épaules,
les pieds ;... enfin elle est très-belle ; vous ne le
niez pas?

— Je ne le nie pas. Continuez.

— Je vous ai dit que je ne l'avais jamais vue. Je
ne savais donc pas à quel point elle est musulmane,
et combien, malgré une éducation à moitié catholique, elle a conservé les usages, les idées religieuses
et jusqu'aux rites orientaux. Elle était là, je ne peux
pas dire pleurant, mais *criant* son père à la manière
antique ; c'était comme une cérémonie qui devait
durer un certain nombre d'heures, de jours ou de
semaines.

» Mon apparition l'effraya un peu. La négresse
s'enfuit tout à fait épouvantée. J'allais me retirer,
lorsque Nama me retint d'un geste, me montrant un
siége, et semblant me prier d'attendre qu'elle eût
fini ses lamentations. J'aurais dû m'en aller ; mais
ce spectacle me parut si curieux à observer sur la
terre française, que je restai immobile et très-res-
pectueux, je vous assure, à la regarder et à l'écouter.
Elle parlait tout haut, en je ne sais quelle langue,
et je devinais à sa pantomime et à son accent quel-

que étrange et saisissante improvisation. C'était entrecoupé de sanglots tragiques et de hurlements sauvages. Il y avait des poses superbes, des larmes plutôt gémies que pleurées, une douleur parlée plutôt que sentie; c'était beau comme une scène de Sophocle ou d'Eschyle, ou, encore mieux, comme un chant de l'*Iliade*; c'était naïf en même temps qu'emphatique.

» Je fus très-ému sans que mon cœur fût précisément attendri. Ces cris et ces soupirs, qui durèrent encore une demi-heure, me causaient une excitation nerveuse que je ne peux guère définir, car les sens n'y étaient pour rien. Quelque bizarre que fût cette manifestation de ses regrets, je ne pouvais pas oublier un seul instant que c'était une fille pleurant son père enseveli la veille.

» D'ailleurs, le cadre de la scène était lugubre. J'ai horreur du suicide, je ne le comprends pas; j'aime la vie, j'en ai toujours savouré le bienfait, en me reprochant de n'en pas savoir assez de gré au divin pouvoir qui l'a inventée. Cette chambre à demi éclairée par une lampe, ces murs blancs chargés d'ornements rouges que par moments je prenais pour des taches de sang, cette belle fille arrachant ses cheveux et meurtrissant sa poitrine et ses bras, c'était beau, mais ce n'était pas gai.

» Quand minuit sonna, elle s'apaisa tout à coup; mais, comme je craignais, en la voyant immobile,

4.

qu'elle ne se fût évanouie, je la pris dans mes bras et je la portai sur le divan, où elle resta inerte et comme épuisée pendant quelques instants. Puis, sortant comme d'un rêve et véritablement égarée, elle se jeta à mes pieds, voulut embrasser mes genoux et baiser mes mains en me suppliant de ne pas la chasser de la maison de son père.

» Je n'y comprenais rien. La vieille négresse rentra avec une couverture rayée dont elle enveloppa sa maîtresse et un verre d'eau qu'elle lui fit boire. Elle s'en alla de nouveau et revint encore avec des gâteaux qu'elle la pressa de manger, et, comme elle m'en offrait aussi, et que je refusais, Nama me supplia, en s'agenouillant de nouveau, de partager son repas.

» Je voulus faire des questions ; on me fit signe que l'on était condamné à garder le silence, et que, par *decorum*, je devais le garder aussi. Je mangeai donc d'un air hébété des pâtisseries préparées par la négresse. On me fit prendre du café, on m'alluma un cigare qu'on me mit dans la main, puis on me montra la porte d'un air abattu et respectueux en me disant : *A demain*. Comme je me retournais pour saluer, je vis les deux femmes, qui avaient fort bien mangé, se recoucher sur le tapis et se mettre en devoir de recommencer leur scène de désespoir. Elles s'étaient donné des forces pour accomplir jusqu'au bout cette solennité.

» Arrivé à l'endroit où nous nous sommes rencontrés tout à l'heure, j'entendais encore des accents de désolation. Un peu plus loin, je vis de la lumière à la fenêtre d'un maraîcher du faubourg de la Seyne. La fenêtre était ouverte, et j'entendis une voix d'homme dire à sa femme, probablement réveillée par ces cris :

» —Rien, rien! Ce sont les sorcières de la bastide Roque qui font leur sabbat. Ferme donc la fenêtre!

» J'aurais dû ne pas retourner à cette bastide maudite. J'y retournai, poussé par la curiosité, par l'imagination, si vous voulez; j'y retournai le soir, avec mystère, m'avisant bien de cette idée que je ne devais pas compromettre mademoiselle Roque. Ce fut effectivement mademoiselle Roque, et non plus Nama que je vis ce soir-là. Il paraît que le rite était accompli quand j'arrivai. On m'attendait. Le café était servi. Mademoiselle Roque, parlant patois et vêtue à la française, grave, froide et polie, s'expliqua, et je vis alors, à ses discours, qu'elle me prenait pour vous.

— Pour moi?

— Oui. Elle avait appris vaguement, le lendemain de la mort de son père, qu'elle n'héritait que de la moitié de son avoir, qu'un parent avait droit au reste et viendrait probablement bientôt s'occuper de vente. Elle avait supposé que l'étranger arrivé si brusquement chez elle vers minuit ne pouvait être

qu'un héritier pressé de réclamer, et, ne sachant pas
si vous ne lui contesteriez point la bastide, elle vous
suppliait de la lui laisser.

» Quand j'eus réussi à lui faire comprendre que je
n'étais pas *vous*, mais que je vous connaissais, elle
me pria de vous parler d'elle. Il me semblait avoir
entendu dire que la maison lui était spécialement
réservée ; mais je n'en étais pas sûr, et je promis de
le lui faire savoir le lendemain. Quant à elle, con-
sternée et comme stupéfiée par le suicide de son
père, elle n'avait absolument rien compris à la com-
munication qui lui avait été faite du testament, et
elle avait peut-être regardé comme indigne de sa
fierté de se faire expliquer quoi que ce soit. Je ques-
tionnai Aubanel comme par rapport à vous, et, sans
lui rien dire de mes deux entrevues avec mademoiselle Roque, je sus qu'elle n'avait rien à craindre de
ce qu'elle redoutait, et je pensai à lui écrire ; mais
je ne sais pas écrire en indien, et j'avais découvert
qu'elle ne savait pas lire le français. On n'a aucune
idée de l'abandon intellectuel où son père l'a laissée
vivre. Sans sa mère, qui lui a appris le peu qu'elle
sait, et les enfants du fermier, qui lui ont parlé provençal, elle n'eût su, je crois, s'exprimer dans aucune langue.

— Elle parle pourtant un français assez correct.

— Elle est fort intelligente à certains égards, et
sa douceur cache une grande force de volonté. Elle

a toujours compris le français, mais elle s'obstinait à ne pas le parler. Quand elle a vu que je ne trouvais pas grand charme à notre dialecte méridional, dont la musique est si rude et les intonations si vulgaires, elle s'est résolue à parler français, et ceci a été l'affaire de quelques jours, une sorte de prodige qu'elle n'a pas su m'expliquer et dont je n'ai pu me rendre compte.

— L'amour?

— Oui, l'amour! C'est très-ridicule à dire, mais il faut bien que je le dise, puisque je suis ici pour confesser et demander la vérité!

» Je n'écrivis donc pas, je revins la voir. Cette troisième fois, je ne me le reproche pas, je n'étais poussé que par un sentiment de compassion pour cette malheureuse fille abandonnée de tous, n'inspirant d'intérêt à personne, livrée aux soins d'une vieille négresse à demi en enfance, et réduite à chérir le triste asile dont les passants se détournaient avec terreur et dégoût. Oui, mon cher ami, je vous jure qu'il n'y avait pas en moi autre chose. Mademoiselle Roque en robe et en bottines, parlant comme les femmes du pays, dépouillée de tout son prestige oriental et ne disant que des choses niaises ou insensées eu égard à la vie pratique, n'avait plus pour moi aucune espèce d'attrait.

» Ce qui acheva de me glacer, c'est l'engouement subit et spontanément avoué dont cette créature

hybride, demi-bourgeoise et demi-sauvage, se prit
pour moi. Elle s'imagina tout d'un coup que mon
obligeance pour elle cachait un autre sentiment, et
que j'allais l'épouser et l'emmener *sur mon beau
navire*. Voilà où elle en était de son appréciation
des choses du monde.

» Je me promettais bien de ne plus retourner chez
elle ; j'aurais dû ne jamais repasser devant sa maison,
mais le hasard m'y ramena, et la vieille négresse,
se traînant comme une panthère blessée et sortant
de derrière la haie, me força de prendre un billet
en caractères hiéroglyphiques. Je ne pus le lire, je le
brûlai pour n'être pas tenté de me le faire traduire ;
mais j'appris par Aubanel que cette pauvre fille était
très-malade et qu'elle ne voulait voir personne.
Madame Aubanel, mue par un sentiment de charité,
n'avait pu pénétrer chez elle. La femme du fermier
se mourait, et, au milieu de tous ces désastres, on
craignait que mademoiselle Roque n'eût hérité de
la fatalité du suicide.

» Je crus qu'il serait lâche de l'abandonner ; j'y
courus le premier soir dont je pus disposer. La
négresse me fit attendre, puis elle m'introduisit
dans ce salon asiatique que vous avez vu, où l'on
avait exhibé tous les objets curieux et précieux ras-
semblés par M. Roque au temps de son amour pour
la mère de Nama. On avait fait de l'ordre et de la
propreté, brûlé des parfums, débarrassé la fenêtre

de son épais rideau. Vous n'avez pas remarqué sans doute que de cette fenêtre on voit la mer et les montagnes. Un store transparent, à demi baissé et éclairé par la lune, jetait sur la muraille une mosaïque pâle et d'un effet charmant. Il y avait des fleurs partout. Nama parut, vêtue à la manière des almées, dans les riches atours qui lui venaient de sa mère. Elle était superbe; elle parlait français pour la première fois. Elle se plaignait de mon abandon, elle pleurait, elle aimait avec une complète innocence et surtout avec une hardiesse de cœur qui me tourna la tête. Elle flattait par son courage et sa foi ma manière de voir et de sentir la vie, et elle agissait ainsi sans le savoir, ce qui la rendait bien puissante.

» Eh bien, mon cher ami, je fus très-fort, et je suis encore étonné d'avoir pu résister à l'emportement de ma nature. Non-seulement je lui refusai un baiser, non-seulement je m'acharnai à lui faire comprendre mon devoir et le danger de sa confiance, mais encore je la quittai brusquement sans lui dire : *Je t'aime.* Je l'aimais pourtant diablement dans ce moment-là.

» Le lendemain, je n'étais pas dégrisé. Croyez-moi si vous voulez, j'ai passé plusieurs nuits sans fermer l'œil. Je voyais toujours cette belle fille chaste et même froide me regarder d'un air de reproche et se jeter dans le sein de sa négresse en disant :

» — Il ne veut pas m'aimer!

» Je ne l'ai donc jamais trompée! Non, pas un

instant! mais elle m'a vu ému malgré moi. Elle n'a
pas compris l'espèce de combat dont je voulais
triompher. Elle ne sait pas la différence qui existe
entre le cœur et l'imagination. Elle n'y comprendra
jamais rien. Elle croit que je l'aime, mais qu'un
autre engagement me défend de le lui dire. Elle
espère toujours. Elle croit que mes rares et courtes
visites sont aussi un engagement que j'ai contracté
avec elle. Elle me dispute à une rivale imaginaire.
Elle est malade et abattue quand elle ne me voit
pas ; elle préfère mes duretés et ma froideur à mon
absence. Je l'ai revue encore une ou deux fois. Aujourd'hui, elle m'a dit qu'elle ne se marierait jamais
qu'avec moi, et qu'elle se tuerait si j'en épousais
une autre. Il n'y a rien de plus stupide qu'un homme
qui croit à ces menaces-là et qui les raconte : pourtant voyez la situation exceptionnelle de cette fille!
Songez à la fin horrible de son père, à l'hérédité
possible de certaines affections du cerveau, à l'abo-
minable influence de la bastide Roque... Voilà où
j'en suis ; dites-moi ce que vous feriez à ma place...

— Je ne sais pas, répondis-je.

— Comment, vous ne savez pas?

— Non, il m'est impossible de me mettre à votre
place, précisément parce que je ne m'y serais
pas mis. Je ne serais pas retourné chez mademoiselle Roque, si je m'étais senti inflammable comme
vous l'êtes!

— Mais ce n'est pas moi qui suis inflammable, c'est elle qui a pris feu comme l'éther!

— On s'enflamme pour vous parce que le feu vous sort par les yeux. Ces aventures-là n'arrivent qu'à certains hommes. Voyons, vous n'êtes pas plus laid ni plus sot qu'un autre, je le sais bien; mais vous n'êtes pas un dieu, et vous ne faites pas boire de philtres à vos clientes! D'où vient donc que vous avez partout des amourettes et que vous passez pour un homme à bonnes fortunes? C'est que cela vous plaît, allez! et que vos regards, vos manières, vos paroles trahissent, même malgré vous, cette inquiétude fiévreuse que vous avez de dépenser toute votre vie dans un jour!

En parlant ainsi à la Florade, j'étais irrité, j'étais cent fois plus fou que lui; je me disais qu'avec son fluide électro-magnétique et la naïveté de ses émotions, aussi vives à vingt-huit ans, après une vie orageuse, que celles d'un jeune écolier, il pourrait bien plaire à la marquise, si elle venait à le rencontrer. J'étais donc jaloux de cette femme, dont il ne savait pas le nom et qu'il n'avait pas encore vue.

Ma vivacité le fit rire. Il prétendit que j'étais épris de mademoiselle Roque. Je me souciais vraiment bien de mademoiselle Roque!

— Enfin, mon ami, me dit-il, « tire-moi du danger, tu feras après ta harangue. »

— C'est juste; voyons! — Eh bien, il ne faut jamais remettre les pieds chez elle, ou il faut l'épouser. Quoi que vous en disiez, vous y avez songé, puisque vous eussiez voulu pouvoir acheter pour elle le sot et aride terrain que j'ai sur les bras.

— Vous n'avez pas daigné le regarder, ce terrain, reprit la Florade en riant. Moi, je l'ai contemplé ce matin, et vous pouvez, je crois, le voir d'ici. Oui, c'est cette bande de terre humide, là-bas, tout en bas ; regardez.

— Qu'est-ce que ça ? des artichauts ?

— Eh ! oui, mon cher. Un champ d'artichauts de cette vigueur-là représente de la terre à cinq pour cent. Vous avez le meilleur lot ; mais ça ne fait pas que je doive épouser une bayadère. Si vos artichauts eussent été des lentisques ou des genêts épineux, si, avec deux ou trois mille francs, j'eusse pu assurer le sort de cette pauvre fille, je me serais payé cette satisfaction-là, afin de ne plus avoir à y penser ; mais endetter toute ma vie pour elle,... en réparation de quoi ? je vous le demande. — Pourtant si vous pensez que ma conscience y soit engagée,... car enfin voilà qu'on sait mes visites et qu'on jase,... je ferai ce que vous conseillerez. Je ne vous consulte pas pour n'agir qu'à ma guise.

— Vous voilà bien, cœur d'or et folle tête ! Non, je ne vous conseille pas cela. Tâchez de décider mademoiselle Roque à quitter cette maison où elle deviendra folle, et à s'en aller vivre ailleurs où elle n'espérera plus vous voir. Décidez-la aussi à vendre quelques bijoux inutiles, Pasquali m'a dit qu'elle en avait pour une certaine valeur; alors, qu'elle vende ou non la bastide, elle pourra échapper aux propos qui ne font que d'éclore, et trouver, à deux ou trois lieues d'ici, dans un coin où vous aurez soin de ne jamais passer, un bon paysan riche ou un rude marin qui l'épousera sans lui demander compte de quelques battements de cœur apaisés et oubliés.

— Fort bien; mais, pour lui persuader cela, il faut que je retourne la voir, et j'ai juré que ce serait aujourd'hui la dernière fois, car chaque visite ramène ses illusions. Voulez-vous vous charger de lui faire entendre raison?

— Elle m'a défendu, à cause de vous, de revenir.

— Mais si je vous en prie!

— Mon cher, cette maison me fait un mal horrible. Moi aussi, je déteste le suicide, et je ne peux pas oublier que ce malheureux Roque était le proche parent de ma mère. Et puis je suis jeune, et mes visites feront jaser. Il faut employer Aubanel.

— Elle ne veut pas entendre parler de lui.

— Pourquoi?

— Parce que son chien a voulu dévorer le sien.

— Voilà une belle raison!

— Nama est de cette force-là. N'oubliez pas qu'à beaucoup d'égards nous avons affaire à un enfant de six ans.

— Eh bien, M. Pasquali n'a pas de chien. Chargez-le de parler à votre place, et, pour qu'il y mette le zèle d'un ami, dites-lui la vérité.

— Vous avez raison, je la lui dirai demain.

— Demain! m'écriai-je, saisi de nouveau d'une risible épouvante à l'idée que, le lendemain, il repasserait à Tamaris.

— Eh bien, oui, demain, reprit-il. Faut-il ajourner ce qui est décidé? Venez-y avec moi à neuf heures du matin. Je ne peux plus m'absenter le soir d'ici à une semaine; voilà pourquoi, voulant en finir aujourd'hui avec la maison maudite, j'y étais retourné en plein jour.

J'aurais préféré qu'il allât chez Pasquali le soir : à peine la nuit venue, je savais que la marquise ne sortait plus de sa maison; mais il fallait bien céder à la nécessité. D'ailleurs, la Florade ne me fournissait-il pas un prétexte pour la revoir moi-même le lendemain? Nous convînmes de nous rendre en canot à la bastide Pasquali sans passer par la Seyne.

II

Le lendemain donc, à neuf heures, nous touchions le rivage.

— Montez dans ma barque, nous dit Pasquali,

puisque vous avez à me parler de choses sérieuses.
Je vous entendrai mieux dehors.

— C'est-à-dire, répondit la Florade, que vous
n'écouterez pas du tout.. Vous aurez toujours quelque araignée de mer à guetter.

— Non ; je n'emporte rien pour les prendre, tu
vois.

Nous allions passer de notre embarcation dans la
sienne, quand Nicolas, descendant l'escalier de la
villa Tamaris, nous héla de tous ses poumons. Nicolas, c'était un jeune garçon de la Seyne que la marquise d'Elmeval avait pris à son service pour fendre
le bois, soigner l'âne et faire les commissions.
Nous l'attendîmes. — *Madame Martin* priait *le docteur* de venir voir le doigt de M. Paul, qui était très-
enflé.

Jamais collégien muni de son *exeat* au moment où
il redoutait une retenue ne s'élança vers la liberté
avec plus de joie que je n'en ressentis en sautant
sur la grève.

— Allez sans moi, dis-je à mes compagnons. Vous
n'avez que faire de mon avis, puisque je le main-
tiens ; d'ailleurs, je reviens dans un quart d'heure.

Le doigt de mon petit Paul n'était nullement com-
promis. Je fis faire un cataplasme. J'annonçai à la
marquise que, la veille au soir, j'avais écrit quatre
lettres, criant aux quatre coins de l'horizon pour
avoir un professeur. Elle me remercia comme si ce

n'eût pas été à moi de la remercier, moi si heureux
de m'occuper d'elle!

— Puisque la blessure de Paul ne vous inquiète pas,
me dit-elle, nous allons sortir en voiture. Je vous
rends donc votre liberté,... à moins que... Voyons,
pourquoi ne viendriez-vous pas à la promenade avec
nous? Nous allons dans les endroits les plus déserts.
Est-ce que nous risquons d'y rencontrer des yeux
malveillants? Les gens de Toulon ne nous connaissent ni l'un ni l'autre.

— Mais les gens des bastides voisines nous connaissent déjà et savent que je n'ai pas le bonheur
d'être votre frère... Dites-moi où vous allez. Je peux
m'y trouver comme par hasard, et, si c'est réellement un désert, je m'y promènerai pendant quelques instants près de vous.

— Ah! quelle bonne idée! mais comment irez-
vous? à pied?

— Certes! Je suis un peu botaniste, j'ai des
jambes.

— Ah! vous êtes botaniste! Quel bonheur! Il y a
ici tant de plantes qui ne sont pas de notre connaissance! Eh bien, nous irons tout doucement à la forêt
de pins qui est au beau milieu du promontoire. Tenez, voilà un plan détaillé. Vous ne pouvez pas vous
égarer. Dès lors nous partons tout de suite, nous
allons au pas et nous vous attendons. Le temps sera
beau, n'est-ce pas?

En me faisant cette question, elle s'avança sur la petite terrasse garnie de fleurs qui occupait la façade sur de la bastide et d'où l'on découvrait la pleine mer au delà de la plage des Sablettes.

— Oui, oui, ajouta-t-elle, le cap Sicier est bien clair. Quelle grande vue! Vous plaît-elle autant que celle de l'est?

— Non. Elle est plus grande, puisque l'horizon maritime est sans bornes, et elle paraît plus petite.

— Vous avez raison; elle a des lignes trop plates, et le *baou* (rocher) *bleu*, vu d'ici, a de vilaines formes. A gauche, au sud-ouest, c'est très-beau, la haute falaise, et la plaine qui nous en sépare est bien jolie au lever du soleil.

— Vous voyez donc lever le soleil?

— Toujours, sauf à me rendormir après, si Paul n'est pas éveillé. Il dort dans ma chambre, et j'aime à le regarder au reflet du matin rose, parce qu'alors il me paraît tout rose aussi, mon pauvre enfant pâle! Et puis je savoure le bonheur inouï de la solitude avec lui. Songez donc, j'ai aspiré à cela depuis qu'il est au monde, et j'ai toujours été obsédée par un entourage où si peu de personnes me plaisaient! Croiriez-vous que j'ai passé des années sans entendre chanter un oiseau? Il y en a bien peu ici. Ces cruels Provençaux, après avoir détruit tout le gibier, s'en prennent aux rossignols. Il y a encore deux ou trois fauvettes sur les pins du jardin, et je les écoute.

Elles ne chantent qu'à la première aube; le reste du jour, elles ont peur et se taisent.

— Mais, quand la mer est furieuse, et que les terribles vents de Provence soufflent de l'est ou de l'ouest, luttant à qui sera le plus méchant et le plus froid, ne souffrez-vous pas?

— Physiquement, oui, un peu; mais il y a du bien-être à regarder du coin de son feu les petites roses hâtives qui se laissent secouer, comme si elles y prenaient plaisir, pendant qu'à travers leurs branches fleuries on aperçoit là-bas, bien loin, les grosses vagues qui ont l'air d'être tout près et de vouloir battre les fenêtres. La nuit, au milieu des plus furieuses rafales, les tourterelles roses de madame Aubanel chantent à toute heure, et ces voix amies semblent vouloir tenir en éveil les lares protecteurs de la maison. La petite chienne n'aboie pas à autre intention, j'en suis sûre. Et puis ce climat capricieux vous fait oublier en un jour les ennuis et les impatiences d'une semaine. Tout pousse et fleurit si vite au moindre calme qui se fait! tenez, mes matinées de soleil me consolent de tout. De ma chambre, je vois tout ce qui se passe sur le rivage et dans le petit golfe. Le premier en barque est toujours ce bon Pasquali : je le reconnais à sa coiffe de toile blanche sur son chapeau gris. Sa barque semble soudée au miroir du golfe, tant elle glisse lentement, et lui, on le croirait soudé à sa barque, tant il est attentif à ce qui se passe au fond de l'eau. La patiente occupation de ce digne homme fait vraiment partie de ma sérénité... Mais il n'est pas seul en ce moment-ci? Je vois un officier de marine avec lui, il me semble...

Je ne répondis rien. Madame d'Elmeval regardait la Florade, et ce regard jeté de si loin sur lui, ce regard qui pouvait à peine distinguer son costume, m'enfonça des aiguilles dans le cerveau. Elle venait de me peindre son bonheur moral et le calme de sa belle âme avec tant de conviction et de simplicité! Extravagance ou pressentiment de ma part, elle me fit l'effet d'une somnambule qui va s'éveiller au bord d'un abîme.

Elle partit dans une vieille calèche qu'elle louait à la Seyne, et que conduisait un bonhomme très-sûr et très-adroit avec des chevaux ou des mulets habitués à tout gravir.

— Ceci n'est pas un équipage de luxe, me dit la marquise en riant; mais c'est solide, ça passe dans des chemins impossibles, et avec ce conducteur-là je n'ai peur de rien. Jamais je n'ai fait que bâiller dans mon landau au bois de Boulogne; ici, je m'amuse de tout et je m'intéresse à tout ce que je vois. Nous allons ainsi jusqu'où nos pieds peuvent nous porter. Au revoir! nous vous attendrons à l'entrée de la forêt, chez le garde...

Je savais que la Florade devait retourner à son

5.

bord à onze heures. Je m'excusai de ne pas partir avec lui sous le prétexte de faire un peu de botanique aux environs, et je le laissai remonter seul dans son canot.

— Il me laisse sur les bras une affaire très-ennuyeuse, me dit Pasquali en le regardant s'éloigner. Il n'en fait jamais d'autres, lui! Toujours des histoires de femme! Il faudra pourtant bien le tirer de ce pétrin-là. C'est un si charmant enfant! Allons, j'y vais tout de suite, chez cette folle; revenez par ici, je vous dirai ce qu'elle aura décidé.

Deux heures après, en marchant comme un Basque, j'arrivais à la forêt dite de *la Bonne-Mère*, au pied des montagnes qui terminent le promontoire au sud. Bien que le centre de la presqu'île forme un plateau assez élevé, les chemins sont si ravinés et si encaissés, qu'un piéton se fait peu d'idée du pays qu'il traverse. Un seul point sert presque toujours à l'orienter : c'est la montagne conique de Six-Fours, qui porte les ruines pittoresques d'une ville à peu près abandonnée. Je trouvai la marquise au rendez-vous, et Paul buvant du lait de chèvre chez le garde avec sa bonne, une belle vieille Bretonne que la marquise traitait comme sa compagne et menait partout avec elle. Marescat, le conducteur, avait fini de loger et de frotter ses chevaux; il se disposait, selon sa coutume, à servir de guide pédestre et d'escorte à la famille.

Je m'étonnai de trouver dans un pays si pauvre et si négligé une entrée de forêt dont le terrain, propre et battu, ressemblait à une immense salle de bal champêtre.

— Vous ne vous trompez pas, me dit la marquise, c'est ici une salle de bal dans un désert. Cette petite fabrique blanche que vous apercevez là-haut dans les nuages est une des mille chapelles que les marins de tous pays ont nommées Notre-Dame-de-la-Garde. Dès le 1ᵉʳ mai, les processions commencent, et toute la population y afflue le dimanche. Les dévots montent à la chapelle, et reviennent boire et danser ici avec ceux qui ne font pas le pèlerinage, mais qui ne manquent pas à la fête. Il paraît que le spectacle est plus animé qu'édifiant. Vous savez que la dévotion des matelots et des Méridionaux en général n'est rien moins qu'austère. Nous ne viendrons donc pas ici pendant le mois de mai. Profitons de la solitude absolue qui règne encore dans ce désert, et marchons!

Je ne voulus pas lui offrir mon bras, craignant de prendre des airs d'intimité avec elle devant ses gens. J'aurais désiré me persuader que nous avions quelque chose à leur cacher, mais elle ne songeait déjà plus aux précautions à prendre pour leur faire penser que j'étais là par hasard. Elle avait consenti à cette dissimulation, mais elle n'était pas capable de la soutenir. Le courage et la franchise de son caractère s'y opposaient. Elle avait tant de calme dans l'esprit et dans le cœur, qu'elle n'admettait pas sans peine le soupçon. Elle se croyait vieille parce qu'elle avait trente ans, et ne supposait pas, d'ailleurs, qu'un homme raisonnable pût s'éprendre d'une femme qui ne voulait pas aimer. Elle consentait donc à se garer des apparences quand on appelait son attention sur le danger des mauvais propos, parce qu'elle n'avait nullement le goût des bravades, et qu'elle voulait passer désormais inconnue ou inaperçue dans la vie; mais, à force de le vouloir, elle s'y croyait déjà arrivée, et il lui était difficile de se rappeler à tout instant ce qu'il fallait faire pour cela. Cet oubli de sa personnalité la rendait adorable. Il semblait qu'elle ne sût pas ce qu'elle était et ce qu'elle valait. Je n'ai jamais vu de femme plus détachée d'elle-même. Que s'était-il donc passé dans sa vie? quelle sagesse ou quelle vertu avait-elle donc étudiée pour être ainsi?

La forêt était très-belle. Cette salle de fête que chaque année les pieds de la foule privaient d'herbe et préservaient de broussailles était jetée sans forme déterminée sur une pente largement dessinée et sur un fond de ravin nivelé naturellement. Des pins élancés, droits comme des colonnes, couvraient d'ombre et de fraîcheur le vallon et la pente. Tout au fond, et rasant le bord de l'autre versant, coulait un petit ruisseau. Une profonde clairière traversée d'un chemin sinueux, s'ouvrait à notre droite, et devant nous un autre chemin qui coupe en longueur toute la forêt en remontant le ruisseau devait nous conduire au véritable désert.

Ce chemin plein de méandres, traversé en maint endroit par le ruisseau qui saute d'un bord à l'autre, tantôt serré entre des bancs de rochers, tantôt élargi par le caprice des piétons dans les herbes, est ridé et valonné comme la forêt; mais nulle part il n'est difficile, et il offre une des rares promenades poétiques qu'on puisse faire sans fatigue, sans ennui ou sans danger dans le pays. Le ruisselet a si peu d'eau, que, quand il lui plaît de changer de lit, il couvre le sable du chemin d'une gaze argentée qu'on verrait à peine, si son frissonnement ne la trahissait pas. Des herbes folles, des plantes aromatiques se pressent sur ses marges, comme si elles voulaient se hâter de tout boire avant l'été, qui dessèche tout. Les pins sont beaux pour des pins de Provence : protégés par la falaise qui forme autour de la forêt un amphithéâtre assez majestueux, ils ont pu grandir sans se tordre. Les terrains phylladiens de cette région sont d'une belle couleur et vous font oublier la teinte cendrée des tristes montagnes calcaires dont la Provence est écrasée. La nature des rochers et même celle des pierres et de la poussière des chemins ne m'ont jamais été indifférentes. Dans les terrains primitifs, le granit ou les roches dures feuilletées ou pailletées ont toujours je ne sais quel aspect de fraîcheur qui réjouit. Le calcaire a des formes puissantes qui imposent; mais l'uniformité de sa couleur est implacable et produit dans l'esprit une idée de fatigue et de soif.

Cette esquisse est le résumé des courtes remarques échangées entre la marquise et moi durant une demi-heure de marche sur ce beau chemin, qui rappelle un peu certains coins ombragés de la Suisse. Madame d'Elmeval n'avait jamais voyagé; elle n'avait conservé de souvenirs pittoresques que ceux de son enfance passée en Bretagne. Elle s'exagérait donc facilement la beauté de tout ce qu'elle voyait. Cette disposition de son esprit, cette joie de posséder, après de longues aspirations, le spectacle de la nature, rendaient sa compagnie vivante et charmante. Elle n'avait pas d'emphase descriptive, pas de cris d'admiration enfantine. Elle gardait bien le sérieux et la dignité d'une femme qui approche de sa maturité intellectuelle; mais elle savourait à pleins yeux et à plein sourire la vie des choses de Dieu. On la sentait heureuse, et on était heureux soi-même auprès d'elle sans avoir besoin de l'interroger.

Vers la lisière de la forêt dont nous traversions le plus court diamètre, les herbes diminuent, les arbres s'étiolent, les lentisques et les genêts épineux, amis du désert, reparaissent, et la garigue s'ouvrit tout à fait devant nous, creusée en bassin, rétrécie en rides sur ses bords et entourée des montagnes du cap

Sicier et de Notre-Dame-de-la-Garde. Quand nous eûmes gagné un de ses relèvements, nous pûmes voir, en nous retournant vers le nord, toute la presqu'île en raccourci, c'est-à-dire le grand tapis vert de la forêt et des autres bois voisins, cachant par leurs belles ondulations les plans insignifiants de la région centrale, et ne se laissant dépasser que par le cône sombre de Six-Fours et les montagnes bleues d'Ollioules et du Pharon. De cet endroit-là, tout était ou tout paraissait désert; rien que des arbres et des montagnes autour de nous; auprès et au loin, pas une bastide, pas un village, rien qui trahît la possession de l'homme, puisque Six-Fours est un amas de ruines, une ville morte.

— Ne se croirait-on pas ici dans quelque île déserte? me dit la marquise.

Et, comme je cherchais à m'orienter en apercevant la mer si loin de nous, au sud-est :

— Ne dites rien, ajouta-t-elle, écoutez! Vous entendrez la mer qui parle à droite, à gauche et derrière nous. Elle bat le pied de ces montagnes dont nous suivons le versant intérieur. Voulez-vous monter au cap ou à la chapelle? En trois quarts d'heure, nous serons là-haut. C'est très-beau, le sentier n'est pas trop rapide, et nous nous reposerons avant de redescendre.

Des nuages rasaient la cime de la falaise, mais ils étaient roses et sans densité. Marescat remarqua qu'ils tendaient à se fixer à la pointe du cap et qu'ils abandonnaient la chapelle. C'est la chapelle qui devint notre point de mire et notre but.

Les schistes violacés et luisants de la montagne, recevant le soleil d'aplomb, brillaient comme des blocs d'améthyste. Un instant après, tout s'éteignit. Nous entrions dans l'ombre de la grande falaise dé-chirée, brisée en mille endroits, aride, sauvage et solennelle. Marescat se disputa avec moi pour porter le petit Paul, qui ne voulait être porté par personne. Madame d'Elmeval marchait d'un pas égal et sou-tenu.

Au pied de la chapelle, le précipice est vertigi-neux. On plonge à pic et parfois en encorbellement sur la mer. La paroi est très-belle : des brisures nues traversées tout à coup par des veines de végé-tation obstinée, des arbres nains, des astragales en touffes énormes, des arbousiers et des asphodèles qui s'accrochent avec une rage de vie à d'étroites terrasses de sable et de racines prêtes à crouler avec les assises qui les portent. C'est un spectacle désor-donné, une fantaisie vraiment grandiose. Sous nos pieds, le jardin du sacristain, c'est-à-dire quelques mètres de terre cultivée en légumes avec une dent de rocher pour support et une échelle pour escalier, fit beaucoup rire le petit Paul et son ami Marescat. A notre gauche, le cap Sicier précipitait dans la mer son profil sec, dentelé en scie, d'une hardiesse ex-

trême; à droite, la falaise boisée arrondissait peu à
peu l'âpreté de ses formes et s'en allait en ressauts
élégants jusqu'à la plage de Brusc et aux îles. En
face, il n'y avait plus que la mer. Nous étions à la
pointe sud de la France, et nous enveloppions Paul
de son manteau, car le vent était glacial. Une brume
irisée au bord, mais compacte à l'horizon, faisait de
la Méditerranée une fiction, une sorte de rêve, où
passaient des navires qui semblaient flotter dans le
vide. Au bas de la falaise, on distinguait les vagues
claires et brillantes, encore diamantées par le soleil.
Cent mètres plus loin, elles étaient livides, puis
opaques, et puis elles n'étaient plus; les derniers
remous nageaient confondus avec les premières déchi-
rures du nuage incommensurable. Une barque parut
et disparut plusieurs fois à cette limite indécise, puis
elle se plongea dans le voile et s'effaça comme si elle
eût été submergée. Les voix fortes et enjouées des
pêcheurs montèrent jusqu'à nous, comme le rire fantastique des invisibles esprits de la mer.

— Ils se sont donc envolés? s'écria l'enfant.

— Non, répondit Marescat, ils sont en *plein clair*.
Le nuage est entre eux et nous.

— Nous voici bien réellement au bout du monde,
dit la marquise, dont je me rappelle la moindre impression. Tout le bleu qui est là devant nous n'appartient plus qu'à Dieu.

Un instant le vent fit une trouée dans le nuage, et

nous pûmes distinguer à l'est les côtes vraiment ro-
mantiques de la Ciotat et le *Bec-d'Aigle*, ce rocher
bizarre d'une coupe si aiguë, qu'il ressemble effectivement à un bec gigantesque béant sur la mer et
guettant l'approche des navires pour les dévorer.
Nous allions descendre, pour nous mettre vite hors
du vent et du nuage, car la chapelle était déserte,
fermée, et son extérieur blanchi et empâté n'offre
rien d'intéressant, lorsqu'en quittant l'étroite terrasse bordée d'un garde-fou écroulé, qui en fait le
tour, nous vîmes, au pied d'une des croix de station
des pèlerins, une femme agenouillée.

Sa pose et son vêtement pittoresques dans un
cadre si austère, le châle rouge noué sur sa tête et
rabattu sur ses épaules, tranchant sur sa robe brune
aux plis roides et droits, en laissant échapper quelques mèches de cheveux noirs séchés et crépelés par
l'air salin, sa figure d'une pâleur de marbre, ses
mains amaigries, un bâton passé dans l'anse d'une
bannette et posé devant elle au pied de la croix, une
paroi de roches blanchies par les lichens faisant ressortir cette sombre silhouette de Madeleine repen-
tante, tout en elle et autour d'elle nous frappa simul-
tanément, la marquise et moi. Paul eut peur, et,
lancé en avant, il recula vers nous.

Cette femme était pourtant remarquablement jolie,
ses traits fins et d'un type délicatement accusé. Son
costume n'annonçait ni la misère ni l'incurie, et

n'appartenait à aucune profession déterminée : c'était
une femme du peuple ; mais paysanne, ouvrière des
villes ou des côtes, rien ne le précisait. L'extrême
propreté de son vêtement grossier était faite pour
attirer l'attention sur elle, car en aucune province
française on ne voit les femmes de cette classe plus
exemptes de ce souci que dans la Provence maritime.

Mais ni sa beauté ni sa propreté exceptionnelle ne
triomphaient de la méfiance que sa physionomie
nous inspira. Elle avait la pupille très-noire, petite
pour le globe de l'œil, et, quand elle relevait la paupière supérieure pour regarder fixement, cette pupille, entourée de trop de blanc, avait quelque chose
d'irrité ou de hagard. Les sourcils, bien dessinés, se
joignaient presque au-dessus du nez, ce qui est ré-
puté un signe de violence, de ruse ou de jalousie. Il
n'en est rien, j'ai vu des personnes très-douces et
très-franches présenter cette particularité ; mais ici
la sécheresse dédaigneuse du sourire la rendait caractéristique de quelque habitude de mauvais vouloir.

La marquise saluait toutes les personnes qu'elle
rencontrait, sachant que, dans cette région, le pauvre
veut être salué le premier. Il ne provoque aucune
politesse ; mais, quand on ne la lui accorde pas, il en
est blessé : il vous la rend brusquement et d'un air
de mauvaise humeur. Au contraire, adressez-lui la
parole, il est tout de suite votre ami.

La femme pâle ne priait pas, ou elle priait à la provençale, c'est-à-dire en s'interrompant sans façon pour regarder, examiner et interroger les passants. Quand la marquise s'inclina légèrement en passant auprès d'elle, elle se leva et lui envoya d'un ton bref le salut redoublé du pays : *Bonjour, bonjour,* et elle reprit son panier de tresse et son bâton pour s'en aller. Nous passâmes outre ; elle se mit à marcher derrière nous, et nous entendîmes que Marescat lui disait :

— Bonjour, la *Zinovèse;* ça ne va donc pas mieux?

Nous n'entendîmes pas la réponse; nous avions déjà quelque avance. La descente est très-rapide ; mais le sentier, coupé en zigzags, est assez facile. Paul le prit au pas gymnastique. Sa mère, ne voulant pas le perdre de vue, se mit à courir, et en dix minutes nous étions en bas. Là, on s'arrêta dans un pli de terrain bien abrité. La bonne ouvrit un petit panier pour le goûter de l'enfant, et madame d'Elmeval partagea une orange avec moi.

Cette petite halte permit à la Zinovèse et à Marescat de nous rejoindre. Ils avaient continué de causer ensemble. Marescat prit alors les devants pour aller faire boire ses chevaux, et la femme pâle nous accosta.

— Il paraît, dit-elle en s'adressant à moi, que vous êtes médecin?

— Oui, et vous êtes malade, vous?

— Beaucoup malade ; mais prenez-vous bien cher?

— Je ne prends rien.

— Ah!... Vous êtes donc bien riche?

— Non, mais je n'exerce pas dans le pays.

— Vous n'en êtes pas? Alors vous ne voulez pas me dire ce que j'ai!

— Si fait ; vous avez la fièvre presque continuellement.

— C'est vrai ; je ne dors ni ne mange.

— Où souffrez-vous?

— Partout et nulle part. Le plus dur, c'est de tousser et d'étouffer. Le capelan de là-haut, — et elle désignait la chapelle, — qui vient tous les ans au mois de mai, m'a dit, l'an passé, que j'étais phthisique, et que je ne m'en sauverais pas.

— Et que vous a-t-il prescrit?

— De me confesser et de me mettre en état de grâce.

— Et vous y êtes?

— Non.

Elle me fit cette réponse d'un ton farouche et hautain. Sa figure était de plus en plus sinistre. Madame d'Elmeval la regardait avec étonnement, la bonne et l'enfant avec crainte.

— Tout ça ne me dit pas si je vais bientôt mourir, reprit la malade avec autorité. Allons, le médecin doit savoir cela, il faut le dire!

— Je ne peux pas vous le dire sans vous examiner

et vous interroger. Ce n'est pas ici le moment ; où demeurez-vous ?

— Là, derrière cette montagne, répondit-elle en me montrant les premiers contre-forts du cap Sicier, tout auprès de la mer, au poste des gardes-côtes. C'est moi la femme au brigadier Estagel.

— Alors vous avez le moyen de faire venir un médecin, ou la force d'aller en consulter un à la ville, puisque vous avez pu monter à la chapelle pour prier.

— Ce n'est pas la même chose ! Je suis trop laide à présent pour aller me faire voir à la ville, et, d'ailleurs, je ne crois pas à tous ces médecins-là ; ils ne m'ont rien fait.

— Mais vous, faites-vous ce qu'ils vous ordonnent ?

— Je ferai ce que vous me direz. Voulez-vous venir chez moi demain ?

— Soit. J'irai.

— C'est bien, fit-elle tranquillement du ton d'une reine qui accepte l'hommage d'un sujet.

— Merci ! lui dis-je d'un ton ironique.

— Oh ! je vous payerai, reprit-elle, j'ai de quoi ; je ne suis point une pauvre pour demander la charité.

Son impertinence m'agaçait.

— Alors je n'irai pas, repris-je. Vous direz merci, ou vous ne me verrez pas.

— Merci donc ! répondit-elle avec ce sourire amer et presque haineux que j'avais déjà remarqué.

Au lieu de s'en aller, elle resta fièrement plantée avec son bâton sur le tertre au-dessus de nous. Elle examinait la marquise avec une attention singulière, et celle-ci la regardait avec une certaine curiosité.

— Savez-vous ce que c'est que cette femme ? me dit-elle à voix basse. C'est une beauté déchue de sa gloire. Elle a dû être ravissante, coquette, adorée de tous les jolis cœurs de la plage ; elle a régné dans son milieu, elle a commandé, usé et abusé de son pouvoir ; elle s'est bien mariée pour sa condition : elle gouverne maintenant son mari, elle bat ses enfants si elle en a, elle fait des pèlerinages, et elle ne croit à rien ; elle s'ennuie, elle regrette la danse, la parure et les triomphes ; elle est malade de mécontentement, et elle en mourra ; elle pleure sa fraîcheur, sa force et peut-être quelque fiancé pauvre qu'elle avait dédaigné et qui s'est consolé trop vite. Voilà mon roman ; vous me direz demain si je me suis trompée.

La Zinovèse semblait chercher à lire dans nos yeux ce que nous disions d'elle, car elle se sentait l'objet de nos commentaires, et elle posait évidemment devant nous. Elle descendit quelques pas et nous demanda ou plutôt nous réclama une orange qui lui fut donnée aussitôt. Alors elle s'assit sans façon près de la marquise, et, pelant l'orange :

— Mauvais fruit! dit-elle. C'est de la vallée d'Hyères, ça ne vaut rien. C'est dans mon pays que ça mûrit!

— De quel pays êtes-vous? lui demanda la marquise.

— De la montagne, du côté de Monaco.

— Je voyais bien à votre accent que vous n'étiez pas d'ici; mais pourquoi vous appelle-t-on la Génoise?

— C'est un vilain nom que les femmes d'ici ont voulu me donner par jalousie; mais je l'ai accepté et gardé pour les faire enrager.

— Pourquoi est-ce un vilain nom?

— Parce que ceux de la Provence détestent ceux de Gênes. Il y a une *pique* pour la pêche. Les Provençaux voudraient garder pour eux tout le poisson des côtes. Autrefois, ils avaient le monopole; à présent, la mer est à tout le monde, et les bateaux de la côte du Piémont et des autres côtes plus près d'ici viennent prendre ce qu'ils peuvent. Ça ferait des disputes et des tueries en mer, si on osait; mais les gardes-côtes sont là pour empêcher. Il y en a qui voudraient tuer aussi les gardes pour pouvoir se venger des pêcheurs étrangers et pour voler l'eau de la mer.

— Comment! voler l'eau de la mer?

— Oui, oui, pour se faire du sel et ne pas le payer. La loi défend de prendre un seul verre d'eau dans les ports, et, sur les côtes, on n'en peut prendre qu'un seau de temps en temps ; encore ça pourrait être empêché, si on voulait. Soyez tranquille ! quand je vois arriver un baquet, je crie après les hommes du poste. « Est-ce que vous dormez ? que je leur dis. Faites donc votre ouvrage, et gardez l'eau du gouvernement. »

La marquise s'abstint de toute réflexion, et, voulant s'instruire avant de juger, elle reprit :

— Alors c'est par dépit contre votre zèle de bonne gardienne que l'on vous traite de *Zinovèse* ?

— Oui, et parce qu'ils appellent Génois tous ceux qui ne sont pas d'Hyères ou du côté de Marseille. Ils sont si bêtes par ici ! D'ailleurs, il y a encore autre chose !

— Oui, vous étiez la reine du pays, n'est-ce pas ?

— Ah ! vous avez entendu parler de moi ? dit la Zinovèse en se redressant avec orgueil et en perdant pour un instant sa livide pâleur. Eh bien, c'est comme ça. Vous êtes jolie, tout à fait jolie, vous pensez ? J'ai été encore plus jolie que vous, et je n'aurais pas changé ma figure pour la vôtre il y a dix-huit mois ; mais la fièvre est venue, et vous voyez comme elle m'a menée ! Me voilà maigre, vilaine et vieille à vingt-six ans. Croyez-vous que ça fait plaisir à mes ennemis ! Oh ! si je peux en réchapper... Mais je ne pourrai pas, et je vois bien que tout es fini !

Et la Zinovèse se mit à pleurer, les mains sur ses genoux et la figure dans ses mains.

— Voyons! il faut tâcher de la guérir, me dit la marquise avec un accent de bonté. Vous irez demain, docteur, et je suis sûre que vous lui donnerez du courage. — Qu'est-ce que je vous disais? ajouta-t-elle lorsqu'en rentrant sous la forêt nous nous retournâmes pour regarder une dernière fois la Zinovèse immobile, absorbée dans sa douleur : elle pleure son passé, comme la fille de Jephté pleurait son avenir. Elle est moins intéressante; pourtant... Si elle allait s'évanouir là?... Non, elle se lève et s'en va d'un pas assez ferme. La jugez-vous perdue?

— Je ne peux rien juger ainsi; l'auscultation m'éclairera.

— Alors vous y allez demain? On vous verra peut-être?

— Est-ce que vous irez au cap Sicier?

— Je ne sais pas encore; mais, si je n'y vais pas, vous repasserez bien par Tamaris?

— Oui, d'autant plus que j'ai à revoir Pasquali pour mon affaire.

— En vérité, je regrette que cette terre dont vous héritez soit mal située, et que vous ne puissiez pas planter un chalet suisse au milieu de vos artichauts! Quel honnête et bon voisinage c'eût été pour Paul et pour moi! Vous lui auriez appris bien des choses excellentes. Je vous l'aurais envoyé en toute con-

fiance, vous auriez été le médecin des pauvres...
Enfin il n'y faut pas penser, puisque vous n'êtes pas
riche et que le devoir vous appelle ailleurs. On est
toujours bien là où on se dévoue, et vous serez bien
partout.

Ce que je rapporte des paroles de la marquise est
comme le résumé affectueux, enjoué et parfaitement
calme de son attitude vis-à-vis de moi. Il était bien
évident que, renseignée par mon excellent baron,
elle m'accordait sans marchander une estime particulière, et que, les circonstances s'y prêtant, je pouvais devenir son ami; mais il n'était pas moins
évident que des sentiments trop exaltés de ma part
eussent été accueillis avec surprise, regret et dé-
plaisir.

— Elle est cependant bien imprudente, cette
femme si réfléchie! me disais-je en traversant la
forêt avec elle. Elle ne semble pas se rappeler que je
suis jeune, et qu'il n'est pas nécessaire à mon âge
d'entretenir en soi des vanités et des chimères pour
se sentir très-agité et très-malheureux auprès d'une
femme dont le type répond a notre conception du
beau idéal... Agité, je le suis; malheureux, je pourrais bien le devenir. Ah! tant pis pour moi! Pourquoi suis-je devenu assez maître de moi-même pour
savoir cacher ce que j'éprouve? Pourquoi ai-je cherché et un peu mérité l'épithète d'*homme sérieux?*
C'est peut-être funeste en amour, ce sérieux-là! La

Florade n'en cherche pas si long, et peut-être aura-t-on à se défendre de son prestige.

Lequel valait mieux d'être l'ami qu'on accepte, ou l'amant qu'on repousse?

Si j'avais eu trente ans de plus, je ne me serais pas fait cette question; j'aurais été fier de mon lot.

Et tout cela était insensé, je le sentais bien. Toutes ces questions que je m'adressais à moi-même restaient sans réponse. Je ne pouvais, pas plus que la Florade, aspirer à la main d'une personne si haut placée. Nous ne devions ni l'un ni l'autre nous exposer à lui paraître mus par une ambition vulgaire dont nous eussions rougi, lui certes autant que moi, car il avait l'âme élevée. Donc, tout nous empêchait et nous défendait d'aimer la marquise, car il ne fallait pas la voir deux fois pour être certain qu'elle ne séparerait pas le don de son cœur de celui de sa vie entière.

Et pourtant j'étais *touché*, comme on dit à l'escrime. Je ne sais même pas si je n'étais pas déjà grièvement blessé. Je m'en allais cachant et tâchant de fermer vite ma blessure, riant avec Paul et ramassant des plantes au bord du ruisseau. C'était le temps des orchidées. Je lui fis connaître les signes caractéristiques qui distinguent l'ophrys mouche des ophrys abeille, araignée, bourdon, etc. J'eus même le plaisir de trouver l'ophrys *lutea,* le plus beau de tous

ceux du Midi et le plus rare de la région toulonaise. La marquise le mit soigneusement dans son
herbier de promenade , et elle écrivit pour mémoire
mon nom au crayon sur l'étiquette.

— Eh bien, me dit Marescat avec sa bonhomie
confiante quand il nous vit de retour à la maison du
garde, vous avez vu la Zinovèse? Est-ce qu'elle vous
a parlé de sa maladie? Elle mourait d'envie de vous
prier de la guérir.

Et, quand il sut que je me promettais d'aller
chez elle le lendemain :

— Faites attention à vous, reprit-il. La Zinovèse
est une mauvaise femme!

Il fut interrompu par une frasque de son mulet de
devant, qui voulait partir avant les chevaux , et la
marquise ne voulut pas consentir à me laisser retourner à pied.

— Non pas, dit-elle, vous êtes venu pour nous, je
ne vous laisserai pas faire cinq ou six lieues à pied
en si peu d'heures. Je vous déposerai tout auprès de
la Seyne, à un sentier que Marescat vous indiquera.

J'acceptai, mais je ne voulus point monter dans la
calèche. J'ignorais encore combien Marescat était un
homme sûr et bienveillant. Je ne voulais pas qu'il
pût se livrer à un commentaire quelconque. Je me
plaçai sur le siége à côté de lui.

— Voyons, lui dis-je, pourquoi la Zinovèse est-elle
une mauvaise femme?

6.

— Oh! bien des choses, répondit-il. D'abord, elle
passe pour une enragée ramasseuse d'épaves. Il n'y
en a que pour elle! Et puis elle bat ses enfants.

— Elle bat ses enfants! dis-je à la marquise en
me retournant vers elle, la calèche découverte me
permettant de lui parler.

— J'en étais sûre, je vous l'avais dit.

— C'est pour cela que je vous proclame grande
devineresse et grande physionomiste... Bat-elle aussi
son mari? demandai-je à Marescat.

— Non, c'est un homme, lui! mais elle gouverne
tout de même. C'est *une femme que beaucoup en ont
été fous.* Elle a été la plus jolie qu'il n'y ait pas à dix
lieues autour d'ici, elle aurait pu épouser un gros
bourgeois si elle avait su tenir sa langue; mais elle
pense et elle dit du mal de tout le monde, et colère,
c'est *une serpent* quand elle vous en veut.

— Est-ce qu'elle vous en veut, à vous?

— A moi? Non! Personne n'en veut à un pauvre
homme comme moi. Je n'ai ni argent ni malice, tout
le monde me laisse tranquille... Mais je vous dis ce
que je sais. J'ai vu la Zinovèse *périr* son âne sous les
coups. Faire du mal aux bêtes qui sont bonnes, ça
me fait du mal à moi! Tenez, voilà mon cheval de
droite que, si je le battais, je le ferais pleurer comme
une personne! Et croyez-vous que c'est bien de faire
souffrir un animal qui a du cœur?

— Et l'âne de la Zinovèse, est-ce qu'il pleurait?

— Je crois bien qu'il avait pleuré toutes les larmes de son corps, pauvre bête d'âne qu'il était! C'était un âne d'Afrique, un de ces petits bourriquets gros comme des chiens qu'on achète à Toulon quand les navires en amènent. Il y en a un comme ça à Tamaris *chez madame.* C'est fort qu'on ne s'en fait pas d'idée, et ça a de l'idée plus qu'on ne croit. Celui de la Zinovèse en avait bien enduré. Une fois, il en a eu assez; il l'a jetée par terre, et, avec ses pieds de devant, sa bouche et ses dents, il s'est mis après elle, comme s'il avait voulu en finir et se venger en un jour de tout ce qu'il avait souffert dans sa pauvre vie de bourriquet. Il y avait là des garçons qui riaient au lieu d'aller au secours de la femme. Alors la femme s'est relevée et a commencé à leur jeter des pierres, et puis elle a attaché l'âne à un arbre, et à coups de bâton, et avec des épines qu'elle lui fourrait dans le nez, et avec des rochers qu'elle lui faisait rouler sur le corps, elle l'a forcé de casser sa corde et de sauter comme un fou dans la mer, où il s'est noyé. Croyez-vous que c'est une femme? Je n'en voudrais pas pour tirer ma charrette! Son mari en fait pourtant bonne estime, parce qu'elle est très-propre et très-courageuse; malade comme la voilà, elle fait encore l'ouvrage d'un homme qui se porterait bien. Elle a aussi pour elle qu'elle a toujours été sage; dame! fière comme une reine, contente d'être courtisée, mais ne souffrant pas qu'on la touche!

C'est égal, j'aime autant qu'il la garde que de me la prêter seulement pour une semaine : je n'aurais qu'à dire un mot de travers, elle serait dans le cas de m'arracher les deux yeux.

— Mais, docteur, prenez garde à vous en effet! dit la marquise, qui, penchée en avant, écoutait le babil de son conducteur; si vous ne la guérissez pas, elle vous assassinera.

— Oh! elle n'est pas traître! reprit Marescat; c'est la colère, voilà tout.

— Cela doit tenir à un état maladif. A-t-elle toujours été ainsi?

— Mais non. Au commencement de son mariage, elle était un peu braillarde et *reprocheuse*, et puis les autres femmes la faisaient monter. On n'aime ni les Niçois, ni les *Monaquois*, ni tous ceux de par là, et on en voulait aux garçons qui la trouvaient de leur goût. Oh! dame, les femmes d'ici ne sont pas bien commodes non plus, il faut le dire, et menteuses!... Savez-vous comment ça s'appelle, ce petit lavoir que vous voyez là au bord du chemin?

— Dans mon pays, on appelle cela *une babille*, parce que c'est le rendez-vous des femmes de la campagne.

— Ici, ça s'appelle *une mensonge*, reprit Marescat en riant, et c'est bien appelé, je vous dis!

— Êtes-vous marié, Marescat? lui demanda la marquise.

— Oh! moi, répondit-il, j'ai une bonne femme qui travaille et qui est savante pour deux, car elle fait mes comptes, et moi, je ne sais ni lire ni écrire... Mais voilà un mauvais pas ; regardez un peu comme *M. Botte*, c'est mon cheval de droite, va passer là dedans et donner du collier !

Les chemins de la presqu'île étaient insensés, nous ne faisions que nous enfoncer dans des trous ou gravir des escaliers de rochers. Le bonhomme conduisait avec certitude, toujours riant et causant. Les promenades en voiture dans les mauvais chemins m'ont toujours beaucoup plu. Chaque pas est une aventure. La marquise, déjà habituée à ce genre de locomotion difficile et périlleuse, s'amusait de ma surprise, car il est certain que Marescat, son mulet et son cheval favori faisaient des prodiges.   •

Je les quittai au sentier de la Seyne, et je courus rejoindre la Florade à Toulon. Pasquali l'avait grondé et ne lui avait pas promis de réussir ; mais, loin d'être soucieux, il était porté par son heureux tempérament à voir tout en beau. Il se croyait déjà débarrassé de l'inquiétante aventure de la bastide Roque, et il respirait à pleins poumons comme un homme qui a craint de perdre sa liberté. Je ne lui parlai pas de ma promenade avec la marquise. J'évitai de lui parler d'elle, et, malgré tout, je trouvai le moyen de me sentir très-jaloux de lui. Il me sembla qu'il m'examinait avec surprise, qu'il devinait

en moi quelque trouble insolite, et qu'en s'abste-
nant de m'interroger il se réservait d'en apprécier
la cause par lui-même.

Rentré chez moi, je me débarrassai l'esprit de
toutes ces vapeurs fantastiques en écrivant au baron. Durant tout le temps que nous avions passé ensemble, nos journées s'étaient généralement termi-
nées par une ou deux heures de causerie intime, où
nous résumions toutes les impressions reçues pour
les analyser et les juger en commun. Nous étions le
plus souvent d'accord dans nos appréciations, et,
quand il nous arrivait de discuter, c'était un plaisir
de plus. Le baron avait une lucidité d'esprit, une
jeunesse de cœur et une aménité de formes qui me
faisaient chérir son commerce et regarder son amitié
comme une bonne fortune dans ma vie.

L'entretien journalier de cet excellent vieillard me
manquait. Celui de la Florade, plus animé, m'avait
rendu un peu infidèle peut-être dans les premiers
jours; mais je ne sentais pas en lui cet appui, ce conseil, cette sagesse qui m'avaient été si salutaires, et,
repentant de n'avoir encore écrit à mon vieil ami que
de courtes lettres, je me mis à lui écrire un volume
que je lui envoyai à Nice. Je me gardai cependant de
lui dire combien la marquise était liée à mes agitations intérieures; mais ces agitations, je ne les lui
cachai pas, et, m'accusant de faiblesse et de folie,
je promis à mon cher mentor de terrasser l'ennemi.

Je me rendis chez la Zinovèse par mer jusqu'à la
plage des Sablettes. Là, je renvoyai la barque et
marchai devant moi, sur le rivage de la Méditerranée, me renseignant sur le poste des douaniers
du *baou rouge*. On me dit qu'il ne fallait point passer
le *baou*, mais regarder sur ma droite l'ouverture du
val de Fabregas. Je passai le fort Blanc, puis un
autre fort ruiné, et, par des sentiers d'un mouvement hardi, tantôt dans les pinèdes, tantôt sur la
falaise rouge, je découvris dans un pli de terrain,
au bord d'un ruisseau et près d'une petite anse très-
bien découpée, la maison que je cherchais. Ces rai-
nures dans la montagne, qu'on appelle trop pom-
peusement en Provence des vallons, sont produites
par l'écoulement des pluies dans les veines tendres
du roc ou dans les schistes désagrégés. Le ruisseau
est à sec huit mois de l'année ; mais il suffit qu'il ait
amené quelques mètres de terre meuble, pour que
la végétation et un peu de culture s'en emparent.
Le poste des douaniers était très-agréablement situé
sur une terrasse dallée qui permettait de surveiller
la côte ; cependant l'habitation adossée au roc ne
regardait pas la mer, et ne présentait au vent d'est
que son profil. Malgré cette précaution, j'y trouvai
la température fort aigre. Une varande et des mû-
riers taillés en berceau ombrageaient la maison,
ou plutôt les cinq ou six maisons basses construites
sur le même alignement en carré long. Là vivaient

cinq ou six familles, les gardes-côtes ayant presque
tous femmes et enfants.

La Zinovèse était assise avec les siens sur la terrasse. C'étaient deux petites filles charmantes, très-
proprement tenues, mais dont l'air craintif révélait
le régime de soumission forcée.

— Entrez dans mon logement, me dit-elle, et
soyez tranquille ; vous n'y attraperez point de ver-
mine, comme dans ceux des autres ! Quant à vous,
dit-elle à ses filles, restez là, et, si je ne vous y retrouve pas, gare à moi tantôt !

— Vous n'êtes pas phthisique, lui dis-je quand je
l'eus auscultée, vous avez le foie et le cœur légèrement
malades. Votre toux n'est qu'une excitation nerveuse
très-développée, et je ne vois rien en vous dont vous
ne puissiez guérir, si vous le voulez fortement. Te-
nez-vous à la vie ?

— Oui et non. Qu'est-ce qu'il faut faire ?

Je lui prescrivis une médication et un régime ;
après quoi, je lui demandai si elle entretenait
quelque habitude de souffrance morale impossible à
surmonter.

— Oui, dit-elle, j'ai une grosse peine, et je vais
vous parler comme au confesseur. J'aime un homme
qui ne m'aime plus.

— Est-ce votre mari ?

— Non, *l'homme* est un brave homme qui m'aime
trop, et que je n'ai jamais pu aimer. Ça ne fait rien,

on faisait bon ménage quand même. Je suis une femme honnête, moi, voyez-vous, et ceux qui vous diraient le contraire, c'est des menteurs et des canailles!

— Calmez-vous : personne ne m'a dit le contraire.

— Non, vrai? A la bonne heure; mais je vais vous dire tout. Dans ma vie de femme raisonnable et courageuse, j'ai fait une faute : j'ai eu un amant, un seul, et je n'en aurai pas d'autre, j'ai trop souffert. C'est ce qui m'a tuée.

— Oubliez-le.

— Ça ne se peut pas. J'y penserai jusqu'à ce qu'il meure. Ah! s'il pouvait mourir! Que Dieu me fasse la grâce de le faire périr en mer, et je crois bien que je serai guérie!

— Étiez-vous vindicative comme cela avant d'être malade?

— Avant d'être malade, je m'ennuyais un peu du mari et des enfants, voilà tout. Ça n'allait pas comme je voulais, je ne me trouvais pas assez riche. Pierre Estagel m'avait trompée : il croyait hériter d'un oncle riche, et le vieux gueux n'a rien laissé. J'ai bien eu des robes et des bijoux à mon mariage, et puis, après, rien que la place du mari. Il a fallu travailler sans jamais s'amuser. J'ai fait mon devoir, mais j'avais bien du dégoût, quand j'ai rencontré ce damné qui m'a aimée. Je croyais bien que je ne lui

céderais pas. J'étais contente et fière de ses compli-
ments, voilà tout ; par malheur, il n'était pas comme
les autres, lui, il savait parler ! Enfin j'ai été folle,
et pendant deux mois j'étais contente, je ne me re-
prochais rien. J'endurais tous mes ennuis, je ne pensais qu'à le voir ! J'étais toute changée, un petit enfant m'aurait fait faire sa volonté. Le mari disait :
«Qu'est-ce que tu as? Je ne t'ai jamais vue si douce!»
Et il m'aimait d'autant plus, pauvre bête d'homme!…
Mais l'autre s'est lassé de moi tout d'un coup. Il a
dit qu'il avait eu occasion de voir Estagel, que c'é-
tait un homme de bien, qu'il était fâché de le tromper, que ça lui paraissait mal ! Qu'est-ce que je sais?
tout ce qu'on ne se dit pas quand on aime, tout ce
qu'on veut bien dire quand on n'aime plus. Et moi,
je ne peux pas pardonner ça, vous pensez! Je le
garderai sur mon cœur tant que le sien sera dans
son corps !

— Alors, quand vous voulez vivre, c'est pour
vous venger?

— Si je dois rester laide, il faudra que je le voie
mourir ! Si je redeviens jolie, je me ferai fière, j'irai
dans les fêtes, je mettrai mes chaînes d'or et tout ce
que j'ai, et on parlera encore de la Zinovèse, et je
ferai celle qui se moque de lui, et il me reviendra ;
mais je le chasserai d'autour de moi comme un
chien, et il vivra pour me regretter.

J'essayai de calmer par le raisonnement cette âme

irritée ; je ne l'entamai pas d'une ligne, et je la quittai sans espérance de la guérir. Son état physique n'était certes pas désespéré ; mais la passion, et la passion mauvaise et persistante, combattrait vraisemblablement l'effet de mes ordonnances et les derniers efforts de la nature. On ne sauve pas aisément ceux qui s'appliquent à détruire leur âme, car c'est le grand moteur que nos remèdes n'atteignent pas.

Comme aucune espèce de voiture ne pouvait venir au cap Sicier par le bord de la mer, je montai sur le *baou rouge,* afin de voir si, de là, je découvrirais dans la vallée intérieure de la presqu'île la vieille et déjà bien-aimée calèche de Marescat, amenant de ce côté la marquise et son fils. Le *baou rouge* est bien nommé. La pierre et la terre y sont d'un rouge sombre à teintes violacées. Une forêt de pins maritimes, maigres et tordus par le vent, l'enveloppe de la base au sommet ; mais les buissons de chêne coccifère, de globulaires en broussailles, ainsi que les cistes, les romarins et les lavandes, donnent de la grâce et de la fraîcheur aux éclaircies. Un unique sentier gravit rapidement jusqu'au sommet. Là, je trouvai une guérite de garde-côte, et je fus curieux d'en visiter l'intérieur.

Ces guérites sont des huttes de pierres brutes, de mottes de terre et de branchages, avec un toit de roseaux ou de lames de schiste. Comme elles sont olérées plutôt que permises, elles sont l'ouvrage des factionnaires, et il leur est interdit d'y avoir aucune espèce de meuble, de couverture, de bien-être quelconque propre à favoriser le sommeil. Un banc de pierre ou de briques leur permet cependant de s'y étendre; mais, comme il n'y a ni porte ni fenêtre, le froid des nuits mauvaises et le bruit assourdissant des tempêtes se chargent probablement de tenir le factionnaire éveillé. Ces huttes doivent, en outre, être placées de manière à dominer tout ce qui ferait obstacle à la vue dans le rayon de la surveillance assignée au factionnaire. On les trouve donc souvent perchées dans les sites les plus effrayants, et le sentier battu qui entourait celle-ci n'avait pas, au bord du précipice vertical, plus de quinze centimètres de large. Il n'y eût pas fait bon d'être somnambule; mais on sait que là où passe la chèvre le douanier peut passer.

Comme je regardais le beau spectacle de la mer écumante contre les âpres racines de la falaise, le garde-côte, qu'on croit parfois absent, mais qui est toujours là, guettant toutes choses, sortit je ne sais d'où, et m'aborda d'un air grave et bienveillant. C'était un homme d'une quarantaine d'années, d'une belle et douce figure.

— Êtes-vous le médecin? me dit-il.

Et, sur ma réponse affirmative :

— Alors vous venez du poste? Vous avez vu ma femme ?

— Vous êtes donc maître Pierre Estagel? Eh bien, votre femme a besoin d'être soignée; mais il y a de la ressource.

Le garde-côte secoua la tête.

— Elle se donne trop de mal, dit-il, elle n'a pas de repos, et Dieu sait qu'elle n'est pourtant pas obligée de se tourmenter : nous avons bien de quoi vivre; mais c'est une pauvre femme qui voudrait toujours ce qu'elle n'a pas, et qui ne se contente jamais de ce qu'elle a.

Il resta pensif. C'était un homme doux, mais peu expansif, habitué à la solitude, au silence par conséquent. Je vis qu'il fallait le questionner; moyennant quoi, je sus toute l'histoire de sa femme. Elle avait été riche. Son père était patron d'une grosse barque de pêche et propriétaire de deux autres. Un coup de mer avait brisé toute sa fortune. Estagel l'avait aidé à se sauver lui-même, et il avait apporté au rivage Catarina (la Zinovèse), demi-morte de peur et de froid. Elle était venue là en partie de plaisir avec son père, comme cela lui arrivait souvent. Elle était déjà connue pour sa beauté et sa *belle danse* aux pèlerinages de la côte. Il y avait donc près d'un an qu'Estagel l'avait remarquée. En la voyant ruinée et désolée, il lui offrit le mariage, qu'elle accepta sous le coup du découragement; mais elle se flattait d'un héritage qui leur échappa. On sait le reste, la Zinovèse me l'avait dit. Le mari

n'avait aucune espèce de soupçon sur elle. Il la ju-
geait plus inaccessible que les rochers de son poste,
et sa confiance n'avait rien qui ne lui fît honneur à
lui-même. On sentait en lui une droiture de cœur et
une patience de caractère assez remarquables. Il ne
s'exprimait pas mal, il lisait même quelquefois, et
je vis dans la hutte un vieux volume dépareillé du
Plutarque d'Amyot à côté de sa pipe.

— Mais vous ne faites plus de faction, lui dis-je,
puisque vous voilà gradé ?

— Gradé et décoré, répondit-il en soulevant la
capote qu'il avait jetée sur ses épaules par-dessus
son uniforme. On m'a donné cela pour un sauvetage.
Je ne le demandais pas. Quant au grade, il me dis-
pense de la faction, et vous me voyez ici en rempla-
cement volontaire d'un camarade qui s'est trouvé
indisposé aujourd'hui.

Et il se mit à réparer la cabane, qui tombait en
ruine.

— Il paraît, lui dis-je, qu'on a peu de soin de ce
pauvre abri, où certes il n'y a rien de trop.

— Ah! que voulez-vous! on s'ennuie de réparer
ce qui tombe toujours! Quand je faisais mon quart
de nuit, je n'entendais pas rouler une pierre sans la
relever.

— Vous y avez passé des nuits bien dures, n'est-
ce pas ?

— Oui! Une fois, — la guérite n'était qu'en terre

et en feuillée dans ce temps-là, — j'ai été emporté avec sur cette pointe de rocher que vous voyez là-dessous. Heureusement, il s'est trouvé un petit arbre pour me retenir. Les plus mauvais coups de vent ici sont ceux qui tournent tout d'un coup de l'est au nord-ouest. Ça vous prend comme en tire-bouchon et vous enlève ; mais il y a aussi de bonnes nuits. Quand on étouffe dans les villes et même dans les maisons à la côte, ici, l'été, on est content de res-pirer, et, de temps en temps, on regarde la lune pour se désennuyer de regarder la mer.

— Avez-vous affaire aux contrebandiers quelquefois?

— Non, la côte est trop mauvaise, la calangue est petite et trop facile à surveiller. Vous voyez ces deux pointes de rocher qui sortent de la mer à cinq cents mètres de la falaise. On les appelle les *freirets* ou les *frères*, parce que de loin les écueils ont l'air d'être tout pareils. Eh bien, toute la falaise est bordée de roches sous-marines du même genre, et on appelle ces endroits-là les *mal-passets*. Ce n'est donc pas une plage pour débarquer de la contrebande dans les mauvaises nuits, et, quand la mer est douce, nous entendons tout. Notre affaire, c'est de regarder, aussi loin que nous pouvons voir, s'il n'y a pas quelque embarcation en détresse, afin d'aller avertir le poste et porter secours. Vous voyez que nous faisons plus de bien que de peine aux gens de mer, et nous sommes aimés dans le pays.

Après avoir arraché par lambeaux tous les renseignements que je rapporte ici en bloc, car maître Estagel semblait compter ses paroles, et ses yeux attentifs ne quittaient pas l'horizon, je pris congé de lui en lui serrant la main et en refusant, bien entendu, d'être indemnisé de ma visite à sa femme. Il me montra un sentier pour rejoindre la route de mulets qui monte jusqu'au sommet du cap Sicier, celui de la falaise étant trop dangereux.

— D'ailleurs, vous ne pourriez pas le suivre sans vous égarer, me cria-t-il. Il n'y a que nous qui sachions au juste où il faut poser un pied et puis l'autre.

Et, comme je me rapprochais de lui pour allumer un cigare, je lui demandai si réellement un douanier était un chamois qu'aucun autre homme ne pouvait suivre dans les précipices.

— Ma foi, répondit-il, je n'ai vu, en fait de messieurs, qu'un seul jeune homme, un petit officier de marine, capable de me suivre partout. Il venait là pour son plaisir, et, une fois, nous avons fait assaut à qui descendrait le plus vite de la rampe de Notre-Dame-de-la-Garde jusqu'au rivage.

— Et qui a gagné?

— Personne, nous sommes arrivés ensemble.

Je partais; je ne sais quelle induction rapide de mon cerveau me fit revenir encore pour ramasser une plante que j'avais remarquée auprès de la hutte.

— Comment l'appelez-vous? me dit le garde-côte.

— *Épipacte blanc de neige.* Et l'officier de marine, comment s'appelait-il?

— Ah! l'officier... C'était, dans ce temps-là, un enseigne à bord du *Finistère;* je crois qu'il a passé lieutenant à bord de *la Bretagne,* mais je ne me rappelle pas son nom.

— Ce n'était pas la Florade?

— Juste! vous l'avez dit; un charmant garçon! Vous le connaissez?

— Oui. Adieu, merci!

De déduction en déduction, j'arrivai, tout en marchant, à me persuader que la Florade devait être l'amant volage et maudit de la Zinovèse. Était-ce vraisemblable? On le saura plus tard.

Et puis je pensai à l'existence de ces gardes-côtes, humble providence des navigateurs, si longtemps haïs et menacés par la population côtière. Il n'est pas de situation particulière dont l'examen ne produise en nous un retour personnel et qui n'amène cette question intérieure : « Si j'étais à la place d'un de ces hommes, quel effet en ressentirais-je? » Et j'allais m'identifiant par la rêverie à cette rêverie continue de la sentinelle de mer, seule dans un endroit terrible, écoutant les arbres se briser autour d'elle dans les nuits sinistres, et cherchant à distinguer l'appel suprême de la voix humaine au milieu des sifflements de la bourrasque et des rugissements du flot. Je rêvais aussi aux délices des belles nuits d'été, aux harmonies de la brise marine, à la succession de spectacles enchanteurs, que la lune prodigue aux montagnes désertes et aux noirs écueils plongés dans la vague phosphorescente. Être sans besoins, sans appréhensions personnelles sous ce toit de branches, sans souvenirs et sans projets, et posséder à soi tout seul, pendant des saisons entières, le tableau grandiose de la nature à tous les moments de sa vie mystérieuse, compter ses pulsations, respirer ses parfums sauvages, étudier ses moindres habitudes, connaître les moindres phases de tous ses modes d'existence et de manifestation depuis le sommeil du brin d'herbe jusqu'à la marche du nuage, et depuis le réveil bruyant de l'oiseau de proie jusqu'au muet travail de décomposition du rocher ! L'homme du peuple sent vaguement ces jouissances, mais la continuité de sa contemplation forcée le blase et l'attriste. Il arrive à participer au calme stupéfiant de la pierre rongée par la lune ou à la monotonie du mouvement des ondes fouettées par le vent. L'homme intelligent résisterait davantage, mais il pourrait bien s'exaspérer tout à coup contre l'assouvissement de sa jouissance; car, il n'y a pas à dire, c'est un idéal pour tous les amants de la nature que de se trouver aux prises avec elle dans un lieu déterminé, sans être rappelé à chaque instant aux obligations de la vie sociale; mais l'habitude de cette

vie devient impérieuse, et ceux qu'elle fatigue ou
irrite le plus sont peut-être ceux qui s'en passeraient
le moins.

Je voulus gravir jusqu'à la pointe du promontoire ;
mais, de là, je ne vis que la mer immense et la
garigue déserte jusqu'à la forêt parcourue la veille.
Je me flattais de reconnaître la robe noire de la
marquise, si elle était en promenade de ce côté. Je
ne vis pas un être humain entre la falaise et la forêt.
Je redescendis, et, comme j'approchais d'une source
où, sur quelques mètres de terre fraîche entourés
d'une palissade, croissaient au beau milieu du désert des légumes, Dieu sait par qui plantés, je vis
un homme assis au bord de l'eau qui se leva à mon
approche : c'était Marescat. Le cœur me battit bien
fort, mais j'appris vite qu'il était seul.

— Je suis venu, dit-il, vous chercher de la part de
madame. M. Paul s'est un peu enrhumé hier à la
chapelle. On n'a pas voulu sortir aujourd'hui ; mais
madame a dit : « Peut-être que le docteur nous
cherchera. Il ne faut pas qu'il revienne à pied, c'est
trop loin. Conduisez-lui la calèche et priez-le de
venir nous voir s'il a le temps de s'arrêter ; si ça le
dérange, vous le mènerez tout droit au paquebot de
la Seyne. »

C'était aimable et bon de la part de la marquise ;
mais il n'y avait pas lieu de s'enfler d'orgueil. Paul
était enrhumé, et on désirait mes soins avant tout.

— N'importe, chère et digne femme, pensai-je, j'irai avec joie.

— Eh bien, me dit Marescat en me ramenant à Tamaris, vous avez revu la Zinovèse? Mais elle ne vous a pas tout dit, allez! Et moi, je vous dirai tout, si vous voulez. Elle est malade d'amour.

J'essayai de changer la conversation, il y revint plusieurs fois. Il aimait à causer dans un langage impossible, dont je ne saurais donner aucune idée. Il avait beaucoup voyagé, il avait été conducteur d'omnibus en Afrique, où il avait appris un peu d'arabe ; il avait été au siége de Sébastopol, et puis en Grèce et en Turquie, pour voiturer des vivres et des effets de campagne. Il savait donc s'expliquer en russe, en grec moderne et en turc. Il joignait à cela un peu d'anglais et d'italien à force de conduire des étrangers de Toulon à Nice et réciproquement, si bien qu'à force de cultiver les langues étrangères, il n'en savait aucune et parlait le français le plus étrange que j'aie jamais entendu. Je l'écoutais avec plaisir et curiosité. La construction de sa phrase était aussi originale que le choix de ses mots; mais je n'essayerai guère de l'imiter, j'y perdrais ma peine.

Quand je vis à son insistance qu'il était en possession de quelque secret dont il avait besoin de se débarrasser, plutôt par tourment de conscience que par bavardage, je l'interrogeai sérieusement.

— Eh bien, me dit-il, gardez ça pour vous tout

seul et pour *lui*; mais dites au lieutenant la Florade
de faire attention.

— Vous pensez donc?...

— Je ne pense rien ; j'ai vu! Une fois que je dor-
mais dans un fossé, attendant un homme de la campagne avec qui j'avais affaire de fourrage pour mes
bêtes, — c'était un soir qu'il faisait un grand brouillard sur le cap, — j'ai été réveillé par des pas, et j'ai
vu passer le lieutenant, qui s'en allait suivi de la
femme au brigadier. Il s'est arrêté deux fois pour
lui dire : « Adieu, va-t'en! » Mais, à la troisième fois,
comme elle le suivait toujours, il s'est fâché, et il l'a
un peu poussée, en disant : « T'en iras-tu? Veux-tu
te perdre? Je veux que tu t'en ailles! » Elle est restée
là plantée comme un arbre au bord du chemin, et
elle l'a regardé marcher du côté de la mer tant
qu'elle a pu le voir. Elle était tout à côté de moi, et
moi de ne pas bouger, car qui sait quelle dispute
elle m'aurait cherchée! Alors je l'ai vue qui levait
son poing comme ça au ciel, et elle a juré dans son
patois italien en disant : « Tu mourras! tu mourras! » Vous sentez que je n'ai parlé de ceci à personne, et, si je vous en parle, c'est pour que vous
avertissiez votre ami de ne pas retourner par là tout
seul. Une femme n'est qu'une femme; mais il y a,
dans nos pays de rivages, des bandits qui sortent on
ne sait pas d'où, et qui, pour une pièce de cinq
francs... Vous m'entendez bien. Faites ce que je vous

dis et ne me nommez pas, car la *brigadière* pourrait
bien me le faire payer plus cher que cent sous !

Marescat étant un excellent homme, je crus devoir
prendre son avis en considération, et je promis
d'avertir la Florade le soir même.

Comme je descendais de voiture à l'entrée de la
petite terrasse de Tamaris, j'eus comme un éblouis-
sement en voyant la Florade en personne vis-à-vis
de moi, à l'autre bout de cette même terrasse. Il
avait été voir Pasquali pour connaître le résultat de
sa conférence avec mademoiselle Roque ; il s'en retournait à pied par la Seyne avec Pasquali. La marquise, en voyant passer son voisin, l'avait appelé
pour lui dire bonjour. Elle échangeait avec lui quelques mots à travers la grille du rez-de-chaussée. La
Florade se tenait à distance respectueuse. Je ne sais
si elle le savait là ou si elle remarquait la présence
d'un étranger ; mais il la voyait, lui, et, à travers le
buisson d'arbousiers, il la contemplait avec tant d'attention, qu'il ne me vit pas tout de suite. Toutes les
furies de la jalousie me firent sentir instantanément
leurs griffes. Je n'avais jamais aimé, et j'avais trente
ans ! Je feignis de ne pas l'apercevoir. Je saluai rapidement Pasquali et j'entrai brusquement dans le
vestibule, comme si j'eusse voulu défendre la maison
d'un assaut.

En me voyant, la marquise exprima une vive satisfaction et dit à Pasquali :

—Ah! voilà notre providence, à Paul et à moi!
Mais où cours-tu? ajouta-t-elle en rappelant l'enfant,
qui voulait s'échapper à travers mes jambes par la
porte entr'ouverte.

— Laisse-moi aller voir l'officier de marine qui est
dans le jardin, répondit Paul; je veux regarder de
près son uniforme!

— Non, lui dis-je, vous n'irez pas! Quand on est
enrhumé, on ne doit pas courir dehors!

En lui parlant ainsi, je le retins et le ramenai vers
sa mère avec une vivacité tout à fait en désaccord
avec ma manière d'être habituelle, et dont il s'étonna
et se piqua même un peu. On devine de reste le
motif secret de ma brusquerie. Je ne voulais pas que
Paul devînt un lien entre sa mère et la Florade,
comme cela avait eu lieu pour moi. Elle m'approuva
sans me comprendre, et prit son fils sur ses genoux;
je regardai si la Florade épiait toujours : il avait
disparu. Pasquali, qui ne voulait pas le faire attendre,
prenait congé.

Paul avait un peu de fièvre. Je prescrivis vingt-
quatre heures de claustration, à moins qu'il ne fît
très-chaud le lendemain, et la marquise me conduisit à sa petite pharmacie de voyage pour que j'eusse
à choisir les infusions convenables. J'hésitais, je ré-
fléchissais, j'étais minutieux comme s'il se fût agi
d'une grosse affaire, le tout pour prolonger ma
visite. Je vis que ma stupide ruse inquiétait la pauvre

femme. Je me la reprochai et me hâtai de la tranquilliser. Au fond, j'étais honteux de moi, j'étais troublé, j'avais une idée fixe : avait-elle aperçu la Florade? avait-elle rencontré le feu de son regard? Pauvre homme que j'étais, avec toute ma force lentement amassée et ma longue confiance en moi-même !

La marquise ne me parut pas avoir fait la moindre attention à l'officier de marine, et je me gardai bien de lui en parler.

— Quoi de nouveau? dis-je à la Florade en le retrouvant le soir sur son navire, où j'étais invité à dîner par le médecin du bord.

— Rien. Elle me met dans une impasse. Elle dit qu'elle ira vivre où je voudrai, pourvu que je promette d'aller l'y voir. Pasquali n'a pu trouver d'autre moyen de l'ébranler qu'en lui disant qu'on devait obéir à la personne qu'on aime, et que, ma volonté étant de l'éloigner, elle avait à me prouver son affection en se soumettant sans condition aucune. Elle a demandé deux jours pour réfléchir, ajoutant que j'avais bien tort de ne pas lui dire moi-même ce que j'exigeais, marquant quelque défiance de la validité des pouvoirs de l'intermédiaire, ne luttant que par son inertie, et montrant à Pasquali étonné cette douceur têtue qui est plus difficile à manier que la violence.

— Alors vous faites bon marché de la violence?

vous ne craignez pas les femmes franchement irritées?

— Pourquoi me demandez-vous cela?

— Parce que j'ai vu ce matin une autre de vos
victimes qui me paraît plus fâcheuse encore que
mademoiselle Roque.

— Vous plaisantez?

— Non. J'ai vu la Zinovèse. Savez-vous qu'elle
est très-malade?

— Au diable le médecin! Qu'alliez-vous faire là?
Elle vous a parlé de moi? elle a eu la folie de me
nommer?

Je lui racontai toute l'affaire sans lui dire un mot
de la marquise, et, quand il sut que le bon Marescat était seul avec moi en possession de son secret,
il se calma et me parla ainsi :

— Cette Monaquoise était une beauté incompa-
rable, et je suis sensible à la beauté plus que je ne
peux le dire. Elle était coquette. Rien ne ressemble à
une femme qui veut aimer comme une femme qui
veut plaire. Une coquette ressemble également beaucoup à une femme de conscience large et de mœurs
faciles. J'y fus trompé. Je crus qu'on ne me demandait qu'un effort d'éloquence et un élan de passion
pour succomber avec grâce. Est-ce ma faute, à moi, si,
croyant rencontrer une aventure, je tombe dans une
passion? Vous voyez que je ne suis pas un fat. Plus la
Zinovèse me disait que j'étais sa première et unique

faute, moins je voulais le croire, et, ne lui demandant
aucun compte de son passé, je lui savais mauvais
gré de se faire inutilement valoir. Je fus vite dé-
goûté, non pas d'elle, mais de cette importance
qu'elle voulait donner à nos relations. Il était question de quitter son mari et ses enfants! Elle se
disait si malheureuse avec son garde-côte, assujettie
à tant de travail et de privations, que je lui offris le
peu que je possède. Elle refusa avec hauteur, et je
commençai à voir que j'avais affaire à une femme
plus fière et plus à craindre que je ne l'avais prévu.

» Elle commença bientôt à se dire malade de
chagrin et à m'assigner des rendez-vous qui l'eussent perdue. J'avais déjà bravé le danger dans l'eni-
vrement de ma fièvre, car j'ai eu de l'emportement
pour cette nature énergique, et je ne le nie pas. Elle
a une exaltation d'esprit et une âpreté de formes
qui la rendent souvent très-vulgaire, mais sublime
par moments. Il n'est pas dans ma nature d'avoir
peur d'une panthère. Je n'ai donc jamais craint sa
violence ; mais je devais craindre de commettre une
mauvaise action, et je fus renseigné trop tard sur la
véritable situation de cette femme. Le hasard me fit
rencontrer et connaître son mari ; dois-je dire le hasard? Non ! il faillit surprendre un de nos rendez-vous.
La femme eut le temps de se cacher, et je payai d'audace en abordant le garde-côte et en le priant de me
servir de guide au bord des falaises. Je trouvai en lui

une bonté et une droiture remarquables. Je connus ses ressources ; je vis qu'il était le plus aisé et le plus considéré de son poste, qu'il adorait sa femme, qu'ils avaient des enfants charmants, que la Zinovèse jouissait d'une réputation de sagesse, et que j'arrivais comme un fléau, comme un voleur, si vous voulez, dans l'existence de ces gens-là. Je me jurai à moi-même de ne pas amener une catastrophe, et je ne revis la Zinovèse que pour lui faire mes adieux, lui donner ma parole d'être à tout jamais à son service en quelque détresse de sa vie que ce fût ; mais, comme je n'avais jamais songé à la disputer à ses devoirs de famille, je la conjurai d'y revenir et de m'oublier. Elle me fit des menaces ; elle m'en fait encore, soit ! ceci ne m'occupera pas plus que tous les autres périls dont la vie se compose, depuis la chute d'une pierre sur la tête jusqu'à une attaque de choléra ; mais me voilà fort inquiet de sa santé, que je ne savais pas si compromise. Croyez-vous réellement que le chagrin en soit la cause ?

— Je le crois, surtout parce que le chagrin agit sous forme de colère perpétuelle et de soif de vengeance.

— Mais enfin ce n'est pas moi qui l'ai rendue méchante ? Elle l'a toujours été ; je l'ai vue ainsi dès le premier jour.

— C'est possible, et vous n'en êtes que plus à blâmer. On doit plaindre les méchants et s'efforcer de les calmer. Quand on les enflamme et les excite par la passion, on n'a que ce qu'on mérite, s'ils vous étranglent.

— Qu'elle m'étrangle donc, mais qu'elle guérisse !

— Cela pourrait bien arriver. Prenez garde !

— Je vous répondrai comme Paul-Louis Courier : « Eh ! mon ami, quelle garde veux-tu que je prenne ? Celle qui veille à la porte du Louvre... »

— Soit, ce qui est fait est fait. J'ignore si mes pilules d'opium vous serviront de préservatif contre une *coutelade*; mais vous devriez bien songer à ne pas vous replonger dans de pareils embarras. Pour peu que votre passé nous en révèle encore deux ou trois du même genre, je crains de fortes atteintes à la tranquillité de votre avenir.

— Oh ! *tranquillité,* je me ris de toi, s'écria-t-il. Voilà bien la plus forte attrape que les hommes aient inventée. Eh ! mon cher, le cœur de l'homme est fait pour la tranquillité comme un oiseau pour la cage. Amassez donc une provision de tranquillité pour vos vieux jours ! Enseignez-moi où ça se trouve, où ça se vend, et dans quelles bouteilles ça se conserve ! Pendant que je m'amuserai à ficeler et à cacheter ma tranquillité dans une cave, la voûte s'effondrera sur ma tête, ou un tremblement de terre nous engloutira, ma tranquillité et moi ! Nous voici bien tranquilles sur ce navire monumental et bien amarrés dans un port tranquille : où serons-nous dans cinq minutes !

Peut-être aurai-je un coup de sang et serez-vous en train de vouloir retenir ma pauvre âme déjà envolée, ou bien, en descendant tout à l'heure dans le canot, peut-être ferez-vous un faux pas et irez-vous voir l'Achéron pendant que nous perdrons tous notre tranquillité pour vous retirer de la mer. Mon cher docteur, ne me parlez jamais de cette chose que je n'admets pas et dont je ne puis me faire aucune idée. La vie, c'est le mouvement, l'agitation, la dépense incessante des forces physiques, morales et intellectuelles. Aimons, souffrons, risquons et acceptons tout gaiement, ou tuons-nous tout de suite, car elle n'est pas ailleurs que dans la mort, votre dame tranquillité! C'est la chaste épouse qui nous attend dans le tombeau, et je vous réponds que nous l'y trouverons bien vierge, car nous n'aurons pas seulement aperçu sa figure durant notre vie!

— Alors lâchons la bride à tous nos instincts sauvages, et, comme le repos est un rêve, accablons de fatigues et de désespoirs à notre profit l'existence des autres âmes!

— Non pas! ne me faites pas dire des choses injustes et cruelles!

— Si vous vous en privez, vous n'êtes pas logique!

— Mais quelle est donc votre logique, à vous? Voyons.

— Elle est tout le contraire de la vôtre. La vie est un orage, soit! Nous sommes orage et convulsion

nous-mêmes. Laissons-nous aller à cette loi, qui
emporte tout dans l'abîme, et il n'y a plus de société, plus d'humanité, plus rien : nous finissons
comme les sauvages, par l'eau de feu; si nous
croyons à la civilisation, c'est-à-dire à Dieu et à
l'homme, luttons contre l'orage extérieur et contre
l'orage intérieur; exerçons-nous à la force, réser-
vons le peu que nous en acquérons chaque jour
pour un noble emploi. Abstenons-nous de curiosités
qui ne peuvent nous donner qu'une sensation égoïste
et passagère, ne courons pas après tous les feux
follets de la passion : cherchons le soleil durable et
vivifiant de l'amour.

— Oh! ce soleil-là,... à quoi le reconnaîtrais-je?
dit la Florade, railleur, mais un peu pensif.

— A l'utilité de votre dévouement pour la personne aimée, répondis-je. Plus vous donnerez de
votre cœur et de votre volonté, plus il vous en sera
rendu par l'influence divine de l'amour; mais, quand
cette dépense ne peut produire que le malheur des
autres, soyez certain que vous vous ruinez en pure
perte.

— Pour conclure, dit-il après un instant de rêverie où il me sembla prendre la résolution de respecter ma logique et de garder la sienne, qu'est-ce
que je peux faire pour cette pauvre Zinovèse? Vous
n'allez pas me dire, comme pour Nama, qu'il faut
l'épouser ou la fuir. Je ne peux que la fuir ou la cont-

soler, et, dans les deux cas, je fais mal. Je la laisse
mourir ou la rends de plus en plus coupable envers
un mari qui vaut probablement mieux que moi.

— Laissez-la mourir, et tant pis pour elle!

— Vous n'êtes pas consolant, docteur.

— Vous n'êtes donc pas consolé, vous?

— Non; je plains cette pauvre femme, et, si je sui-
vais mon instinct, mon instinct sauvage comme vous
l'appelez, j'irais lui dire que je l'aime encore. Vous
voyez bien que je me combats quelquefois. Il en est
de même à l'égard de mademoiselle Roque. Je l'aimerais de bien bon cœur, si elle n'en devait pas
souffrir.

— Ne profanez donc pas le verbe *aimer!* Vous
n'aimez ni l'une ni l'autre.

— Je les aime comme je peux et plus que je ne
devrais, car il est bien certain qu'aucune d'elles ne
réalise mon rêve d'amour. Vous avez beau dire et
croire que mon âme est dépensée en petite monnaie;
je sais bien le contraire, moi! Je sais et je sens que
je n'ai pas commencé la vie et qu'il y a en moi des
trésors de tendresse et de passion qui n'auront peut-
être jamais l'occasion de se répandre. Où est la
femme idéale que nous nous créons tous? Elle exis-
tera pour nous un instant peut-être, en ce sens que
nous croirons la saisir où elle n'est pas, et que nous
prendrons quelque nymphe vulgaire pour la déesse
elle-même; mais l'illusion ne durera pas. Vous

voyez que je parle comme un sceptique, mais du diable si je le suis! Puisque la vie est faite d'aspirations, je veux toujours aspirer, et ce que je trouverai, je prétends m'en contenter sans renier Dieu, l'amour et la jeunesse.

— Alors épousez mademoiselle Roque; vrai, épousez-la!

— Pourquoi? Je n'ai pas dit que je me bercerais toujours de la même illusion. Je sais que ce n'est pas possible; je vivrai donc en simple mortel. Je passerai d'une ivresse à l'autre, et je n'aurai jamais le réveil triste, par la raison que je sais qu'il y a toujours du vin.

— Alors vous êtes gai? L'une pleure, l'autre rugit, toutes deux mourront peut-être...

La Florade m'interrompit par un juron, et pour la première fois je le vis en colère. Il m'accusait de pédantisme et de cruauté. Il se disait et se croyait parfaitement innocent du malheur de ces deux femmes, par la raison qu'il n'avait jamais consenti à être aimé d'elles au détriment de leur honneur ou de leur devoir, ce qui n'était pas rigoureusement vrai.

— Voyons! s'écria-t-il dans un mouvement d'entraînement oratoire aussi naïf que paradoxal : vous qui parlez, êtes-vous plus prudent que moi? Qu'est-ce que vous allez faire tous les jours chez cette madame Martin, puisque Martin il y a, qui paraît être une femme vertueuse, dévouée à son enfant malade, attachée à ses devoirs et jalouse de sa réputation?

— Ne parlez pas de madame Martin, repris-je avec vivacité. Elle n'est pas ici en cause. Vous ne la connaissez pas. Vous ne pouvez rien dire à propos d'elle qui ait le sens commun!

— Ah! pardonnez-moi, mon cher; je sais par Pasquali, qui est homme de bon jugement, que c'est une femme adorable, et j'ai vu par mes yeux qu'elle est belle à faire tourner des têtes plus solides que la mienne. La vôtre a beau être défendue par les sophismes d'une fausse expérience; vous êtes jeune, que diable! et je vous dirai ce que vous me disiez l'autre jour : vous n'êtes ni plus laid ni plus sot qu'un autre. Vous n'êtes pas non plus un dieu, je le constate, et je suis certain que vous ne versez pas de philtres sous forme de potion à vos malades; mais cette femme est veuve, elle est seule, elle est sage, elle s'ennuiera demain, si elle ne s'ennuie déjà aujourd'hui. Elle aura besoin d'aimer; plus elle est pure et vraie, plus ce besoin sera impérieux. Vous serez là, vous, épris, éperdu peut-être, tout prêt à parler, si vos yeux et vos pâleurs subites n'ont parlé déjà, — car vous avez, depuis deux jours, des yeux distraits et des pâleurs subites, je vous en avertis! Vous êtes amoureux, mon cher, je m'y connais; la semaine prochaine vous serez fou, — et peut-être

aimé, — car les femmes, si austères et si haut placées qu'elles soient, ne nous demandent pas autre
chose que de les aimer ardemment et naïvement. Eh
bien, quelle est la position de madame Martin? Tout
fait pressentir dans les réticences de ses confidents
une grande fortune et une haute naissance. Pourra-
t-elle vous épouser, et le voudrez-vous? Non, votre
fierté, votre dévouement pour elle s'y refuseront;
car, en vous épousant, elle attirera peut-être des malheurs très-grands sur elle-même. Dans certaines familles, la veuve est tenue de ne pas se remarier, ou
de perdre la tutelle de son fils. La voilà donc ruinée,
séparée peut-être de cet enfant qu'elle idolâtre, ou
bien forcée de vous éloigner, et mourant de chagrin
ni plus ni moins que la très-placide et très-bornée
mademoiselle Roque, ou que la très-illettrée et très-
emportée Zinovèse. Vous viendrez me dire alors,
comme je vous disais tout à l'heure : « Comment
cela se fait-il? Je vous jure bien, ajouterez-vous,
qu'en allant tâter le pouls à son marmot, je ne
croyais pas en venir là, et lui causer tout le mal qui
lui arrive. Certes je n'ai pas prévu, je ne m'attendais
pas... » Et moi, votre confident, si je vous réponds
alors : « Mon cher, c'est votre faute; il fallait pré-
voir, il ne fallait pas y retourner, il ne fallait pas
être jeune, il ne fallait pas voir qu'elle est belle;
enfin tant pis pour elle et tant pis pour vous! » si je
vous dis tout cela, mon cher docteur, ne penserez-

vous pas que je suis un orgueilleux sans pitié et un
ami sans entrailles?

La vive déclamation de la Florade portait si juste
à certains égards, qu'elle me troubla beaucoup intérieurement; mais je n'en fus pas atterré, et ma réponse était toute prête dans ma conviction et dans
ma bonne foi.

— Tout ceci serait parfaitement raisonné, lui dis-
je, si l'édifice ne péchait par la base. Vous commencez toujours par établir qu'on est autorisé à manquer
de raison et de volonté en amour; je n'admets pas
cela, moi. Supposons tout ce que vous voudrez à
propos d'une femme quelconque, car je me refuse
absolument à faire intervenir dans nos thèmes celle
qu'il vous a plu de nommer, et que je connais trop
peu pour pouvoir me permettre...

— Passons, passons!... Supposons qu'elle s'appelle
madame Trois-Étoiles.

— Madame Trois-Étoiles étant donnée, je suppose
que j'en devienne épris. Sachant fort bien d'avance
que je ne puis que l'offenser en laissant paraître
mon enthousiasme, il me paraît très-simple de m'abs-
tenir de toute émotion apparente, et, si je ne suis
pas capable de cela, je ne suis qu'un enfant sans
raison! Mais supposons que je sois cet enfant-là.
Madame Trois-Étoiles, pour peu qu'elle ne soit pas
folle, se dira : « Cet ingénu n'est pas mon fait; je
suis une femme de bien, et je n'irai pas risquer mon

avenir et celui de mon fils pour charmer les loisirs
de ce monsieur, qui n'a pas seulement le bon goût
de me cacher son émotion, et qui dès lors n'est
certes pas capable de devenir mon appui et celui de
mon fils dans l'avenir. » Voilà mon raisonnement,
cher ami ; il manque d'éloquence, mais il vaut bien
le vôtre.

— D'où ir résulte qu'étant un fou, je n'ai eu affaire
qu'à des folles ?

— Eh mais !...

— Savez-vous, dit-il en riant, la morale de tout
ceci ? C'est que vous me donnez une envie furieuse
de devenir un homme raisonnable et d'aimer éper-
dument une femme gouvernée par la raison !

On dérangea notre tête-à-tête, et, quand je rentrai à mon hôtel, j'écrivis au baron de la Rive. J'étais
assez content de moi, la Florade m'avait rappelé à
moi-même. J'étais bien résolu à me défendre de mon
propre cœur, et je ne pouvais admettre un seul instant qu'à propos de moi la marquise pût jamais avoir
à combattre le sien.

Je passai huit jours sans la revoir. J'avais des
nouvelles de Tamaris par Aubanel et Pasquali. Paul
allait bien. La marquise vivait dans une sérénité
angélique. Je hâtai la conclusion de mon affaire.
Mademoiselle Roque ne se décidait à rien, et, ne
voulant pas attendre indéfiniment son caprice, je
vendis ma zone d'artichauts le moins mal possible à

un riche maraîcher de la Seyne. Je fis une visite à la Zinovèse, et je la trouvai mieux. Mes calmants faisaient merveille. Elle avait recouvré le sommeil, ses yeux s'étaient un peu détendus, son regard était moins effrayant. J'évitai de lui parler de son moral, craignant de réveiller l'incendie, et je portai cette bonne nouvelle d'une amélioration sensible à la Florade, que je cessai de sermonner, dans la crainte qu'il ne revînt à ses commentaires sur mon propre compte. Je ne voulus même pas savoir s'il avait de nouveau aperçu la marquise, et je ne sus réellement pas s'il était retourné à Tamaris.

Toutes choses ainsi réglées, je me disposais à quitter la Provence et à faire ma visite d'adieux à madame d'Elmeval, lorsque je reçus du baron la lettre suivante :

« Mon cher enfant, je me sens assez fort pour quitter Nice, où je m'ennuie depuis notre séparation ; mais tu me trouves encore *trop jeune* pour habiter le nord de la France. Puisque Toulon est un terme moyen, et qu'il y a toujours là de braves gens, puisque ma chère Yvonne, c'est le nom d'enfance que je donnais à la marquise, se trouve bien dans ces parages, je veux aller passer mes derniers trois mois d'exil auprès d'elle. Mon voisinage de soixante et douze ans ne la compromettra pas, et elle sait fort bien que je ne serai pas un voisin importun. Cependant je ne veux rien faire sans sa permission. Va

8.

donc la trouver de ma part, et, si elle a autant de
plaisir à me voir que j'en aurai moi-même à me
sentir près d'elle, occupe-toi de me caser dans une
villa au quartier de Tamaris ou de Balaguier. Tu vois
que je me rappelle le pays. Je me rappelle aussi une
assez belle maison dans le goût italien avec une fontaine en terrasse, l'ancienne bastide Caire. Je ne
sais à qui elle est maintenant. Tâche de la louer pour
moi. Ce doit être tout près des bastides Tamaris et
Pasquali, au versant de la colline, près du rivage.
Sacrifie-moi encore quelques jours pour m'installer,
et compte que, si ta réponse n'y fait pas obstacle,
ton vieux ami philosophera et radotera avec toi d'aujourd'hui en huit. »

Une heure après la lecture de cette lettre, j'étais à
Tamaris. La marquise était à la promenade; je résolus de l'attendre, et j'allai examiner la maison Caire,
que je n'avais vue encore qu'extérieurement. C'était
un *palazzetto* génois assez élégant, et la fontaine
avec ses eaux jaillissantes, les escaliers du perron
tapissés d'une belle plante exotique, le jardin en
terrasse bordé d'une étrange balustrade de niches
arrondies, la serre chaude assez vaste, le petit bois
de lauriers formant une voûte épaisse au-dessus du
courant supérieur de la source, la prairie bien abritée
par la colline du fort, le bois de pins et de liéges descendant jusqu'au pied de la colline même, une ferme
à deux pas, qui touchait l'enclos de Tamaris et qui

communiquait avec le jardin par une allée de beaux
platanes garnie de rigoles à eaux courantes, tout était
agréable et bien disposé pour les courtes promenades
pédestres de mon vieux ami. Je m'informai auprès de
fermiers fort bourrus; la maison était inhabitée, on
pouvait la visiter et la louer en tout ou en partie. Je
vis les appartements, qui me parurent sains et assez
confortables. Je demandai le prix, et, avant de rien
conclure, je retournai à Tamaris. *Madame* n'était pas
rentrée.

— Elle ne tardera guère, me dit le petit Nicolas
en s'avançant sur la terrasse; et, tenez, la voilà qui
revient!

Je ne voyais sur la rive que des pêcheurs et des
douaniers.

— Elle n'est pas là! dit Nicolas; regardez donc
du côté de Saint-Mandrier, là-bas, en mer! Elle a été
voir le jardin botanique avec le petit et M. Pasquali,
dans le canot au lieutenant la Florade.

— Et le lieutenant?...

— Et le lieutenant aussi; voyez!

Je regardai à la longue-vue dressée sur la terrasse,
— c'est le meuble indispensable de toutes les habi-
tations côtières, — et je distinguai la Florade assis
sur son manteau étalé à la poupe de l'embarcation.
Paul était debout entre ses jambes, la marquise à sa
droite, Pasquali à sa gauche, la bonne auprès de sa
maîtresse, et les douze rameurs, assis deux à deux

vis-à-vis de ce groupe, enlevaient légèrement le canot, qui filait comme une mouette.

Je quittai brusquement Nicolas et la longue-vue, et je descendis à la *noria* située dans le rocher au revers du côté maritime. C'était comme une petite cave profonde à ciel ouvert, tapissée de lierre et de plantes grasses rampantes à grandes fleurs blanches et roses. Là, bien seul, je maîtrisai mon mal. La Florade s'était introduit dans l'intimité de la marquise. Certes, il l'aimait déjà... Avais-je mission de la protéger contre lui? Et, d'ailleurs, n'était-il pas capable de la bien aimer, lui avide d'idéal, intelligent, sincère et doué d'un charme réel? A quoi bon lutter contre les mystérieuses destinées? «Elle est seule, elle est austère, avait-il dit; elle a besoin d'aimer, c'est fatal : elle aimera dès qu'elle sera aimée.» Eh bien, pourquoi non? Si une mésalliance compromet son avenir, ne trouvera-t-elle pas dans la passion d'un homme enthousiaste et charmant des compensations infinies? Faut-il qu'elle ignore l'amour parce qu'elle est mère? Et qui prouve que cet enfant n'aimera pas la Florade avec engouement et ne luttera pas pour lui avec elle? Il l'aime aujourd'hui pour sa figure riante, pour son uniforme et son canot. Ce qu'il rêve déjà, c'est d'être marin, je parie! Demain, il l'aimera pour ses tendres caresses et ses fines gâteries... Il ne connaît de moi que la tisane et les cataplasmes! Vais-je donc être jaloux de Paul?...

Non, pas plus que je ne veux l'être de sa mère. La Florade est aventureux. Il recule sans doute encore devant l'idée de conquérir la fortune avec la femme; mais il est homme à accepter et à dominer à force de cœur et d'audace les plus délicates situations... Oui, oui, il osera ce que je n'oserais pas, et ce sera tant mieux pour elle. Il saura l'étourdir sur les dangers et les déboires de la lutte engagée avec le monde en s'étourdissant lui-même, et tout ce qui me paraît obstacle et malheur sera pour eux l'aiguillon de l'amour. Allons! pas un mot, pas un regard qui trahisse ma souffrance. Dans huit jours, j'installerai le baron et je fuirai, laissant à la marquise un conseil et un appui sérieux. — Moi, j'oublierai, puisqu'il le faut !

J'essuyai la sueur froide qui coulait de mon front, je remontai les degrés de la noria, je redescendis ceux de la bastide, et j'étais au rivage quand le canot y déposa ses passagers. Malgré moi, mon premier regard fut pour la Florade. Sa physionomie était sérieuse et comme éteinte par le respect. Il n'y avait certes rien à reprendre dans son attitude. J'en fus d'autant plus consterné. Trop confiant en lui-même. il eût certainement déplu.

La marquise me fit le bon accueil des autres jours, et témoigna du plaisir à me voir; mais elle rougit sensiblement. Pasquali eut un sourire de sphinx, qui n'était peut-être qu'un sourire de cordialité. Il me

sembla que Paul ne faisait de lui-même aucune attention à moi.

Cependant la scène changea au bout d'un instant.
La marquise remerciait Pasquali, en désignant la
Florade, de lui avoir procuré un si bon pilote. Elle
remerciait le pilote aussi ; mais elle n'invitait personne à la suivre, et, comme la Florade m'offrait de
me remmener dans son embarcation, elle mit sa
main sur mon bras en disant :

— Non ! j'ai à parler au docteur, il faut qu'il me
sacrifie au moins dix minutes. La calèche est là-haut
comme tous les jours ; je le ferai reconduire à la
Seyne, et, s'il est pressé, il arrivera aussitôt que
vous, car vous avez le vent contraire.

La Florade devint pourpre. Pasquali continua de
sourire mystérieusement.

Ce fut à mon tour de montrer une soumission impassible.

— Arrêtons-nous chez le voisin, me dit la marquise dès que la Florade eut crié : « File ! » à ses
rameurs. Je veux l'interroger en même temps que
vous.

Elle s'assit dans le jardinet de Pasquali. La bonne
remonta vers la bastide Tamaris avec Paul, qui criait
la faim.

— Mon brave voisin et mon bon docteur, nous dit
la marquise, qu'est-ce que c'est que M. de la Florade? Vous d'abord, voisin, c'est votre filleul, le fils

d'un de vos meilleurs amis. Il est très-jeune, très-décoré, très-gradé pour son âge. Il est doux, brave et intelligent, et après ?

— Après, dit Pasquali, c'est le meilleur enfant de la terre. Pourtant... je ne vous l'aurais jamais présenté *chez vous*. Il venait me chercher dans son canot d'officier ; vous partiez pour le même but dans une grosse barque, un vrai fiacre. Vous auriez mis deux heures, Paul se serait enrhumé. Je vous ai conseillé d'accepter l'offre du lieutenant. Votre santé et celle du petit avant tout !...

— Oui, oui, reprit-elle, nous avons tous bien fait. La promenade a été charmante, votre ami très-obligeant. J'aurais été prude de refuser son embarcation avec votre compagnie ; mais pourquoi me dites-vous que vous ne me l'eussiez jamais présenté chez moi ?

— Parce que c'est un jeune homme, et que vous ne voulez pas recevoir de jeunes gens, en quoi vous avez raison.

— Je reçois pourtant le docteur, qui n'est pas précisément un vieillard.

— Oh ! moi, répondis-je avec un rire forcé, je ne compte pas : un médecin n'est jamais jeune.

— Alors, reprit la marquise en souriant et en s'adressant au voisin, vous n'avez pas d'autre motif pour ne pas m'amener votre filleul que sa qualité de jeune homme ?

— Ma foi ! vous m'embarrassez, répondit Pasquali. Questionnez donc un peu le docteur ; c'est à
son tour de parler.

— Oui, voyons, docteur ! reprit la marquise.

Pasquali, qui était fin sous son air d'insouciance
habituelle, me regardait dans les yeux. Je fis l'éloge
de la Florade sans restriction et avec un peu de ce
feu héroïque dont j'avais fait provision sous les pam-
pres de la noria.

La marquise m'examinait aussi avec une attention
extraordinaire.

— Alors, dit-elle quand j'eus fini, vous ne m'ap-
prouveriez pas de fermer ma porte à votre ami, s'il
venait me voir avec son parrain ou avec vous ?

Je ne pus surmonter un peu d'amertume. Je lui
témoignai ma surprise d'avoir à examiner une question de prudence et de convenance avec une femme
qui savait le monde mieux que moi. Je me récusai
quant au conseil à donner, et j'ajoutai que je n'aurais probablement pas l'occasion d'accompagner la
Florade chez elle, puisque je partais dans huit jours.
Et, comme ce sujet de conversation commençait à
dépasser mes forces, je la priai de vouloir bien m'é-
couter sur un autre sujet plus intéressant peut-être
pour elle et pour moi. Pasquali se levait par discrétion : je le retins et présentai à la marquise la lettre
du baron ; après quoi, pendant qu'elle en prenait lecture, je suivis notre hôte au fond de son petit jardin.

— Quelle diable d'idée a-t-elle, me dit-il, de vouloir inviter la Florade? J'ai peur que ce gaillard-là ne lui fasse une déclaration à la seconde visite !

— Eh bien, qu'est-ce que cela vous fait? répondis-je avec une indifférence très-bien jouée.

— Cela ne vous fait donc rien, à vous ?

— Il me semble que cela ne me regarde pas du tout.

— Eh bien, moi, c'est différent ; c'est mon filleul, et je l'aime, *le mâtin !* Croyez-vous que ça m'amuse, de le voir flanquer à la porte? Et qu'aurai-je à dire? Il l'aura mérité! Elle m'en fera des reproches, la brave femme !

— Non ; après ce que vous venez de lui dire...

— Vous croyez?

— Ses reproches seraient injustes. S'il l'offense, elle ne pourra s'en prendre qu'à elle-même. Elle est suffisamment avertie par votre silence.

— Allons, je m'en lave les mains alors !

Pasquali ralluma philosophiquement sa pipe, et alla donner un coup d'œil à ses engins, la porte de son jardin n'étant séparée du flot paisible que par un chemin étroit, élevé d'un mètre sur les galets.

—.Venez donc que je vous dise ma joie! s'écria la marquise en se levant et en me tendant la lettre. Oui, je veux qu'il vienne, notre excellent, notre meilleur ami ! Je vais lui écrire moi-même. Venez vite là-haut ; la lettre peut encore partir aujourd'hui.

J'enverrai Nicolas au galop du petit âne d'Afrique...
Au revoir, voisin ! cria-t-elle à Pasquali par la porte
ouverte. Je monte... Une lettre pressée ! à tantôt !

Elle monta légèrement l'escalier rapide et difficile.
Elle arriva sans être essoufflée. Je remarquai la force
et l'équilibre de son organisation, qui m'avaient
déjà frappé à la promenade. Ce n'était pas une
femme du monde étiolée par l'oisiveté ou usée par
l'activité sans but. Elle était toute jeune encore, so-
lidement trempée comme une Armoricaine de forte
race, et la délicatesse de ses linéaments cachait une
vie arrivée à son développement sans solution de
continuité.

N'était-elle pas faite pour l'expansion du bonheur,
cette femme sans tache et sans remords ? Était-il
possible que la Florade ne comprît pas qu'elle méritait une vie de dévouement sans partage et d'adoration sans défaillance ? Elle était si belle dans son activité et dans son rayonnement, que je faillis tomber
à ses pieds et lui promettre de tuer celui qui la ren-
drait malheureuse.

Son premier mouvement fut d'embrasser son fils,
et, tout en se mettant à son bureau, elle lui demandait s'il n'avait pas oublié le vieux baron et s'il allait
être content de le revoir. Elle écrivit avec effusion,
me priant de lire à mesure par-dessus son épaule
pour voir si, dans sa précipitation, elle n'oubliait pas
quelques mots. Puis elle se leva et me tendit la plume.

— Écrivez, écrivez dans ma lettre, dit-elle ; ce sera convenable ou non : avec lui, il n'y a pas de malice à craindre. Nous n'avons pas le temps de faire deux lettres. Faites vite ! je vais presser Nicolas.

— Mais non, je pars aussi ; je porterai la lettre...

— Je vous dis que non ! *Boumaka* (c'était l'âne) ira plus vite que tout le monde.

Malgré son ordre, j'écrivis trois lignes sur une autre feuille. Je cachetai rapidement les deux lettres, et l'envoi partit.

— A présent, dit la marquise, allons vite à la maison Caire !

— Non, j'y ai été ; tout est vu, tout est réglé ; je n'ai plus qu'un mot à dire en passant pour que l'affaire soit conclue.

—Allez-y et revenez ; je vous attends sous les pins. N'oubliez pas le denier à Dieu, et, ce soir, à Toulon, vous verrez les propriétaires pour plus de sûreté.

A peine étais-je de retour, oubliant presque déjà ma blessure au rayonnement de son beau et franc sourire, qu'elle me consterna de nouveau en me disant :

— A présent, parlons du *fameux la Florade !*

Et, comme elle s'aperçut de la stupeur où me plongeait sa trop naïve insistance, elle ajouta en riant :

— Vous n'en revenez pas ! C'est que j'ai un roman à vous raconter. Pourquoi êtes-vous resté huit jours absent ? Il se passe tant de choses en huit jours ! Allons, venez vous asseoir sur mon banc favori, je vais vous raconter cela pendant que vous regarderez le point de vue que vous aimez.

Elle s'assit sur un banc creusé en demi-cercle dans le rocher et revêtu de coquillages à la mode italienne. De là, on découvrait la grande rade prise dans le sens de sa longueur, avec ses belles falaises et ses eaux irisées ; mais je n'étais guère disposé à goûter ce spectacle, j'avais un poids atroce sur le cœur.

— Figurez-vous, reprit la marquise, que j'ai été rendre visite à mademoiselle Roque, et que je suis au mieux avec elle.

— Vraiment !

— Oui. Pasquali m'avait renseigné sur cette bizarre et mystérieuse existence d'une fille toute jeune et très-belle abandonnée du ciel et des hommes, enfermée volontairement dans ce coupe-gorge, devant lequel je n'aime guère à passer le soir, et où j'ai pourtant pénétré ces jours-ci, poussée par un sentiment de commisération bien naturel. J'ai trouvé ce que l'on m'avait décrit : une maison à donner le *spleen,* une espèce de terrasse plantée de cyprès qui ressemble à une tombe, une vieille négresse fantastique, un escalier malpropre, le tout conduisant à un riche salon et à une très-belle et douce personne, moitié Provençale et stupide en tant que demoiselle française, moitié Indienne et très-poétique sous cet aspect-là. Elle a été étonnée de ma visite, elle n'y comprenait rien, quoique je la lui eusse fait annon-

cer par Pasquali. Elle n'avait pas dit non, et elle ne
disait pas oui en me voyant. Elle se méfiait, elle
avait peur : sa gaucherie française n'était pas sans
mélange de majesté asiatique ; mais peu à peu,
voyant mes bonnes intentions, elle s'est humanisée,
rassurée, et, au bout d'une heure, elle m'appelait
sa meilleure, sa seule amie ; elle m'accablait de caresses enfantines et consentait à tout ce que j'exigeais d'elle.

— Et qu'exigiez-vous donc ?

— Je n'exigeais pas, comme Pasquali, qu'elle
quittât sa maison : c'était trop demander du premier coup ; mais je voulais qu'elle en sortît plus
souvent et plus longtemps chaque jour. Figurez-vous
qu'elle ne sort qu'à la nuit tombante ou à la première aube, pour aller de temps en temps, à trois
pas de là, prier sur la tombe de son père, dans le
cimetière de la Seyne ! Elle ne connaît donc le soleil
et la lune que de vue ; car elle parcourt cette petite
distance sur son âne, et, dès que la chaleur se fait
sentir, elle s'enferme à triple rideau pour végéter
dans l'ombre, la rêverie oisive et l'immobilité délé-
tère. Certes, elle ne peut pas durer à ce régime, et le
moins qui puisse lui arriver, c'est d'y devenir idiote
ou paralytique. J'ai donc obtenu d'elle que, deux fois
par semaine, elle viendrait me voir, à pied, après sa
sieste, à midi, et que, deux autres fois par semaine,
elle viendrait se promener dans la calèche avec moi.

— Vous êtes bonne! mais elle vous ennuiera beaucoup, je le crains.

— On n'est pas précisément jeté en ce monde pour
s'amuser, docteur ; mais j'ai peu de mérite à plaindre et à soigner les malades. J'ai passé ma vie à
cela. Mon pauvre père était couvert de blessures ;
mon mari...

— Payait une jeunesse orageuse par une vieillesse
prématurée?

— Le baron vous l'a dit? Eh bien, c'est vrai, et
puis mon Paul si délicat, toujours languissant dans
sa première enfance! Le voilà guéri, je n'ai plus de
malades, et cela me manque. D'ailleurs, mademoiselle Roque m'est sympathique. Vous savez combien
dans le cœur des femmes la pitié est prête à devenir
de l'affection. Vraiment cette fille est touchante avec
son respect filial, son inertie fataliste, et l'espèce de
terreur où elle vit sans se plaindre, car vous n'igno-
rez pas qu'elle est fort mal vue parmi les paysans,
et même parmi les bourgeois campagnards des environs. Sa mère était restée musulmane, sa négresse
l'est encore, et on l'accuse de l'être elle-même, bien
qu'elle ait reçu le baptême. Je me suis fait expliquer
par elle comme quoi son père, ne croyant à rien,
avait pourtant exigé qu'elle fût enregistrée comme
chrétienne aux archives de la paroisse. Il voulait
ainsi la préserver des persécutions et des répu-
gnances dont sa mère et sa servante noire étaient

l'objet; mais, comme il ne se souciait d'aucun culte, il
¹a laissa pratiquer l'islamisme avec ces deux femmes,
en exigeant qu'elle fît de temps à autre acte de présence à l'église catholique. Il est résulté de ce système un mélange très-extraordinaire des deux reli-
gions dans l'esprit de cette fille, qui a des instincts
très-mystiques, qui se signe avec ferveur au nom de
Mahomet, et qui professe une dévotion passionnée
pour la Vierge et les saints. Elle adore les pèlerinages, et ce qui l'a décidée à sortir avec moi, c'est
que je lui ai promis de la mener à la chapelle de
Notre-Dame-de-la-Garde, que, de sa fenêtre et depuis qu'elle est au monde, elle voit à l'horizon en se
persuadant qu'elle en est aussi loin que de l'Afrique.
En même temps, elle prie et célèbre les fêtes en secret avec sa négresse selon les rites du Coran, qu'elle
sait par cœur, et toutes ses idées sont d'une islamite
passive et fataliste.

— Vous comprenez et vous résumez fort bien
mademoiselle Roque; mais je ne vois pas quel rapport vous établissez entre elle...

— Et le lieutenant la Florade? Attendez donc !
Mademoiselle Roque, ou plutôt Nama, car l'Hindoue
domine en elle, a une peur effroyable des chrétiens.
Cela se comprend : elle n'a reçu d'eux que des menaces et des insultes ! Aussi, pour peu qu'*un* ou *une*
de nous s'humanise et la traite avec bonté, elle est
reconnaissante comme un pauvre chien perdu et

battu qui trouve un maître compatissant. M. la Florade est entré un soir chez elle, croyant qu'elle appelait au secours. Il lui a témoigné de l'intérêt et lui
a offert ses services. Pasquali assure que tout s'est
borné là...

— Pasquali dit la vérité.

— Bien ! tant mieux... et tant pis ! car cette fille
s'est éprise de la Florade, et n'aspire qu'à être aimée
de lui. Voilà ce qu'elle m'a confié dès la première
entrevue, tant ma sollicitude l'avait gagnée. Elle est
venue me voir ce matin au moment où M. la Florade, dont elle ne sait pas le nom — il le lui a caché, et Pasquali ne l'a pas trahi — abordait sur la
grève. Elle me l'a montré de la terrasse en criant :
« C'est lui ! je le vois !... » Elle voulait descendre
pour lui parler. J'ai eu beaucoup de peine à l'en empêcher ; j'ai dû même la gronder comme on gronde
une petite fille de six ans, pour l'engager à retourner chez elle. Un quart d'heure après, je descendais
moi-même au rivage, en vue d'une promenade en
mer pour mon compte. Vous savez le reste, et vous
comprenez maintenant que la curiosité est entrée
pour quelque chose dans la facilité avec laquelle j'ai
accepté l'équipage et la compagnie de votre ami le
lieutenant ; car il est votre ami : il n'a fait autre chose
que de me parler avec enthousiasme de vous qui ne
m'aviez pas du tout parlé de lui.

— J'ignorais, répondis-je en cachant mon amertume sous un air d'enjouement, que votre curiosité dût être éveillée à ce point par le récit d'une aventure de ce genre.

— L'aventure m'a été présentée comme innocente, reprit-elle. M'avez-vous trompée? Voyons.

— La Florade est homme d'honneur, il m'a donné sa parole. Mademoiselle Roque est pure, mais elle est trop dépourvue de toute idée des convenances pour que sa passion ne vous suscite pas quelque désagrément.

— Mais pourquoi? Puisque M. la Florade l'aime, ne peut-il l'épouser?

— Mais s'il ne l'aime pas? Elle s'abuse étrangement, je vous le déclare.

— Ah! pauvre fille! Il l'a donc moralement trompée et séduite, car elle jure qu'il l'aime. Elle avoue qu'il est un peu bizarre et quinteux avec elle, qu'il a souvent l'air de l'abandonner, qu'il refuse d'aller la voir par crainte d'être blâmé de *son peuple,* mais qu'en dépit de tout cela il est très-ému auprès d'elle, et qu'il ne la quitte jamais sans avoir les larmes aux yeux. Est-ce donc un perfide, votre ami la Florade? Il n'a pas cet air-là. J'ai, au contraire, été frappée de sa physionomie ouverte et de ses manières franches. Je crois bien plutôt qu'il aime réellement Nama, mais que quelques empêchements de position, de fortune ou de préjugé le forcent à renoncer à elle. Je voudrais les connaître, ces empêchements, afin d'en apprécier l'importance et la durée. Enfin je voudrais savoir quelle est ma mission auprès de cette pauvre fille, si je dois lui conseiller le courage d'oublier, ou agir de manière à renouer des liens encore tendres en vue d'un mariage possible.

— Tout ceci est fort délicat, répondis-je, et je vous dois la vérité. La Florade est mon ami, non un ami ancien, mais, si je peux parler ainsi, un ami d'inclination. Il y aura donc peut-être un peu de trahison de ma part à vous dévoiler les dangers de son caractère ; mais il a tellement le courage de ses défauts et de ses qualités, que, s'il était ici sommé par vous de s'expliquer, il vous dirait, j'en ai la certitude, tout ce que je vais vous en dire. C'est une nature séduisante et généreuse, mais sans frein. Il se livre tout entier à première vue, n'interroge rien, et se plaît en quelque sorte à braver toutes les conséquences de ses entraînements... Certes, il s'est beaucoup dominé en présence de Nama ; mais il n'est pas homme à jouer le calme qu'il ne sait pas imposer réellement à son imagination. Il a troublé la tête faible de cette fille par le trouble qu'il éprouvait lui-même. Elle a donc quelque motif pour s'abuser, sinon pour se plaindre.

— Alors me voilà fixée. Je ferai ce que Pasquali me conseille aussi : j'ôterai toute espérance à la pauvre créature. Pourtant... attendez ! Il faut, avant de me charger de ce rôle cruel, que vous me

disiez très-sérieusement votre dernier mot. Vous me
jurez qu'épris d'elle, peu ou beaucoup, la pitié, l'admiration pour sa beauté, l'estime qu'après tout la
naïveté de son cœur et de son esprit mérite, ne le
décideront jamais à en faire sa compagne? Vous êtes
bien sûr que mes représentations, ma conviction,
mon éloquence de femme, si vous voulez, ne pour-
raient absolument rien sur lui?

— Vous m'en demandez trop, répondis-je. Personne ne peut engager ainsi sa responsabilité pour
un absent. Vous voulez voir la Florade, vous le
verrez... Quel jour voulez-vous que je vous l'a-
mène?

La marquise sembla deviner mon désespoir. Elle
me regarda attentivement, avec une sorte de surprise. Je soutins bravement son regard, je dois le
dire, car elle reprit aussitôt avec la même liberté
d'esprit qu'auparavant :

— Amenez-le demain chez Pasquali. Je descen-
drai comme par hasard. Ne prévenez votre ami de
rien! Il s'armerait d'avance contre mes arguments.
En le prenant au dépourvu, je verrai bien plus clairement si je dois espérer ou désespérer pour Nama.
Et maintenant, ajouta-t-elle, parlons de vous, docteur! Est-ce que les charmants projets du baron ne
vont pas modifier les vôtres? Est-ce que vous ne
prolongerez pas de quelques semaines votre séjour
ici?

— J'y ferai mon possible, répondis-je, afin qu'elle ne combattît pas ma résolution de fuir au plus tôt.

Je ne me sentais plus assez de force pour recevoir des témoignages d'estime et de confiance qui me navraient.

—Dans huit jours, pensais-je, elle m'ouvrira peut-être son cœur, comme Nama lui a ouvert le sien, et, au fond de ce cœur troublé ou souffrant, je trouverai encore la Florade.

Je la quittai avec un peu de précipitation, prétextant un rendez-vous donné à Toulon, et je partis la mort dans l'âme. A mes yeux, la destinée suivait son implacable fantaisie de rapprocher ces deux êtres, si peu faits, selon moi, l'un pour l'autre. Ils s'étaient vus, ils se parleraient le lendemain ; car, dans certaines situations, parler ensemble sur l'amour, c'est déjà se parler d'amour. Et moi, j'étais là, condamné à opérer ce rapprochement !

Je sentais que je n'aurais pas la force de m'y prêter. J'attendis Pasquali sur le chemin de la Seyne. C'était l'heure où il y retournait. Il venait d'échanger quelques mots avec la marquise en traversant la colline. Il savait son projet, et n'y trouvait rien à reprendre.

— Elle est bonne, dit-il, bien bonne femme, le diable m'emporte ! Il faudrait que *le petit* (il désignait encore ainsi quelquefois son filleul) fût trois

fois effronté pour lui lâcher des douceurs en pareille
circonstance. D'ailleurs, nous serons là.

— Vous y serez, cher monsieur. Moi, j'ai oublié,
en m'engageant à être de la partie, que cela m'était
impossible; mais vous n'avez pas besoin de moi,
vous me raconterez l'affaire un autre jour. J'ai à
acheter quelques meubles pour installer un mien
ami au nom de qui je viens de louer la maison
Caire; il faut que je passe le contrat...

— Ah! vous m'amenez un voisin? Bon! tant
mieux!

Et, sans s'informer de son âge, de ses goûts et
de son caractère, il m'offrit pour lui ses barques,
ses engins, son vin d'Espagne et ses services person-
nels avec cette cordialité simple et brusque qui le
caractérisait.

J'envoyai une lettre à la Florade pour lui dire que
son parrain l'attendait encore le lendemain à sa bastide; puis je m'occupai activement de l'installation
prochaine du baron. Je consacrai encore toute
l'après-midi de ce lendemain à passer le contrat
avec le propriétaire de sa nouvelle demeure, et je
partis pour Hyères, où j'avais un ami. Je croyais
devoir m'éloigner un peu du théâtre de mes agitations.

III

Hyères est une assez jolie ville, grâce à ses beaux
hôtels et aux nombreuses villas qui la peuplent et
l'entourent. Sa situation n'a rien de remarquable.
La colline, trop petite, est trop près, la côte est trop
plate et la mer trop loin. Tout l'intérêt pour moi fut
d'examiner ses jardins, riches en plantes exotiques
d'une belle venue. Les pittospores et les palmiers y
sont des arbres véritables. L'ami que je comptais
rencontrer était parti. J'errai seul aux environs durant quelques jours, et je revins convaincu que, si
le climat y était moins brutal qu'aux environs de
Toulon, la nature de ceux-ci, pittoresquement parlant, était infiniment plus grandiose et plus belle.

Ce qu'il y avait de plus remarquable à Hyères,
c'était précisément la vue des montagnes de Toulon,
les deux grands massifs calcaires du *Phare* et du
Coude, dont les profils sont admirables de hardiesse.
Vu de face, c'est-à-dire de la mer, le Pharon n'est
qu'une masse grise absolument nue et aride, qui,
par ses formes molles, ressemble à un gigantesque
amas de cendres moutonnées par le vent; mais les
lignes du profil exposé à l'est sont splendides. Le
Coudon est beau sur toutes ses faces. Peu pressé de

rentrer à Toulon, je résolus d'aller voir le pays du
haut de cette montagne, qui est en somme la plus
intéressante de la contrée. Je retournai donc vers
Toulon par la route qui vient de Nice, et que je quittai à la Valette. Je m'enfonçai seul, à pied, dans la
gorge qui sépare le Coudon du Pharon, et je commençai à monter le Coudon par une route de charrettes qui s'arrête au hameau de Turris.

Le terrain de ces collines ne m'offrit aucun intérêt
botanique. J'en profitai pour contempler le défilé
des blocs de calcaire traînés vers la vallée sur cette
route très-rapide par les plus forts chevaux et les
plus forts mulets que j'aie jamais vus. Ces attelages
descendent par convois de cinq, et je rencontrai
cinq convois dont je dus me garer, car ces masses
roulantes ne peuvent s'arrêter sur place. C'était, du
reste, un beau spectacle que celui de ces monstrueux
chars portant des quartiers de montagne. Les roues
étaient bandées par des arbres fraîchement coupés,
tendus en arcs et passés sous les moyeux. Le calme
des chevaux énormes placés dans le brancard, l'ardeur des mulets moins dociles secouant leurs ornements rouges, les figures et les cris sauvages des
conducteurs à pied, le bruit des chaînes qui servent
de traits, le grincement des moyeux souvent trop
larges pour les parois du chemin encaissé, le bruit
sourd des roues descendant et brisant les escaliers
de rocher, tout cela présentait un ensemble de vie

énergique dans le cadre d'une région âpre et morne.
Le travail de l'homme était là en pleine émission
de puissance. Les animaux, soignés et nourris
comme méritent de l'être des bêtes d'un grand prix,
étaient magnifiques, caractérisés comme les études
de Géricault, mais d'un type plus noble. A un
endroit aplani où l'un de ces convois faisait halte,
j'interrogeai les conducteurs. J'appris que les vingt-
cinq chars, attelés de cinq chevaux chacun, ne
pouvaient être évalués à moins d'un total qui dépassait deux cent mille francs, sans parler du char-
gement.

Comme la journée s'avançait et que je ne voulais
pas perdre mon temps à errer, je cherchai un guide
à Turris, qui est situé sur la croupe de la montagne,
à l'entrée de la forêt. Un vieux charbonnier qui s'y
rendait m'offrit de me conduire : j'acceptai ; mais,
au bout d'un quart d'heure de marche, je vis qu'il
allait au hasard ; il m'avoua qu'il n'était pas du
pays même et n'était pas monté là depuis vingt ans.

— Alors, lui dis-je, allez où bon vous semblera ;
j'en sais aussi long que vous.

Il haussa les épaules sans rien dire et disparut
dans le fourré. Évidemment, il m'avait déjà égaré,
car on m'avait parlé d'un sentier commode à suivre,
et il n'y en avait plus trace autour de moi. La forêt
n'était plus qu'un taillis de petits arbres bossus et
malheureux ; mais ils masquaient partout la vue, et,

tout en gravissant la pente, je cherchai une clairière pour m'orienter.

Au bout d'une héure de marche, je me trouvai auprès d'une tête blanche que je crus devoir être celle du mont. Je gagnai le pied de sa paroi verticale; mais, là, je vis que c'était un simple contrefort de la cime réelle, et que j'avais une clairière à traverser pour atteindre celle-ci. La clairière franchie, la cime n'était qu'un autre contre-fort. Cette longue terrasse lisse et montant en ligne douce vers la brisure de la montagne, cette surface blanche et plane que j'avais vue d'Hyères et de Tamaris, et que, du pied même du Coudon, on croit voir encore, offrait une suite de créneaux assez réguliers séparés par des vallons. J'en traversai ainsi une demi-douzaine, tous plus jolis les uns que les autres et semés de massifs très-frais percés de roches bien pures, et tapissés tantôt d'un beau gazon, tantôt de grandes plaques de sable fin piétinées par les loups, qui vivent là fort tranquilles, à une lieue à vol d'oiseau au-dessus du grand mouvement et du grand bruit de la ville et de la rade de Toulon.

J'avais laissé loin derrière moi les dernières huttes des charbonniers de la forêt; j'étais en plein désert par une soirée magnifique. Ma vue était complétement enfermée par les créneaux successifs de la montagne; mais, abrité de tous les vents, je respirais un air souple et délicieux. Ma tristesse s'en

allait. Les plantes des régions élevées se montraient
et commençaient à m'intéresser; enfin la sensation
de la solitude absolue exerçait sa magie sur mon
imagination, quand j'entendis une voix forte qui
semblait déclamer avec emphase dans le silence profond de ce sanctuaire.

Je marchai dans la direction de la voix, et vis mon
vieux charbonnier qui courait les bras étendus vers
la cime, parlant haut, gesticulant et comme en proie
à une sorte de vertige. Je l'observai et me convain-
quis bientôt qu'il était un de ces sorciers de campagne qui croient à leurs conjurations. Je me rappelai que, dans le pays, la race des charbonniers et
des autres ouvriers forestiers de montagne passe
pour très-exaltée. On m'avait assuré que beaucoup
d'entre eux devenaient fous, ou tombaient dans une
mélancolie noire qui les conduisait au suicide. C'est
qu'en effet l'austérité des montagnes de Provence
semble un milieu impossible pour cette race émi-
nemment matérialiste et portée à l'activité de la vie
pratique. Le Provençal est poëte à la manière des
Italiens : tout est image pour lui, et son langage
figuré, orné de comparaisons et de métaphores,
prouve qu'il ne subit pas la contemplation à l'éta
de rêverie; il a besoin de réagir contre la nature, e
quand elle réagit sur lui, il doit en être écrasé.

Mon sorcier était, à coup sûr, à moitié fou; mais
il n'agissait pourtant pas au hasard. Il se baissait et

se relevait, s'arrêtait et parlait avec une idée suivie, peut-être selon un rite prescrit. Il interrogeait attentivement les pistes nombreuses des animaux sauvages, et je le soupçonnai même d'être un peu lycanthrope. Je le perdis de vue, et gagnai enfin avec quelque fatigue le sommet à angle presque droit de la montagne. C'est, après tout, une promenade qui n'est pas exorbitante, d'autant plus qu'on peut la faire en grande partie à dos de quadrupède, et je la conseille à tous les amants de la nature pittoresque. La grande masse, brusquement coupée, ne plonge pas dans la mer : une vaste plaine et des falaises l'en séparent; mais elle est assez élevée pour dominer toutes les hauteurs environnantes et pour que la vue embrasse tout le littoral de Marseille jusqu'à Nice. Les Alpes montrent leurs cimes neigeuses à l'horizon est, et on y distingue à l'œil nu les fortes brisures du col de Tende.

Mais ce n'est pas l'étendue qui fait, selon moi, la beauté d'un tableau, c'est la composition, et celui-ci est un des mieux composés que j'aie vus. Ces rives austères, hardiment festonnées de la région toulonaise, ne paraissent pas de petits accidents en face de la mer incommensurable, car ces festons sont des golfes et des rades d'une étendue majestueuse et d'une grâce de contours parfaite. Leur grâce a cela de particulier qu'elle n'est jamais empreinte de mollesse; partout des falaises puissantes font ressortir les plages adoucies, et partout le dessin trouve le moyen d'être imprévu en restant logique.

Il était huit heures du soir. Le soleil couchant abreuvait de ses splendeurs la mer et le continent. Quand j'eus savouré ce spectacle, je me retournai pour voir l'aride Provence dans l'intérieur des terres. Je ne vis par là que chaînes dénudées se perdant à l'horizon en lignes sombres, quelques-unes si droites, qu'on les eût prises pour des murailles sans fin. Ce sont ces hauteurs stériles, complétement inhabitées sur une étendue de dix à douze lieues, que dans le pays on appelle proprement le désert. Entre ces désolantes masses et moi, les reflets du couchant s'éteignaient rapidement sur de larges abîmes de verdure coupés de collines fertiles et d'accidents calcaires fort étranges, sur des cirques de monticules coniques portant ou semblant porter un ou plusieurs cônes plus élevés au centre, mais tout cela sur une grande échelle, reposant sur des plateaux très-vastes, et renfermant des lits de torrents, des gouffres, des vallons profondément creusés, et des cultures ondoyantes ou des abîmes impénétrables. Il n'y a pas de grandes élévations en Provence : le Coudon lui-même n'est qu'une montagne de troisième ordre; mais le dessin de ces aspérités est toujours fier et large. Le laid même, car il y a de très-laides régions, n'a rien d'étroit et de mesquin.

Je jetais un dernier regard sur le panorama mari-

time, quand je me rappelai que, de Tamaris, madame d'Elmeval regardait tous les soirs au coucher
du soleil la cime où je me trouvais. Je l'avais regar-
dée avec elle une fois justement à l'heure où le pic
recevait le reflet rose vif du couchant. Nous l'avions
vu devenir couleur d'ambre, puis d'un lilas pur, et
enfin d'un gris de perle satiné à mesure que le soleil
descendait derrière nous dans la mer. La colline
Caire, avec son bois de pins et de liéges noirâtres,
servait de repoussoir à cette illumination chatoyante.

L'idée me vint naturellement qu'à ce moment
même la marquise consultait le temps pour sa promenade du lendemain, en regardant si le sommet
du Coudon était clair, et, comme j'étais dans des
flots de lumière pure, si par hasard elle se servait
de la longue-vue, elle pouvait distinguer un imper-
ceptible point noir sur les masses blanches de la
cime. Je me trompais, la distance est trop grande,
et, malgré d'excellents yeux, je ne discernais pas
même la microscopique colline de Tamaris au bord
de la mer. Il est vrai qu'elle était noyée dans l'ombre
du cap Sicier. Je me servis de la lunette portative
que je m'étais procurée, et je crus reconnaître la
bastide comme un point pâle dans la verdure des
pins; cela était flottant comme un rêve, et toute ma
tristesse revint. Je me répétais ce sot et amer proverbe : « Loin des yeux, loin du cœur! » Cela pouvait être vrai pour elle; pour moi, cet éloignement,

cette impossibilité de communiquer avec elle à travers l'espace irritaient ma douleur.

Comme la nuit approchait et que la lune était déjà
levée, je résolus d'attendre qu'elle fût assez haut
sur l'horizon pour m'éclairer un peu. L'air devenait
très-froid. Je descendis de la dernière cime et me
mis à l'abri du vent au bord du précipice, dont la
brisure est admirable. Au bout d'un quart d'heure,
je me levais pour partir, lorsque je me vis reflété
par une lueur étrange et tout à fait mystérieuse. Je
remontai à la cime et vis mon vieux sorcier livré à
une conjuration capitale. Il avait allumé un feu
d'herbes sèches sur l'extrême pointe du rocher, et,
à mesure que la cendre se formait, il en ramassait
le plus fin dans un sachet de toile. Il avait coupé du
thym, du romarin et de la santoline, dont il avait
fait trois paquets séparés. Il prenait dans chaque paquet pour obtenir la cendre des trois plantes brûlées
ensemble. Après cette opération, accompagnée de
gestes et de paroles que j'observais avec curiosité,
il fit trois bottes des mêmes plantes fraîches qu'il
lia de cordons noirs, jaunes et rouges; il chargea le
tout sur ses épaules et s'éloigna rapidement sans paraître m'avoir vu, bien que je fusse très-près de lui.

Cet homme avait une tête caractérisée. En se
livrant à son acte cabalistique, il avait ôté le haillon
qui lui servait de bonnet. Quelques mèches de cheveux encore noirs voltigeaient sur son crâne dégarni,

très-élevé et très-étroit. Sa figure pâle, maculée d'un noir de charbon indélébile, était assez régulière et assez distinguée. Ses yeux saillants et brillants avaient une expression de terreur, comme s'il eût craint sérieusement de voir apparaître les esprits évoqués, ou comme s'il eût cru les voir en effet. Il n'était vêtu que d'une chemise et d'un pantalon de toile dont le ton sale et blafard lui donnait à lui-même quelque chose d'un spectre enfumé. Il fit le signe de la croix sur le feu avant de le quitter, jugeant peut-être que cela suffisait pour l'éteindre. Je ne crus pas devoir négliger d'étouffer sous mes pieds un reste de braise qui eût pu porter l'incendie dans la forêt.

Je franchis sans difficulté les clairières situées entre les créneaux de la montagne. Le passage de ces mêmes créneaux était plus pénible, toute trace de sentier disparaissait sur le roc nu et sur les pentes de pierres brisées où rien n'arrêtait le pied; mais cette solitude tour à tour aride et boisée, ces gazons où les veines de sable entraîné par les pluies dessinaient de folles allées sans but, ces massifs d'arbrisseaux à feuilles luisantes qui scintillaient dans l'ombre, ces grandes cimes de pierres blanchies par "air salin et que la lune blanchissait encore, pouvaient faire l'illusion d'un jardin de fées planté dans un lieu inaccessible et illuminé par des pics de neige.

Le froid devenait très-vif; je pris le pas gymnasti-

que pour me réchauffer, et, pour la troisième fois,
je rencontrai mon sorcier, qui, au lieu de se diriger
vers Turris, prenait un sentier abrupt pour descendre
dans la vallée. Comme le passage me paraissait pé-
rilleux sur ce flanc encore très-peu incliné du Coudon, je lui demandai s'il le connaissait assez pour
s'y risquer au clair de lune, il me répondit d'un ton
préoccupé :

— Bah! bah! les loups connaissent tous les chemins.

— Vous avez donc la prétention d'être loup?

Il s'arrêta, et, comme s'il fût sorti d'un rêve :

— Est-ce vous, dit-il, qui étiez là-haut quand j'ai
allumé un feu?

— Oui, c'était moi. Pourquoi ne m'avez-vous
point parlé?

— Je n'osais pas.

— Vous me preniez pour le diable?

— Non; mais le diable s'habille comme il veut.
Vous ne vous êtes donc pas perdu dans la forêt?

— Non, le diable m'a servi de guide.

— Le diable!... il n'en faut point plaisanter!

— Non, il faut l'appeler respectueusement, faire
du feu sur les montagnes, cueillir des herbes pous-
sées dans certains endroits, car celles qui viennent
en plaine, quoique toutes pareilles, n'ont pas la
même vertu : il faut en brûler, ramasser les cendres, dire des paroles, faire trois paquets...

— Vous m'avez vu, et vous vous figurez un tas de choses !... Vous n'êtes pas aussi savant que vous voulez bien le dire.

— Je suis plus savant que toi, lui répondis-je avec aplomb, et je lui débitai en latin quelques préceptes de la cabale des bergers, que j'avais apprise autrefois dans mes montagnes. Il me regardait avec stupeur et méfiance; il ne comprenait rien à ma traduction latine; mais certaines formules prétendues arabes ou juives, et qui, sans être réellement d'aucune langue, sont communes à presque tous les sorciers de campagne, le frappaient de respect.

— Où allez-vous? demanda-t-il.

— C'est à toi de me répondre, lui dis-je d'un ton emphatique; où vas-tu?

— A un endroit que tu ne connais pas, répondit-il avec un accent craintif malgré le tutoiement qu'il se croyait forcé d'adopter.

— Je connais tous les endroits, repris-je, curieux de pénétrer le mystère de ses pratiques.

— Comment s'appelle, dit-il, la maison qui est *de travers,* entre la Seyne et Tamaris?

— La bastide Roque.

— Combien y a-t-il d'ici?

— Par terre, sept lieues.

— Et qu'est-ce qui demeure dans la bastide Roque?

— Une belle fille.

— Qu'est-ce qu'elle demande ?

Ici, je fus embarrassé, car la surprise des questions à moi adressées égalait la surprise produite par mes réponses. Après un instant d'hésitation, je repris :

— La belle fille demande un philtre pour être aimée.

— Qui doit le boire?

— Un officier de marine.

— Qui s'appelle?...

— Tu le sais, toi, comment il s'appelle?

— Oui. Son nom commence par *la*.

— Et finit par *de*.

— Et le milieu fait...

— *Flora*; y sommes-nous?

— Elle vous a donc consulté aussi, la fille?

— Non ; mais je sais.

— Vous mentez, elle vous a envoyé aussi pour cueillir et consacrer!... Où sont vos herbes? et vos cendres?

— Là ! lui dis-je en lui montrant mon front avec une forfanterie bouffonne qu'il prit au sérieux.

— Alors, reprit-il triste et mécontent, je n'ai rien à faire ; je peux m'aller coucher !

— C'est le cas de dire que je t'ai coupé l'herbe sous le pied, n'est-ce pas?

— Ça m'est égal, répondit-il avec dédain, je suis payé; mais, si les bourgeois s'en mêlent à présent!...

Et il descendit le sentier avec l'agilité d'un chat, grommelant aussi longtemps que je pus l'entendre.

J'allai passer la nuit à Turris, songeant à cette bizarre rencontre, à l'imprudente superstition de cette métisse qu'on accusait de sorcellerie et qui donnait prise aux persécutions par ses folles croyances. Je songeais surtout à ce la Florade dont je fuyais la présence, et dont le nom me poursuivait jusque dans les lieux où je croyais pouvoir être seul avec les loups. Je comptais retourner voir lever le soleil de la cime du Coudon, afin de posséder dans mon souvenir ce grand spectacle d'un immense et magnifique pays éclairé dans les deux sens opposés ; mais le vent d'est s'éleva durant la nuit, et, bien que le hameau fût un peu préservé de sa rage par la cime crénelée de la montagne, des tourbillons refoulés vers le nord arrivaient dans l'échancrure de la croupe avec des hurlements et des chocs formidables. Je m'étais casé dans une vieille maison occupée par des gens propres et hospitaliers. Le chef de famille était contre-maître dans une verrerie située auprès des sablières, à la porte du hameau. La tempête et l'excitation de la marche m'empêchèrent de dormir. J'ai pu étudier, durant ce printemps-là, l'accent et l'intonation des vents de la Provence. Le mistral, qui vient de la vallée du Rhône et qui passe à travers les montagnes, a l'haleine courte, le cri entrecoupé de hoquets qui arrivent comme des dé-

charges d'artillerie. Le vent d'est, qui passe au pied
des Alpes de Nice et rase la mer, apporte, au contraire, sur le littoral de Provence des aspirations
d'une longueur démesurée, des sanglots d'une douleur inénarrable.

Je songeais malgré moi à la villa Tamaris, expo-
sée par le prolongement de la presqu'île à cette
fureur des rafales. Je songeais surtout à l'austère
veillée de la marquise, seule dans sa chambre, éti-
quetant des plantes ou repassant ses auteurs pour la
leçon du lendemain à son fils, maintenant endormi
sous ses yeux. — Mais était-elle toujours seule, la
sainte et digne femme? Le petit salon du rez-de-
chaussée n'était-il pas déjà envahi par les amis nouveaux? La Florade n'était-il pas là, avec Pasquali ou
quelque autre, pendant qu'au sommet du Coudon
brûlait peut-être encore un peu de cette flamme
magique destinée à raviver celle de son amour pour
la pauvre Nama?

Le lendemain, quand je me levai, le Coudon avait
disparu, le hameau était dans un nuage. La pluie
ruisselait en torrents fantasques sur les pentes de la
montagne. Les pluies de cette région sont insensées,
sans intervalle d'un instant. Personne ne sort. Les
Provençaux aspirent continuellement à ce rare bienfait, qui les consterne par son abondance quand il
arrive.

Il n'y avait aucun moyen de transport pour retourner à Toulon. Je restai là, enfermé durant trois jours et trois nuits dans une maison pauvre et sombre, livré à un grand ennui, faute de livres et d'occupation forcée. J'en profitai pour causer beaucoup avec ma raison et avec ma conscience. La nature est bonne et maternelle ; mais la locomotion solitaire nous exalte, et ces arrêts forcés dans le hameau de Turris me rendirent la gouverne de mon être moral et intellectuel.

On sut vite que j'étais médecin, car je soignai les malades de la maison, et, le troisième jour, sitôt que la pluie s'arrêta un peu, je vis accourir tout le village. Je n'attendis pas que le ciel fût éclairci ; le baron devait arriver le soir même. Je louai un cheval, j'empruntais un manteau, et je courus à Toulon m'assurer d'une voiture fermée pour conduire mon vieux ami à Tamaris par la route qui longe la rade de la Seyne ; la houle lui eût rendu le trajet par mer trop pénible.

Le baron, aussitôt qu'il m'eût serré dans ses bras, me regarda attentivement.

— Qu'as-tu ? me dit-il. Tu es malade ?

— Nullement, mon ami.

— Mais si ! Tu es très-changé. D'où sors-tu ?

— Je viens de passer trois nuits dans un mauvais gîte et de faire quatre lieues sur un mauvais cheval, par un très-mauvais temps ; voilà tout.

10.

Il dut se contenter de ma réponse ; mais je vis
que, durant. tout le trajet, il m'examinait avec une
sollicitude insolite. Il faut croire que ma figure était
effectivement très-altérée. Je le conduisis jusqu'à la
porte de la marquise, et, ne voulant point gêner
leurs premiers épanchements, je courus à la maison
Caire pour faire allumer les cheminées et préparer
les lits ; mais madame d'Elmeval avait pensé à tout :
elle était venue dix fois dans le jour malgré le mauvais temps. Les appartements étaient propres et bien
chauffés. Ma chambre, dont je ne m'étais pas occupé
le moins du monde, comptant ne passer là qu'un
ou deux jours, était arrangée avec autant´de soin
que celle du baron. Une cuisinière et un domestique
avaient été engagés. Le dîner était prêt, le baron
n'avait plus qu'à mettre ses pantoufles pour être
chez lui. De grands rameaux de bruyère blanche et
de tamaris exotique embaumaient le salon. Je retournai à la villa Tamaris pour prendre le baron, qui
avait faim, et qui, ne voulant pas se séparer sitôt
de la marquise, l'avait décidée à venir dîner chez
lui avec Paul.

Les trois bastides Tamaris, Caire et Pasquali se
touchaient par leurs enclos ; et, quand je dis *enclos*,
c'est faute d'un mot pour désigner ces terrains qui
ne sont ni parcs ni jardins, et qu'aucune clôture ne
sépare. En cinq minutes, nous pouvions communiquer les uns avec les autres. Quelle heureuse vie, si

le souvenir de la Florade ne m'en eût fait redouter
la durée !

Je croyais un peu rêver en dînant avec la marquise et le baron, dans une salle chaude et bien
éclairée, au sortir de ce triste gîte de Turris, où
j'avais fait de si durs retours sur moi-même ; mais
je m'étais préparé au péril, et je ne pouvais plus oublier qu'il fallait fuir. Ni la marquise ni le baron
n'étaient préparés à ma résolution, et j'étais en tiers
dans tous leurs projets de doux voisinage et de promenades. Je ne crus pas devoir les détromper encore.
Je comptais inventer une lettre de mes parents et
partir sans annoncer que je ne reviendrais pas.

La marquise remarqua aussi que j'avais l'air souffrant : elle m'interrogea plusieurs fois avec intérêt,
et il me sembla qu'elle aussi était changée. Sa figure
et ses manières n'étaient plus aussi confiantes, ou
bien quelque chose avait altéré son calme élyséen.
Il n'y paraissait pas avec le baron, pour qui elle était
d'une touchante coquetterie de cœur ; mais avec moi
elle n'était plus la même. Plus affectueuse peut-être,
elle me semblait avoir moins d'abandon. Il y avait
comme un secret entre elle et moi. Il me vint des
frissons en dînant, et, après le dîner, je sentis un
grand mal de tête ; cependant je n'en parlai pas. Je
voulus attendre le moment où elle se retirerait, afin
de la reconduire, de tenir le parapluie, s'il pleuvait
encore, ou de porter Paul, si les bras manquaient.

J'étais complétement détaché de toute espérance et
me croyais débarrassé de tout vain désir; mais je
sentais bien que je l'aimais toujours autant, cette
femme parfaite, et que lui épargner une souffrance,
une inquiétude, une fatigue quelconque, serait toujours un besoin et une satisfaction pour mon âme.

Quand je l'eus ramenée chez elle et que j'eus confié le baron aux soins de Gaspard, son fidèle valet
de chambre, je m'aperçus de la fièvre qui faisait cla-
quer mes dents, et je tombai sur mon lit comme une
pierre tombe de la falaise dans la mer. Je fus malade. J'avais pris une fluxion de poitrine au Coudon
ou à Turris. Je ne pus recouvrer mes esprits qu'au
bout de huit jours, et je me sentis alors trop faible
pour sortir de mon lit; mais je me vis admirablement soigné : le baron ne me quittait presque pas;
la marquise et Pasquali venaient tous les jours et
restaient plusieurs heures. La Florade venait aussi
souvent que le lui permettait son service. Un excellent médecin, le docteur A..., de Toulon, m'avait
traité parfaitement. M. Aubanel, sa femme et sa
belle-sœur, deux femmes charmantes et pleines de
bonté, s'étaient aussi intéressés à moi. Les serviteurs
étaient bons et dévoués. Le vieux Gaspard, qui m'aimait comme un fils pour avoir sauvé son maître,
pleurait de joie en me voyant sauvé. Je n'aurais pas
été mieux choyé dans ma propre famille.

Comme, après des insomnies agitées dont je ne

m'étais pas rendu compte, j'éprouvais un grand
besoin de sommeil, on se tenait dans une pièce voisine dont on avait fait une espèce de parloir, et,
quand je commençai à observer et à comprendre, je
vis avec attendrissement que la marquise apportait
là son ouvrage, ses livres, son enfant, et qu'une
grande partie de la journée m'était consacrée de
moitié avec le baron. Elle lui faisait la lecture; lui
ensuite donnait à Paul de bonnes et sérieuses leçons.
Le baron était grand latiniste, très-érudit, très-pa-
tient et très-clair dans son enseignement. Il avait
fait lui-même l'éducation d'un neveu charmant qu'il
avait eu la douleur de perdre. Il prétendait, sinon
faire celle de Paul, du moins la commencer et la
continuer autant que les circonstances le permet-
traient. Cela venait très à propos, car j'avais échoué
dans mes tentatives pour amener là un précepteur
digne de sa tâche. Cependant ni les lectures ni les
leçons n'empêchaient qu'à chaque instant on n'en-
trât dans ma chambre. Chacun tour à tour venait
me faire boire ou s'assurer de l'égalité de température autour de moi. Le gentil Paul réclamait souvent
l'office de garde-malade, car il n'avait pas encore
une grande soif d'études classiques.

Quand je fus en état de causer, chacun vint passer une heure avec moi. Pasquali tenait plus longtemps la place dans la journée, disant aux autres
qu'ils eussent à travailler sans s'inquiéter de lui, qui

n'avait rien à faire. L'excellent homme, en me sacri-
fiant sa pipe et son batelet, faisait pourtant une
grande chose. Enfin je pus me lever et vivre un peu
au salon avec ces généreux amis. Il m'était prescrit
et je sentais bien devoir de prescrire à moi-même de
ne pas m'exposer à l'air extérieur avant une semaine
encore : le temps passant du mistral au vent d'est et
réciproquement avec opiniâtreté, la chaleur du printemps ne se faisait pas. J'étais très-calme, soit que
la maladie m'eût beaucoup affaibli, soit que le sacrifice de ma passion fût accompli sérieusement ; je
voyais la marquise sans trouble pénible et je lui parlais sans effort. J'avais pourtant lieu de m'étonner
de ce que, par le menu, on m'avait appris.

Durant ces trois semaines qui venaient de s'écou-
ler, mademoiselle Roque avait fréquenté assez régu-
lièrement la marquise. La Florade ne s'était pas présenté chez cette dernière ; mais on s'était rencontré
chez Pasquali d'abord, chez le baron ensuite ; car,
le lieutenant étant venu me voir durant la période
la plus grave de ma maladie, mon vieux ami l'avait
accueilli paternellement et engagé à revenir le plus
souvent possible. La Florade plaisait au baron : à qui
ne plaisait-il pas ? Il savait mettre tout son cœur sur
sa figure et dans sa parole. On m'expliquait tout cela
du ton le plus naturel ; mais il y avait quelque chose
qu'on ne disait pas et que je n'osais pas demander :
c'était le résultat de la conférence entre la marquise

et la Florade par rapport à mademoiselle Roque. A quoi s'était-on arrêté? Quelles relations existaient maintenant entre ces trois personnages? Je me décidai enfin, tout en affectant plus de désintéressement que je n'en éprouvais, à interroger le baron.

— J'ai à te confier, répondit-il, un secret qui te concerne indirectement. Mademoiselle Roque n'est mademoiselle Roque que sur les registres de l'état civil de Marseille, où elle est née avant que sa mère eût jamais vu M. Roque. Comme elle est bien et dûment reconnue, il n'y a pas à y revenir; mais son véritable père pourrait bien être celui de ton ami la Florade.

— Quelle histoire est-ce là? m'écriai-je; la Florade serait le frère de Nama?

— Histoire ou roman, reprit le baron, la Florade paraît convaincu du fait.

— Mais où a-t-il pêché ce renseignement inattendu?

— Il assure qu'un vieux ami de sa famille, averti de ses visites à la bastide Roque, lui a dit ce que je te rapporte. Une des femmes du commerçant asiatique établi pendant deux ans à Marseille avait eu des relations avec le père de la Florade, capitaine marchand au long cours. Une autre femme, ou la même femme, voyant qu'en France elle était libre de par la loi, s'est enfuie avec Roque. Il y a donc présomption, et dans le doute abstiens-toi, dit le proverbe.

Voilà ce que ton ami le lieutenant a répondu à la marquise, lorsqu'elle a tâché de l'amener à épouser sa protégée, et il lui a démontré qu'il était urgent de détruire en elle, par la crainte d'un inceste, une passion qui n'était et ne pouvait jamais être partagée.

— Ainsi la Florade, auteur de cette fabuleuse aventure, vous en a faits les éditeurs responsables auprès de mademoiselle Roque?

— Ah çà! reprit le baron étonné, tu le crois donc capable d'avoir inventé cette histoire pour les besoins de sa cause?

Je l'en croyais fort capable, mais je me méfiai de ma méfiance. Je craignis d'être influencé à mon insu par l'ancienne jalousie et de retirer à la Florade l'estime de la marquise et du baron, qu'après tout il méritait peut-être encore. Je réfléchis un instant, et je conclus tout haut à la possibilité, sinon à la probabilité du fait; mais je ne pus me défendre d'exprimer quelque étonnement sur la facilité avec laquelle on s'était prêté à donner pour certaine à mademoiselle Roque une simple éventualité. Le motif était bon assurément; néanmoins avait-on le droit de jouer ainsi en quelque sorte avec la certitude dans une chose aussi grave qu'une histoire de famille?

— Mon cher enfant, répondit le baron, tu dis là ce que disait la marquise. Elle a même beaucoup hésité à se laisser persuader; mais, Pasquali aidant, j'ai cru devoir appuyer le raisonnement de la Florade. Je regarde mademoiselle Roque comme un enfant qu'il faut sauver, et tu sais qu'avec les enfants on ne se gêne pas beaucoup pour arranger la vérité. Si tu avais à arracher une dent au petit Paul, tu lui promettrais de ne pas le faire souffrir.

— Non, je lui persuaderais d'avoir un peu de courage, et je crois que madame d'Elmeval eût pu faire l'éducation morale de Nama.

— Elle la fera, sois tranquille; mais il fallait aller au plus pressé et l'empêcher de mourir.

— En était-elle là?

— Le médecin était inquiet de cette maladie sans nom qui ne la maigrissait pas et qui avait son siége dans le cerveau. Quand elle sera guérie et forte, si elle le devient, il sera temps de la détromper. La marquise s'est laissée attendrir par la pitié que cette fille lui inspire, et, grâce à la complaisante crédulité de Nama, elle a pu se dispenser de l'espèce de mensonge qui lui coûtait tant. A peine lui a-t-on eu dit que sa mère était *veuve* de la Florade père avant de connaître M. Roque, qu'elle a tout accepté sans questions et presque sans étonnement. « Je vois pourquoi, a-t-elle dit, la Florade est venu me voir aussitôt la mort de M. Roque, et pourquoi tout de suite j'ai senti que je l'aimais. »

— Allah est grand, répondis-je, et la Florade est

son prophète! Tout est pour le mieux, puisque vous êtes tous contents, même la crédule Nama.

— La crédule Nama est enchantée. On s'attendait à une grande émotion de sa part; eh bien, il n'y a eu chez elle qu'un grand sentiment de joie. Cette fille est si calme, et, disons-le à sa louange, si naturellement chaste, qu'elle n'a senti aucune terreur, aucun remords de mélodrame. « Je suis bien heureuse! at-elle dit; je pourrai l'aimer toujours, et je ne croirai plus à présent qu'il ne peut pas m'aimer. Je le verrai quand il pourra venir, et, quand il ne le pourra pas, je ne serai ni inquiète ni fâchée. Je quitterai la bastide Roque quand il voudra, j'irai où il me dira d'aller, j'épouserai celui qu'il me commandera d'aimer. Il est mon chef et mon maître, et j'en remercie Dieu. » Ils se sont donc revus chez moi et se sont fraternellement embrassés sous nos yeux. Mademoiselle Roque quitte son affreuse maison; elle va demeurer à Tamaris avec la marquise, qui se charge de son présent et de son avenir.

— Dès lors, répondis-je, je retire mes objections, habitué que je suis à croire que vous ne pouvez pas vous tromper.

Et je parlai d'autre chose.

Je songeais toujours à m'en aller, non plus pour fuir un danger que je regardais comme surmonté, mais pour revoir ma famille, dont j'étais séparé depuis deux ans, et pour entrer dans l'humble carrière à laquelle je me destinais. Je voyais le baron parfaitement guéri, et même beaucoup plus fort que moi pour le moment. Je lui parlai de mon prochain départ.

— Ton prochain départ n'aura pas lieu avant un mois, répondit-il. S'il fait froid ici en avril, c'est bien pis en Auvergne. Tes parents, qui ont su ta maladie en même temps que ta guérison, m'écrivent de te garder le plus possible. Ils sont encore en pleine neige, mais ils se portent bien ; ils n'ont plus de sujet d'inquiétude ; l'héritage de Roque, que tu as liquidé, leur permet d'attendre les fruits de ton travail et ton entier rétablissement.

Je dus me soumettre, et l'apaisement du mistral me permit enfin de sortir. Il me tardait de reprendre mes forces et de ne plus retenir le baron, qui s'obstinait à ne pas me laisser seul. Je montai lentement la petite colline, appuyé sur le noble vieillard que tant de fois j'avais soutenu et porté dans mes bras, et je revis madame d'Elmeval dans sa bastide de Tamaris. Je la voyais mieux là que partout ailleurs. Quelque naturelle qu'elle soit, une femme d'un caractère sérieux est toujours plus elle-même quand elle est chez elle, au milieu de ses occupations intimes. Il me sembla que je la retrouvais après une séparation, et qu'elle reprenait avec moi tout l'abandon de ses manières, toute la confiance de son cœur. Je ne me permis aucune question sur ce qui s'était

passé au sujet de mademoiselle Roque. Je la vis très-
calme et très-heureuse auprès de la marquise. J'appris qu'on allait démolir la bastide Roque, racheter
la part de terrain que j'avais vendue, et chercher sur
cet emplacement un site agréable pour bâtir une
nouvelle habitation. Le baron et la marquise se coti-
saient à l'insu de Nama, et sans souffrir qu'elle ven-
dît un seul de ses étranges et précieux joyaux, pour
lui créer une retraite saine et riante dans sa propriété
reconstituée.

— Je ne suis pas étonné de ce que vous faites-là,
dis-je à madame d'Elmeval; ce que j'admire, c'est la
délicatesse que vous mettez à tromper cette pauvre
ignorante sur ses véritables ressources, pour ne pas
l'humilier.

— J'aime à croire, répondit-elle, que Nama ne serait pas humiliée d'être aimée. Elle est si près des
idées de l'âge d'or, que je n'agis pas avec elle comme
avec une autre; mais elle pleurerait peut-être sa
vieille bastide, et nous ne voulons pas la consulter.
Nous n'avons pas pu lui persuader que M. Roque
n'était pas son père, et même nous n'avons guère
insisté là-dessus en voyant qu'elle faisait tout à fait
fausse route et supposait la Florade fils de M. Roque.
Comment cela s'arrange dans sa cervelle, nous l'i-
gnorons et nous ne voulons pas trop le savoir, dans
la crainte de l'éclairer... car au fond M. la Florade
s'est moqué de nous, n'est-ce pas?

— Mais... je n'en sais absolument rien, répondis-je.

— Moi, je le crois. N'importe ; Nama est guérie. Il s'agissait de la sauver, et j'ai consenti à être dupe.

Je ne sais pourquoi le baron, avec qui je reprenais peu à peu mes douces causeries de la veillée, me dit tout à coup ce soir-là :

— Est-ce que je ne t'ai jamais raconté l'histoire de la marquise ?

— Jamais, lui répondis-je. Vous m'aviez dit plusieurs fois, en me la citant comme la plus parfaite parmi les femmes que vous estimiez beaucoup, qu'elle était fort à plaindre et armée d'un grand courage. Son mari vivait alors. En Italie, vous avez appris qu'elle était veuve, et vous avez dit : « Ma foi, je ne le regrette pas pour elle. » Depuis, nous n'avons rien dit qui portât sur son passé. Je ne me serais pas permis la moindre curiosité, et même en ce moment je ne voudrais pas être initié sans sa permission...

— J'ai la permission, reprit le baron. Son histoire tient en peu de mots, la voici :

» Elle avait déjà vingt ans quand elle s'est mariée. Jusque-là, elle n'avait pas voulu songer à quitter son père, le général de T..., toujours malade et souffrant de violentes douleurs par suite de ses blessures. Sa mère ne valait rien, et, quand je dis rien, tu sais que c'est beaucoup dire. Je ne suis pas intolérant, et, tout vieux garçon que je suis, je plains beaucoup la situation faite aux femmes du monde par l'immorale hypocrisie des temps où j'ai vécu. Celle dont je te parle rendait sa fille si malheureuse, que le mariage s'offrit à elle comme un refuge.

» C'est là une mauvaise position pour faire un très-bon choix. On est moins difficile qu'on ne le serait, si on était moins pressé d'en finir. Parmi les gens dont sa mère s'entourait, elle avisa le plus âgé, le marquis d'Elmeval, un homme charmant d'esprit et de manières, qui avait fait beaucoup de folies, mais qui était devenu hypocrite et ambitieux avec les ans et les circonstances, et qui, épris d'elle assurément, la sachant riche et la voyant vertueuse, sut lui persuader qu'il était le meilleur et le plus corrigé des hommes. Habituée à soigner un vieillard, la pauvre Yvonne ne s'effraya pas de l'idée que son mari serait aussi un vieillard avant qu'elle eût fini d'être jeune. Elle trouvait dans l'entourage de sa mère les jeunes gens insupportables de sottise et de nullité, et elle avait raison. Elle crut trouver du sérieux dans l'aimable causerie du marquis. Il eut à son service toutes les belles et bonnes idées dont elle s'était nourrie avec son père, qui était un homme de mérite. Et puis une jeune fille ne se doute guère de ce que peut être un homme dépravé. Bref, en croyant faire le plus raisonnable des mariages, elle fit la plus grande des folies.

» J'étais absent alors, je voyageais avec ce cher neveu que j'ai perdu, et dont la santé m'inquiétait déjà beaucoup ; je sus le mariage d'Yvonne trop tard pour l'empêcher.

» Le marquis d'Elmeval, que je te présente non pas comme un homme odieux, mais comme un esprit faussé et un cœur usé sans ressources, s'était peut-être flatté d'aimer sérieusement sa femme ; mais il n'en vint pas à bout. Il était trop tard pour qu'il pût se passer d'une vie d'excitation et de plaisirs déréglés. La chasteté d'Yvonne l'étonna sans le charmer : il la vit si incorruptible, qu'il n'osa pas y porter atteinte ; d'ailleurs, il était trop fin pour chercher à démoraliser cette jeunesse destinée à survivre à la sienne. Il s'ennuya de la pureté de la vie conjugale ; je crois aussi qu'il fut très-piqué, lui qui avait encore des prétentions, de ne pas inspirer de passion à cette jeune femme qui le traitait avec un respect filial. Il ne se fâcha ni ne se plaignit ; mais, au bout d'un an, il y avait scission absolue dans leur intimité, et il courait de plus belle les amusements qui ne rajeunissent pas.

» Yvonne se vit délaissée sans y rien comprendre. Elle était mère et se croyait à l'abri du chagrin ; toute l'énergie de ses affections s'était concentrée sur cet unique enfant. Elle eût voulu l'emporter à la campagne et lui consacrer tous les instants de sa vie ; mais le marquis haïssait la campagne, et, comme

il nourrissait l'espoir d'une haute position, il tenait
à ce que son salon ne désemplît pas. Il trouvait que
sa femme en faisait parfaitement les honneurs, et
lui permettait ainsi de mener de front ses intérêts et
ses plaisirs. La révolution de février le surprit au
milieu de ses rêves et lui porta un coup mortel. Il
perdit tout à coup l'énergie factice qui avait soutenu
son activité. Il essaya d'être républicain sans conviction; il perdit la tête, il tomba malade, et du
jour au lendemain le vieux beau devint un vieux
laid, cacochyme, irrité, quinteux, despote insupportable, maniaque, malheureux, et voulant que personne ne fût plus heureux que lui. C'est la fin de
ces hommes qui n'ont pas assez de cœur pour faire
pardonner leurs vices; mais ces fins-là ne finissent
pas toujours assez vite; le marquis a langui plus de
six ans sans pouvoir ni vivre ni mourir. Sa femme a
tout supporté avec un dévouement et une patience
inaltérables. En dépit de ses efforts pour se rattacher
au gouvernement nouveau, le marquis s'est vu
abandonné de tous ceux qu'il avait caressés tour à
tour sous les deux régimes précédents. Il s'est
acharné à ne pas quitter Paris, espérant être quelque chose, avoir une influence quelconque, jusqu'à
son dernier souffle de vie. Malgré les soins de la
marquise pour lui conserver quelques relations ca-
pables de le distraire, comme il n'avait jamais eu
d'amis sérieux, la solitude s'est faite autour de lui,

et, quand cet homme riche et bien né s'est éteint au milieu des agitations politiques d'un règne nouveau, personne ne s'en est aperçu.

» Ceci t'explique comment la marquise, n'ayant plus de son côté aucun proche parent et ne trouvant, dans la famille en partie éteinte de son vieux mari, aucun appui et aucun obstacle, a pu mettre ordre à ses affaires, quitter un monde qui se disloquait sans songer à elle, et venir ici achever son deuil avec le désir et le projet de se retirer tout à fait dans une vie d'entière liberté maternelle.

Après ce récit, le baron me parla de l'avenir de la marquise avec un épanchement complet, et je me prêtai à ces confidences de manière à le confirmer dans l'opinion d'un entier désintéressement de ma part. On se rappelle qu'en lui écrivant de longues lettres, où je lui parlais d'agitations intérieures et de victoires remportées sur moi-même, je ne lui avais fait pressentir en aucune façon que la marquise pût m'inspirer jamais une folle passion ; c'est à ce point qu'il avait accusé en lui-même l'inoffensive beauté de mademoiselle Roque de porter le trouble dans mes esprits, et que depuis quelques jours seulement il en était dissuadé. Était-ce donc pour me sonder et m'observer sur un autre point qu'il me parlait ainsi à cœur ouvert de madame d'Elmeval? Cet examen n'eût pas été d'accord avec la franchise nette et ferme de son caractère et de ses habitudes.

11.

Je dus croire qu'il s'abandonnait pour son compte au plaisir de penser tout haut à sa jeune et digne amie.

— Son avenir me préoccupe beaucoup, disait-il. Voilà une femme adorable qui n'a pas connu l'amour. Elle a cru trouver l'amitié dans le mariage; elle n'y a même pas trouvé ce sentiment d'estime qui, dans le cœur d'une femme vertueuse, ne remplace pas l'amour, mais amortit respectueusement l'absence d'une vive affection. Elle a contemplé pendant près de dix ans l'égoïsme grimaçant ses vilaines souffrances à son côté, et la voici dans toute sa floraison de santé morale et physique, cette belle Ariane, délivrée du monstre! Où est le Thésée qu'elle voudra suivre? En connais-tu un qui soit digne d'elle?

— Non; et vous?

— Qui sait? Je cherche! Si j'avais seulement quarante ans de moins et la figure que je n'ai jamais eue, je ne chercherais pas longtemps. Je serais sûr de l'aimer tant et si bien, qu'elle serait la plus heureuse des femmes; mais je suis venu trop tôt ou elle est venue trop tard. Il est rare que les âmes se rencontrent dans cette vie à l'heure propice et sous les dehors qu'il faudrait. Elle est certainement la seule femme que j'aurais pu aimer et pour qui j'aurais sacrifié sans regret mes études et mes habitudes. Malheureusement, j'ai toujours été laid comme un singe, et, quand même j'aurais eu la jeunesse, je n'aurais pas eu le prestige. Au moins le marquis avait encore une jolie figure à cinquante-cinq ans ; mais avec sa figure je n'aurais pas été plus avancé. Jamais je ne me serais contenté de l'amitié d'une femme comme Yvonne. N'es-tu pas étonné qu'elle n'inspire pas quelque grande passion, que quelque enragé sans espoir ne l'ait pas suivie et ne rôde pas la nuit sous son balcon ?

— On n'est pas enragé quand on n'a pas le moindre espoir, répondis-je, et, d'ailleurs, les hommes de ce temps-ci se piquent de n'avoir plus de jeunesse. L'amour est passé de mode, il tend à disparaître, comme tout ce que l'hypocrisie change en vice, ou la cupidité en calcul.

— Eh bien, voyons, reprit le baron après une pause, qu'est-ce que tu penses de ce la Florade, qui érige en principe l'amour avant tout et au-dessus de tout ?

— Mon ami, répondis-je avec le calme d'un homme qui se réveille dans une autre vie après avoir rompu avec toutes les joies de la terre, parlez-moi ouvertement. La Florade est épris de la marquise, je le sais ; la marquise songe à se remarier, cela doit être, et vous n'êtes pas éloigné de protéger la Florade ? Voilà pourquoi vous m'interrogez.

— Il n'y a de certain que le premier point, dit le baron. Quant au second, je n'en sais rien ; quant au troisième, je te consulte, et ton opinion fera la mienne.

Cette fois, je ne devais point être arrêté par un vain scrupule. J'avais un devoir trop sérieux à remplir ; je rappelai au baron le portrait bien fidèle que, sans le nommer, je lui avais tracé de la Florade dans mes lettres. Je soumis à son jugement le bien et le mal que je pensais de son caractère, je lui racontai l'histoire de la Zinovèse et plusieurs autres qui m'avaient été dites à bord de *la Bretagne* et à Hyères. Selon la chronique, la Florade avait plu à beaucoup de femmes, et ne s'était abstenu d'aucune ; il avait des victimes éplorées sur tous les rivages de l'Océan et de la Méditerranée. Les maris cachaient leurs femmes, et les pères leurs filles à son approche. Tout cela, dans le pays de l'exagération, était exagéré sans nul doute ; mais il n'en ressortait pas moins une légèreté de conduite et une facilité d'embrasement qui me paraissait à redouter dans le mariage, ou une mobilité d'imagination qui, à mes yeux, contrastait péniblement avec la dignité et la pureté de cœur d'une femme comme la marquise.

— Tu as raison, tu as raison ! répondit le baron, il n'y faut point du tout penser.

Cela était facile à dire ; mais qui nous prouvait que la marquise n'y avait point pensé déjà ? Je n'osai pas émettre ce doute ; il ne m'appartenait pas de veiller sur cette femme et d'épier les secrets de sa

méditation. Pourtant j'exprimai au baron mon étonnement sur un point capital. La Florade était sans
fortune, presque sans nom; bon et brave officier
sans doute, mais trop jeune encore pour avoir une
grande consistance assurée dans l'avenir. D'où vient
que le baron n'avait pas été frappé tout d'abord de
la disproportion des convenances?

— Pour ce qui est de cela, répondit-il, je connais
la marquise, et je sais qu'elle ne s'y arrêterait pas
un instant, si elle rencontrait un homme de mérite
qui l'aimât véritablement. Je sais bien qu'elle devra
y prendre garde, sa position peut tenter un ambitieux; mais, si Dieu me prête vie, et qu'elle ne s'é-
loigne pas de moi malgré moi, j'y veillerai cette
fois!... Quant à elle, je trouve qu'elle a bien le droit
de ne pas demander autre chose à un homme d'honneur qu'un dévouement absolu et durable, et elle
fera bien de ne pas le prendre plus âgé qu'elle. Elle
a bien été assez garde-malade. Il est temps qu'elle
trouve un cœur jeune pour l'adorer et un bras solide
pour la soutenir.

— Mais le monde?

— Le monde est partout pour les bons esprits. On
se trouve tout aussi bien entouré par ce qu'on appelle
les petites gens que par les grands, quand ces petites
gens ont de l'âme et du jugement. Or, dans le cours
de ma vie de soixante et douze ans, j'ai pu m'assurer
d'un fait, c'est qu'il n'y a pas de classe privilégiée

dans les règlements de là-haut. La sagesse et la
bonté tombent partout du ciel, comme le soleil sur
les plantes, et dans tous les terrains de la plaine, à
tous les étages de la montagne, il y a des ombres
malsaines, des insectes nuisibles, des oiseaux vora-
ces qui détruisent la graine malade ou errante à
côté de la graine qui s'enfonce et prospère. Tu m'as
toujours vu rechercher avec le même intérêt des personnes placées très-haut et d'autres placées très-bas
sur l'échelle sociale. C'est que moi, l'homme des
habitudes régulières et le défenseur des choses nor-
males, je n'ai rien trouvé dans ma provision d'expérience qui me fît priser ou chérir une classe plus ou
moins qu'une autre classe. Croire que, pour être
aimé et compris, il faut des gens qualifiés, décorés,
vêtus, dressés de telle ou telle façon, est le plus vain
des préjugés. Je trouverais ridicule un républicain
qui ne pourrait supporter que des gens en blouse, et
tout aussi ridicule un aristocrate qui se trouverait
mal à l'aise et déplacé au milieu des blouses. Sous
ce rapport, la marquise pense absolument comme
ton vieux ami. Elle ne s'ennuie et ne se déplaît qu'a-
vec les sots et les prétentieux, quelle que soit leur
livrée. Elle s'intéresse et s'épanche avec quiconque
a du cœur et de la raison.

— Et son fils? repris-je.

— Son fils ne perdra rien à penser comme elle,
et comme à sa majorité il pourra vivre à sa guise,

grâce à son sexe et à sa fortune indépendante, s'il lui plaît de retourner au grand monde, il y portera de meilleures idées et de meilleurs sentiments que ceux que lui eût inspirés monsieur son père.

— Parce que vous supposez que le second mari de sa mère sera un homme de mérite, qui la secondera dignement dans cette éducation, qui l'aimera, lui, qui le rendra heureux, qui ne sera pas jaloux de la passion maternelle, qui ne lui préférera pas ses propres enfants... Ah! que de devoirs sacrés pour un homme de bien! Mais que les hommes de bien sont rares!

— C'est parce qu'ils sont rares que, si on en rencontre un, il faut ne pas hésiter à le choisir, fût-il le plus pauvre et le plus obscur des hommes. Voilà le conseil que je donnerai à la marquise le jour où elle me consultera.

Cet entretien avec le baron me fit du mal. J'y rêvai toute la nuit, et il me sembla voir en lui une secrète intention d'encourager un rêve de bonheur qu'il avait deviné en moi, ou qu'il cherchait à y faire naître. Et puis je m'épouvantai de ma présomption, et je recommençai à trembler que la Florade ne fût aimé.

Deux jours plus tard, comme, après une nouvelle froidure, le temps était redevenu superbe, Marescat vint nous chercher avec deux voitures pour nous mener tous à la promenade. La marquise connaissait

déjà presque tous les beaux sites des environs, et
elle nous fit conduire aux grès de Sainte-Anne, au
delà des gorges d'Ollioules, dans une gorge de montagnes qu'elle avait découverte. Les abords en sont
pourtant très-fréquentés, puisque la route de Marseille passe tout auprès des derniers mamelons de
cette chaîne. Les voyageurs ont pu remarquer et les
itinéraires signalent une ou deux buttes de forme
singulière qu'on prendrait, disent les derniers, pour
de gigantesques œufs blancs amoncelés. Ce sont des
amas d'un sable très-légèrement cohérent, qu'une
croûte plus ferme a maintenus en boules pétries et
mêlées ensemble à leur base. On commence à ex-
ploiter ces sablières pour la verrerie [1], et on les
aura bientôt détruites, sans égard pour l'intérêt géologique ; mais ce qui subsistera, ce qui est beaucoup
plus intéressant et nullement connu, c'est le puissant
rempart de grès friable qui, au temps des grands accidents terrestres, s'est redressé au delà de ces buttes, qui n'en sont que les derniers remous détachés.
Ce rempart ou plutôt cet amas de sable, de deux à
trois cents mètres d'élévation, semble s'être arrêté
et coagulé entre deux remparts plus solides et plus
anciens formés par un redressement calcaire, dernier pli des grands calcaires d'Ollioules. Un cata-
clysme postérieur ou une action lente a emporté une

---

1. On s'en sert à Montluçon, dit-on, pour polir les miroirs,

partie du sable et creusé une étroite et profonde
vallée entre les deux parois de l'arête restée debout.
Cette arête de grès tendre adossée au calcaire qu'elle
empâte et cache en grande partie offre, sur un de ses
bancs en particulier, les accidents les plus fantastiques ; l'infiltration des pluies , par d'invisibles
fissures, a creusé la roche en mille endroits, et des
niches arrondies, tantôt en arcades surbaissées, sou-
tenues par des piliers inégaux et trapus, tantôt en
cellules profondes comme les alvéoles d'une ruche
colossale, criblent la montagne du haut en bas à
tous les plans, aussi bien sur les hautes parois que
sur les grosses buttes détachées qui accidentent gracieusement les contours de la gorge.

Autour de ces buttes et le long de la muraille
ébréchée que percent tout en haut des dents calcaires, le terrain s'est aplani et comme nivelé sous
un détritus de sable fécond, et on s'y promène littéralement parmi des tapis de fleurs, sur des sentiers
d'un sable fin, sec et blanc, que la pluie a formés
avec ce mouvement fantaisiste dont la main de
l'homme ne saurait égaler la souplesse. C'était la
vraie promenade qui convenait au baron, dont le
jarret était encore ferme, mais la respiration courte.
Il pouvait donc errer là avec moi, convalescent,
durant des heures entières, parmi tous ces gracieux
méandres, à l'abri du vent et sous l'ombrage de la
forêt qui remplit la gorge. Le long des buttes, les

arbres clair-semés forment de charmants massifs où l'arbousier, toujours vert, domine, et où le soleil faisait tomber de grandes lumières chaudes et riantes sur les tapis bleus de l'aphyllanthe fleurie. C'était un jardin naturel d'une belle étendue et d'une grande variété d'aspects, les accidents bizarres de la montagne formant une suite de tableaux inattendus.

Le baron critiqua d'abord un peu la bizarrerie du site géologique, mais il fut promptement gagné par le charme de la végétation environnante et par la belle couleur de ces masses de grès, énormes blocs compactes dont la gangue durcie s'est couverte d'une mousse noirâtre. A mesure que nous avancions, la forêt devenait plus serrée et les formes de la montagne plus sauvages. On eût dit tantôt d'une ville inaccessible destinée à des êtres d'une nature inconnue, tantôt d'un amas confus d'ossements antédiluviens aux dimensions insensées. Ailleurs, c'était un écroulement effroyable avec des débris géants, plus loin une fantaisie d'architecture colossale appartenant à quelque race éteinte des temps fabuleux. Une de ces roches haut montée sur une sorte de piédestal informe, vue et éclairée d'une certaine façon, représentait une statue de lion fantastique assis au-dessus de la cime des pins et dominant de son impassibilité barbare la fraîcheur de l'oasis semée sur les ruines de son temple écroulé.

Les niches innombrables tournaient la tête au

petit Paul, qui voulait grimper dans toutes. Elles
sont pour la plupart inaccessibles. Quelques-unes
ont servi de refuge aux bûcherons durant les pluies,
et on y monte par des entaillures faites de main
d'homme dans la roche. D'autres, à mi-côte ou sur
le sommet des buttes, paraissent très-faciles à explorer; mais la mousse courte et adhérente, le mouvement arrondi des dômes sans aucune aspérité
pour arrêter le pied, rendent l'escalade dangereuse.
Après avoir examiné le terrain, je permis à l'enfant
de se risquer pieds nus, avec Marescat, qui était
prudent et paternel, sur une masse inclinée d'une
grande étendue, où un sentier tracé dans la mousse
était de plus indiqué par des croix entaillées dans
le grès. Quand ils eurent disparu derrière une région
un peu plus élevée, madame d'Elmeval fit contre
fortune bon cœur; mais, lorsque Paul n'était plus
sous ses yeux, elle devenait visiblement préoccupée.
On s'assit sur les rochers et sur les fleurs pour attendre le retour de l'enfant bien-aimé, et mademoiselle Roque, qui commençait à savourer le charme
de la vie au grand air, s'éloigna un peu pour explorer le ruisseau qui formait, au milieu du vallon,
de ravissantes cascatelles.

Nous étions là depuis un quart d'heure, et la marquise interrogeait à chaque instant le sentier sans
nous avouer son malaise, lorsqu'un cri de Nama la
fit tressaillir. Elle fut debout avant que nous eussions

levé la tête; mais l'attitude et la physionomie de mademoiselle Roque, qui était fort près de nous, sur une éminence, nous eurent bientôt rassurés. Elle voyait Paul avant nous, et agitait son mouchoir en signe de bienvenue. Mademoiselle Roque, bien qu'elle montrât beaucoup d'affection pour le petit Paul, n'était pas habituellement si démonstrative. Bientôt son cri de joie nous fut expliqué. Paul, riant et chantant, descendait la montagne sur les épaules de la Florade, qui nous le rapportait au pas gymnastique, et que le gros Marescat avait peine à suivre.

Comment s'était-il trouvé là? Quelle navigation aérienne avait fait aborder le lieutenant de marine au sommet de ces récifs terrestres pour recevoir à point nommé le fils de la marquise *à bord* de ses épaules? Nama l'avait-elle averti secrètement de notre but de promenade? ou bien Pasquali par hasard? ou bien encore la marquise elle-même? Il n'y avait donc pas de solitude inconnue aux promeneurs toulonnais où l'on ne dût voir apparaître ce beau gymnaste et ce grand marcheur? Je me rappelai douloureusement la première promenade que j'avais faite avec madame d'Elmeval à la forêt et à la chapelle de Notre-Dame-de-la-Garde. Elle m'y avait donné rendez-vous; je devais l'y rencontrer par hasard: rien n'était plus innocent. La même simplicité de relations s'était-elle établie avec la Flo-

rade? Mais qui l'empêchait alors de partir ostensi-
blement avec nous? Cette apparition, qui ne surprit
et ne troubla que moi, me fit sentir que j'avais toujours des frissons de fièvre.

Je regardai la marquise, qui me parut encore plus
émue et plus charmée que mademoiselle Roque. Le
retour de Paul, si impatiemment attendu, était-il
l'unique cause du rayonnement de son regard? Tout
à coup elle se troubla.

— Docteur, me dit-elle, cela me fait mal de voir
votre ami courir sur ces roches glissantes! S'il tombait avec Paul! Criez-lui donc de s'arrêter.

Elle oubliait que j'avais encore de la peine à parler et qu'un cri me déchirait la poitrine. Je criai
quand même, et je courus au-devant de la Florade.
J'étais si essoufflé du moindre effort, que je ne pus
dire un mot; mais je lui fis ralentir le pas avec un
geste d'autorité qu'il comprit.

— Est-ce que madame d'Elmeval est par là?
osa-t-il répondre, quoiqu'il la vît fort bien.

Il mit Paul sur ses pieds, et, m'offrant son
bras :

— Voyons, mon pauvre camarade, reprit-il avec
un aplomb enjoué et affectueux, ça ne va donc pas
encore? C'est un peu loin pour vous, cette promenade! Et puis il fait chaud!

— C'est Pasquali qui vous a dit où nous étions?

— Pasquali? Je l'ai rencontré à Ollioules, où

il vous attend pour que vous le rameniez à la
Seyne.

— Avec vous?

— Non, j'ai à Sainte-Anne une carriole. J'allais
me promener à Évenos; mais ce que Pasquali m'a
dit des grès de Sainte-Anne m'a donné envie de les
voir. Je viens d'y grimper par le revers du côté du
hameau. C'est très-curieux!

Nous arrivions auprès de la marquise. Il débita
son récit avec assurance et baisa la main de Nama,
qui baisa sa propre main aussitôt à la dérobée d'un
air de respectueuse dévotion. Quel sentiment mixte
cette fraternité fictive faisait-elle naître ou endor-
mait-elle dans le cœur de la métisse? Je fus frappé,
comme l'avait été le baron, de la chasteté de son
attitude souriante et charmée; mais je ne m'en
préoccupai qu'un instant. Il m'importait bien davantage d'étudier la marquise et la Florade. C'était la
première fois que, depuis ma maladie, je les voyais
ensemble.

La Florade faisait visiblement pour l'approcher
des efforts d'audace extraordinaires. Il n'avait point
l'usage du monde bien librement acquis; mais la
tenue aisée et ferme du marin militaire remplaçait
chez lui le convenu, et le remplaçait agréablement,
je dois le dire. Il ne pouvait pas être gauche, quelque troublé qu'il fût intérieurement, et ce trouble se
traduisait alors par un élan de précipitation heu-

reuse et dévouée qui ajoutait à son charme naturel.
Fort, agile, bien portant et bien trempé, jeune jusqu'au bout des ongles, expérimenté, sinon avec
l'amour vrai, du moins avec la femme, il savait deviner et prévenir les moindres fantaisies, caresser
les faiblesses, adorer les caprices, ne s'alarmer
d'aucune froideur, ne se blesser d'aucun refus,
croire toujours en lui-même, espérer toujours de la
faiblesse du sexe, et se laisser manier comme un
cheval ardent et docile qui frémit de joie au moindre
appel de la volonté.

Tout ce que je dis là était résumé dans l'attitude
de la Florade auprès de la marquise, et je devais le
dire pour expliquer la persistance de son espoir
devant la sérénité polie et froidement obligeante de
l'accueil qui lui fut fait. Il eût voulu être grondé
plutôt que reçu ainsi. Il fit son possible pour alarmer
la marquise sur la manière gaillarde dont il avait
porté l'enfant à travers les petits dangers de la montagne ; il parla même de recommencer. Il eût donné
l'univers pour un mot d'inquiétude ou de reproche
qui lui eût permis de dire qu'avec Paul dans ses
bras il pouvait marcher sur les eaux ou voler dans
l'espace. Et il l'eût dit sans trop de danger de faire
rire, car il l'eût dit avec cette ardeur de passion qui
désarme ; mais il ne put pas le dire : la marquise,
soit finesse supérieure à la sienne, soit indifférence
réelle, le tint constamment à cette distance où il est

impossible de lancer une déclaration sous forme de métaphore.

Elle s'était levée pour partir; mais, avant tout le monde, elle remarqua que j'étais fatigué, et, se rasseyant :

— Le docteur a couru, dit-elle, c'était trop tôt! Donnons-lui le temps de se remettre.

La Florade n'était pas homme à mordre ses lèvres avec dépit. Il s'occupa de moi au contraire avec une sollicitude extrême. Il semblait dire à la marquise : « J'aime tout ce que vous aimez, en attendant que vous m'aimiez seul. » Il n'était pas invité à s'asseoir dans le groupe, il vint se percher près de moi pour me questionner sur ma toux, sur mes insomnies, de l'air le plus naturel et le plus affectueux. Et puis il trouva moyen de reconquérir le baron, qui était froid pour lui, en le prenant pour arbitre d'une discussion qui avait eu lieu entre les érudits du bord à propos d'un texte latin que, grâce à sa bonne étoile, il entendait dans le même sens que M. de la Rive. Et puis Paul, qui l'adorait, le retint au moment où il se voyait forcé de partir, et il eut des yeux d'aigle pour apercevoir un nid d'oiseau dans une crevasse de rocher. Il fit monter l'enfant debout sur son dos, afin qu'il pût y atteindre. Il tua d'un coup de talon, avec une adresse crâne, un serpent qui effrayait Nama. Il fit pour Paul une botte de fleurs, espérant que la marquise y puiserait, et sauta vingt fois le ruisseau sans être essoufflé ni en transpiration, et n'ayant pour tout indice de surexcitation que ses arcades sourcilières et ses paupières inférieures injectées d'un sang rose et pur. Je l'étudiais physiologiquement, et il me semblait impossible que cette gracieuse plénitude de vie ne fût pas un irrésistible aimant pour la femme la plus méfiante et la mieux gardée.

Il trouva moyen de nous suivre, ou plutôt de nous précéder jusqu'à Ollioules, faisant allonger son cheval de louage beaucoup mieux que Marescat ne pouvait activer ses vieilles bêtes, faisant ranger les autres voitures, les charrettes, les piétons, tout ce qui pouvait gêner ou inquiéter le trajet de la marquise sur cette route coupée d'angles de montagne et bordée de précipices. A Ollioules, il prit Pasquali dans sa carriole, afin de lui parler de la marquise, et aussi afin d'avoir occasion de la faire arrêter un peu plus loin, pour lui rendre *son passager*. Il ne manqua pas d'aller la saluer encore et de lui demander quel jour elle voulait choisir pour visiter *la Bretagne*. Il offrait son canot, ses hommes, son bras, sa tête, son cœur, tout cela dans un regard. Elle n'accepta et ne refusa rien. Elle était préoccupée. Cachait-elle ainsi une émotion secrète? Je fus étonné de voir le baron inviter la Florade à déjeuner pour le lendemain avec Pasquali.

— Oui, oui, cela t'étonne, me dit-il quand nous

13

fûmes seuls en cabriolet, Pasquali étant monté avec
Marescat sur le siége de la calèche; mais il faut te
dire que les la Florade sont plus à craindre de loin
que de près, et que j'aime mieux lui donner ses en-
trées franchement que de le voir rôder sous les
fenêtres.

— Vous commencez donc à craindre...

— Pour le repos de la marquise? Non; mais un
don Juan amoureux et sincère peut compromettre la
réputation d'une femme par des étourderies, si on
irrite sa passion. Et puis je ne veux pas qu'il aille
s'imaginer qu'on enferme celle-ci et qu'on la surveille
parce qu'on le craint. Demain, je le conduirai chez
elle. Il ne la connaît pas assez, vois-tu; il s'imagine
qu'on peut oser avec elle comme avec toutes les
femmes, et que l'occasion seule lui manque. Selon
moi, la véritable dignité d'une mère de famille n'est
complète qu'à la condition de ne pas fuir devant ces
prétendus dangers qui n'existent que dans les ro-
mans. Les romanciers, mon cher enfant, ne mettent
pas volontiers en scène les femmes vraiment fortes;
ils ont peur qu'on ne les trouve invraisemblables ou
ennuyeuses. Le roman a besoin de drames et d'émotions, par conséquent de personnages qui s'y prê-
tent par nature et à tout prix; mais le roman est
une convention, et l'art cesserait peut-être de nous
sembler de l'art, s'il voulait être absolument gou-
verné comme la vie. Ici, nous sommes dans la réalité,

mon ami, et nous ne souffrirons pas que M. la Florade nous jette dans le roman. Laissons-le venir, et nous verrons bien si ses prétentions survivront à un tête-à-tête avec la marquise.

— Vous avez fait part de vos idées sur ce point à madame d'Elmeval?

— Oui, et elle les approuve d'autant plus en ce moment, j'en suis sûr, que la Florade vient de nous montrer son audace.

— Prenez garde, mon ami, de vous exagérer la force de l'ennemi. La Florade est aisément guéri d'une passion par une passion nouvelle. Peut-être, si on avait la patience de l'éconduire poliment pendant quinze jours, serait-il consolé, ce qui vaudrait mieux que d'avoir été vaincu.

— Mais je tiens à ce qu'il soit vaincu, moi! répliqua le baron. J'y mets mon amour-propre d'ami enthousiaste de la marquise, et je me soucie fort peu que ton la Florade soit désolé ou non. Un homme de ce caractère peut souffrir, et on ne doit rien à celui qui s'embarrasse si peu de faire souffrir les autres.

Tout en parlant ainsi de la Florade, le baron avait peut-être un peu de dépit contre lui-même, et, pour faire comprendre ce mélange de bienveillance et d'antipathie, je dois esquisser, plus particulièrement que je ne l'ai encore fait, le caractère du baron.

Si la forme extérieure est généralement le moule

ou le reflet de l'homme intérieur, il faut reconnaître
pourtant un grand nombre d'exceptions, et à première vue le baron en était une. Il était petit, maigre
et assez bien proportionné ; mais sa figure, franchement laide, comme il le proclamait lui-même en
toute occasion, faisait naître l'idée d'un esprit très-
vulgaire et d'une âme sans élévation. Il avait les
traits vagues, avortés pour ainsi dire, l'œil terne, le
regard distrait, le sourire sans expression. Cela tenait à des excès de travail et à de longues veilles qui
avaient fait arrêt de développement dans sa jeunesse.
Plus tard, il avait lutté contre deux ou trois mala-
dies graves avec un grand courage, une remarquable
patience, et sans que l'activité de l'esprit parût en
avoir souffert. Sa vie était donc le résultat de victoires remportées autant par sa volonté que par les
secours de l'art, et sa figure annonçait une fatigue
dont l'âme ne se souvenait plus, mais dont elle gardait l'empreinte ineffaçable.

Quand on connaissait le baron, quand on l'avait
étudié à toute heure, on arrivait à découvrir dans sa
physionomie terne le rayon de son esprit toujours
vif et clair, l'énergie toujours soutenue de sa vitalité
physique et artificielle, mais durable. Le sourire qui
effleurait à peine ses lèvres flétries, le regard qui
passait comme un éclair dans ses yeux myopes,
avaient une grande signification et même un grand
charme. Il fallait les saisir au vol, les deviner peut-

être, ces rayons fugitifs du sentiment intérieur, car
la contraction nerveuse les traduisait parfois d'une
manière infidèle ; mais, pour qui connaissait les trésors de dévouement et de bonté de cet homme rare,
tout plaisait en lui, même sa laideur. Le baron n'était
peut-être pas né avec de grandes facultés intellectuelles. Il avait plus d'aptitude que de mémoire,
plus de déductions que d'inductions à son service.
Il était en un mot de ces hommes qui, ne sentant
pas en eux une spécialité pour les appeler et les
aider, veulent étendre le cercle de leurs connais-
sances à tous les sujets. Il avait donc lutté contre
son être intellectuel, comme il avait lutté contre son
être physique, et, là aussi, il avait vaincu. Il était
devenu ce qu'il voulait être, un homme très-instruit,
pensant bien, jugeant tout avec un grand sens, et
tirant de ses lumières le secret de son bonheur moral. Il était devenu philosophe pratique en étudiant
l'histoire, éclectique dans la bonne acception du mot
en examinant toutes les théories. L'enthousiasme,
le feu sacré lui avaient toujours manqué ; mais que
de raison, de tolérance et de sécurité bienfaisante
dans ces âmes où le jugement acquis s'appuie sur la
bonté naturelle! Quel paternel refuge pour les âmes
troublées! Quel appui solide et sûr pour les convic-
tions généreuses !

En présence de la Florade, cette autre exception,
cette antithèse vivante qui épuisait la vie en croyant

la développer, le baron était indécis et troublé pour
la première fois peut-être. Il avait envie de le con-
damner et de le haïr, il avait besoin de l'excuser et
de l'aimer. J'ai eu souvent lieu d'observer ce combat
intérieur que la Florade, sans l'expliquer, devinait
fort bien instinctivement, et que je subissais moi-
même sans m'en étonner et sans vouloir m'y sous-
traire.

La présentation à domicile eut lieu. La marquise
se montra calme et bienveillante. La Florade fut plus
réservé qu'il ne l'avait été la veille. Lui aussi sentait
l'influence de ce milieu austère, de cet intérieur chaste
où la maternité semblait veiller et ne pas craindre
la surprise de ces voleurs du dehors dont parle l'Écriture. Au bout de cinq minutes, le baron prit mon
bras pour aller voir Pasquali, et la Florade resta debout près du banc de coquillages où la marquise
aimait à s'asseoir. A quelques pas de là, Paul jouait
avec le petit âne; à dessein ou fortuitement, mademoiselle Roque était je ne sais où : la Florade pouvait parler.

Je ne sus rien par le baron de ce qui s'était passé.
Il n'interrogeait jamais la marquise, et je comprenais bien cette exquise délicatesse du confesseur qui
attend les confidences. La marquise ne parla point ;
mais, le lendemain, je vis la Florade chez Pasquali.
Il était bouleversé, fiévreux, irritable.

— Voyons, docteur, me dit le bon et rond Pas-

quali, qui commençait à me tutoyer, viens donc
m'aider à calmer cet animal-là ! Sais-tu qu'il est
jaloux de toi comme un tigre ?

— Eh bien, oui, s'écria la Florade, moitié riant,
moitié provoquant ; je suis jaloux de toi, docteur
endiablé !

— Il me tutoyait, lui, pour la première fois.

— Nous sommes ici dans le sanctuaire de la sincérité, dans la maison où l'on dit tout haut ce qu'on
pense, et devant l'homme qui ne comprend rien aux
artifices du langage, aux fausses convenances du
monde. Nous voici deux marins, et toi, le savant,
l'expérimenté, l'homme à grandes relations, tu es
tout seul. Ta réserve ne tiendra pas contre notre
besoin de vérité : nous te sommons, lui et moi, de
la dire. Es-tu amoureux de la marquise ?

Je répondis sèchement un *non* bien articulé, et
j'attendis la suite de l'assaut.

— S'il dit non, c'est non, reprit Pasquali en voyant
le sourire de doute de la Florade. Le docteur est
un homme, et, s'il dit non sans qu'on le croie,
tu mérites une gifle, et c'est moi qui vais te la
donner.

La Florade se mit à rire comme un homme habitué
à ces paternelles menaces, et, me prenant la main
avec une force convulsive :

— Je te crois, dit-il ; mais donne-moi ta parole
d'honneur.

— J'ai dit non, répondis-je, et je veux que cela suffise. Après ?

— Oui, c'est juste, reprit la Florade. Eh bien, puisque tu n'aimes pas, tu n'es pas aimé ?

— Cela va sans dire, observa Pasquali.

— Alors ? dis-je à mon tour.

— Alors, s'écria la Florade, tu ne dis pas de mal de moi à la marquise ?

— Je ne dis pas de mal de vous à la marquise en ce sens que, si j'ai eu occasion de parler de vos défauts, j'ai parlé beaucoup plus de vos qualités.

— Mais tu me hais ou tu me méprises ! s'écria-t-il en me menaçant de son regard de feu ; tu ne veux pas me tutoyer ?

— Je t'aime et ne te méprise pas ; je te plains souvent, je te blâme quelquefois. Qu'est-ce qu'il y a encore ?

Il se jeta dans mes bras, et, pleurant comme un enfant :

— Ne me juge pas trop sévèrement, s'écria-t-il ; ne dis pas au baron, qui *lui* redit tout, que je suis un Lovelace de bord, un don Juan de guinguette, un libertin, un sot, un étourdi, un homme sans cœur, sans conduite et sans cervelle. Je ne suis rien de tout cela, vois-tu ! Je suis un bon garçon, un enfant, si tu veux. J'aime cette femme à en mourir, et elle ne m'aime pas, et je ne peux rien lui dire pour me faire aimer. Elle me fait peur, elle est plus qu'une femme

pour moi ; c'est une divinité ou un démon. Elle me
glace et me pétrifie. Dès qu'elle a le dos tourné, je
brûle, j'enrage, j'ai des torrents d'éloquence à mon
service ; mais, si personne ne m'aide, si je n'ai pas
d'amis, de bons et vrais amis pour lui expliquer
mon mutisme d'imbécile, pour lui dire que je ne vis
plus, que je ne travaille plus, que je n'ai plus ma
raison, que je suis capable de manquer à tous mes
devoirs, de me faire casser la tête pour un mot, enfin
que je suis digne de pitié et hors de moi, jamais elle
ne saura que je l'aime !

— Alors voici la question, répondis-je, ému de
son désespoir, mais non convaincu par son raisonnement : il faut que le baron, Pasquali ou moi, nous
nous chargions de faire ta déclaration ? Est-ce sérieusement que tu nous demandes de jouer un pareil
rôle ?

— Attends donc, attends donc ! dit en s'adressant
à moi Pasquali, qui écoutait tout cela en comptant
d'un air abasourdi les bouffées de sa pipe, on sait
bien que tu es trop jeune pour porter la parole ; mais
le vieux baron ? Il ne s'agit pas ici d'une déclaration
d'amour en l'air. Quand on s'adresse à une femme
honnête et respectable, c'est une supplique en vue
du mariage, et, ma foi, toute réflexion faite, la Florade est bien posé pour son âge ; il est homme
d'honneur, il ne sait pas si madame Martin est riche
ou pauvre, dûment ou indûment titrée...

— Je ne veux pas le savoir! s'écria la Florade. Vous l'appelez marquise, et son vrai nom commence à circuler ; mais ce nom et ce titre ne m'apprennent rien, à moi qui ne connais pas le plus ou le moins d'importance relative des positions dans le monde. Notez que je ne sais absolument rien de sa fortune, que je la vois vivre comme une simple bourgeoise, et qu'elle peut n'avoir qu'un douaire très-mince, révocable même. Notez aussi que je ne sais rien de son passé. Il a été irréprochable, mes yeux et mon cœur le sentent ; mais elle a pu, elle a dû aimer quelqu'un, elle aime peut-être encore ! Elle pleure peut-être un ingrat, elle se cache peut-être, parce qu'un misérable l'a compromise. Voilà ce que j'ai le droit de présumer. Eh bien, tout cela m'est indifférent. Je suis sûr, si elle prend confiance en moi, de lui faire oublier ses peines, de venger ses injures, de faire respecter son avenir. Je lui donne tout mon être, ma jeunesse, mes deux bras, mon courage, mon âme à tout jamais, un nom que l'honneur ne désavoue pas, une volonté indomptable, une passion dévorante. Qu'est-ce qu'un autre homme lui offrira de mieux? Des écus, des parchemins? Je l'ai entendue parler, je sais qu'elle est au-dessus de tout cela, et qu'elle ne cherche que la vérité. La vérité, c'est moi, vérité farouche d'énergie et de conviction, entends-tu, docteur? c'est la bonne, c'est la seule vraie. Dis tout cela au baron, et fais qu'il le voie et le comprenne.

— Oui, oui, dites-le au baron, répéta Pasquali; moi, je ne saurais pas; mais, si vous le dites comme il vient de le dire, le vieux brave homme le croira, puisque moi... qui certes ne le gâte pas, ce drôle... me voilà persuadé que, cette fois, il aime pour tout de bon.

— La florade, répondis-je, il faut parler toi-même. En fait d'amour, on n'est éloquent et persuasif que dans sa propre cause. Va le trouver, dis-lui tout ce que tu as dit là et attends sa décision. Nul autre que lui ne peut t'aider.

— Mais on peut me nuire! s'écria-t-il avec une impétuosité soudaine. Docteur, tu blâmes mon passé, tu ne me l'as pas caché, je ne t'en veux pas. Tu m'as grondé, raillé, repris sévèrement, je t'en remercie; mais, à présent, c'est fini, entends-tu? Je suis corrigé, je suis purifié et rebaptisé par une passion vraie. J'ai rencontré la femme que je n'osais pas rêver; je la veux à tout prix. Oui, je la veux!... répéta-t-il en posant son bras nerveux sur la table, entre Pasquali et moi. Tenez, prenez une hache, si vous en doutez, et coupez-moi ce bras-là, le droit! J'y consens tout de suite, si à ce prix vous jurez de ne pas me nuire!

Il parlait avec cette *furia* méridionale qui rend acceptables toutes les hyperboles de l'exaspération.

— Finis donc, imbécile! lui dit Pasquali en secouant la table avec humeur; tu sais que je n'aime pas qu'on parle pour ne rien dire!

— Mais je dis quelque chose, reprit la Florade avec le même emportement; je ne veux pas qu'on me nuise, je ne veux pas qu'on dise au baron : « Ne croyez pas, c'est un feu de paille. » Non, je ne le veux pas; je tuerai celui qui me nuira!

J'étais à bout de patience.

— Allons nous battre tout de suite, lui dis-je en me levant; car ceci est un ordre, une menace et une provocation; j'en ai assez. Sortons.

Pasquali s'élança sur la Florade, qui me suivait, et, avec une vigueur magistrale, il le cloua sur sa chaise en lui disant :

— Et moi, je ne veux pas que tu bouges, je veux que tu expliques ta menace ou que tu la retires, ou bien je te donne ma parole que je monte à l'instant chez la marquise pour lui dire de ne jamais te recevoir.

Et, comme la Florade se débattait un peu, il lui fit, comme en dépit de lui-même, une révélation qui changea pour un instant le cours de ses idées.

— Écoute-moi bien, dit-il : je comptais te doter d'une somme assez ronde et qui sauvait ta dignité, car se présenter avec une boussole, une lorgnette et un étui à cigares pour épouser une grande dame, c'est humiliant. Il faut pouvoir lui dire : « J'ai de quoi vivre et j'entends être séparé de biens au contrat... » Mais le diable m'emporte, si tu te conduis comme un fou, si tu offenses les gens de cœur et si tu romps avec tes meilleurs amis, je ne te *flanque* pas un sou et je te renie par-dessus le marché!

La Florade était très-monté. La délicate bonté de son parrain fit couler ses larmes; il vint se jeter dans mes bras en me demandant pardon de son injustice, et, après m'avoir supplié de ne pas douter de lui, il alla trouver le baron.

Je restai avec Pasquali à commenter tout ce que nous venions d'entendre. Pasquali était un homme très-ferme; quand il avait, comme il disait, viré de bord, il ne voulait plus regarder que devant lui. Peut-être, lorsqu'il n'était plus sous l'action magnétique de son fils adoptif, avait-il quelque doute, mais il ne se permettait plus de s'y arrêter. Ma loyauté me défendait, d'ailleurs, de chercher à l'ébranler. J'avais dit au baron tout ce que ma conscience m'ordonnait de lui dire. Mon rôle était d'attendre désormais les événements en silence. Je ne voulus pourtant pas cacher le fait à Pasquali, je désirais qu'il fût connu de la Florade. Je le lui aurais dit avec calme à lui-même, s'il m'eût laissé le temps de m'expliquer au lieu de me pousser à bout.

— Ainsi, dit Pasquali, il va trouver sous quelques rapports le baron prévenu contre lui? Allons, à la garde de Dieu! Vous avez fait votre devoir; écoutez votre cœur maintenant. Il est vraiment fou de cha-

grin, cet enfant, et il est si bon !... Mais j'oublie que
tu es mon enfant aussi, et que je veux te tutoyer. Au
revoir, j'entends le premier coup de ton dîner qui
sonne à la maison Caire. Renvoie-moi mon *possédé* ;
je veux savoir comment le baron l'aura reçu.

Le baron n'avait pas aperçu la Florade.

— Est-ce qu'il va venir tous les jours? me dit-il
avec un peu de sécheresse.

Je lui répondis que la Florade, étant chez Pasquali, avait annoncé vouloir lui demander un conseil
ou un service. Je ne crus pas devoir m'expliquer davantage. M. de la Rive s'étonna un peu de mon silence, et puis tout à coup, pendant le dîner, et comme
si sa pénétration l'eût fait lire dans ma conscience,
il répondit de lui-même à mes pensées :

— Tu diras ce que tu voudras (je ne disais quoi
que ce soit) ; je ne ferai jamais grand fonds sur les
hommes qui ne savent pas se vaincre. C'est peut-être
la manie d'un pauvre petit vieux qui a passé sa vie à
souffrir et à s'en cacher pour ne pas attrister les autres, mais je ne peux faire cas que de ceux qui ont
ce courage-là. La vie ne se passe pas à se jeter dans
l'eau ou dans le feu pour ceux qu'on aime : elle se
passe en petits maux et en petites tristesses de tous
les instants, dont il faut leur épargner le spectacle ou
la contagion. Faut-il que personne ne dorme quand
nous ne pouvons pas dormir? Et ne sommes-nous
pas à moitié guéris déjà de nos souffrances quand

nous les avons épargnées aux dignes objets de notre affection? Qu'est-ce que tu dis de cela, toi?

— Je dis comme vous, répondis-je, et je sens que, si je pouvais l'oublier, votre exemple me le rappellerait à toute heure.

Nous quittions la table, il se leva avant moi, prit ma tête brûlante entre ses deux mains et la serra un instant sans rien dire. Avait-il donc deviné combien je souffrais et combien j'avais besoin d'être aimé de lui? Il me chargea de porter à Paul un livre qu'il lui avait promis, et de lui expliquer je ne sais plus quel passage qui devait servir à sa version du lendemain. La soirée était douce. Je sortis nu-tête, comptant demander Paul et ne pas déranger sa mère.

Comme je prenais par le plus court à travers les lauriers, j'entendis près de la source, qui était renfermée dans une voûte couverte, une voix que je ne reconnus pas tout de suite, et qui prononçait mon nom. Je m'arrêtai involontairement : c'était la voix de mademoiselle Roque.

— Il n'est pas pour toi, disait-elle; mais, moi, je suis ton amie, ta sœur et ta servante. C'est moi qui parlerai, sois tranquille, et va-t'en.

Au bout d'un instant, pendant lequel mademoiselle Roque s'éloigna, la personne à qui elle s'était adressée vint droit à moi sans me voir : c'était la Florade.

— Eh bien, lui dis-je en l'arrêtant, vous avez

trouvé l'avocat qui plaidera votre cause? Vous n'avez plus besoin de personne?

— Docteur, docteur, tu m'en veux! répondit-il en secouant la tête, tu m'épies... car tu n'allais pas sans chapeau chez la marquise, je suppose! Tu n'as pas confiance en moi, comment veux-tu m'en inspirer?

— La Florade, repris-je, mademoiselle Roque est donc ta sœur?

— Tu le sais bien! fit-il en levant les épaules.

— Qui a inventé l'histoire?

— Inventé?... Personne! L'idée en est venue au commissaire du bord; elle est assez vraisemblable...

— Elle est venue de lui, et à lui tout seul?

— Ah! tu m'ennuies! s'écria la Florade, qui savait inventer et développer un roman, mais non pas affirmer un mensonge; qu'est-ce que cela te fait, à toi? Le résultat n'est-il pas excellent? La voilà sauvée, cette pauvre fille, qui serait morte de consomption; elle est tranquille, elle est heureuse. La bastide maudite est déjà par terre...

— Et tu as un prétexte pour aller à Tamaris quand tu veux.

— Non; je n'avais pas pensé à ceci, que je devais cacher mon lien fraternel, et que, la chose restant secrète, madame d'Elmeval ne m'autoriserait pas à rendre de fréquentes visites à *ma sœur* sous son toit.

— Et c'est pour cela que, ne reculant devant rien pour marcher à ton but, tu donnes des rendez-vous mystérieux à cette fille que tu as déjà compromise, et que tu ne peux plus réhabiliter! Tiens, mon ami la Florade, tu es comme tous les hommes qui ne veulent pas combattre leurs passions.

— Je suis... quoi? Voyons!

— Tu es un égoïste!

Il articula un jurement énergique, et je crus encore une fois que nous allions nous couper la gorge; mais il s'assit sur la margelle de la rigole qui était à sec, mit sa tête dans ses mains et resta absorbé.

— Tu vas coucher là? lui dis-je au bout d'un instant.

— Grâce à toi, mon cher, répondit-il en se levant, il y a des moments où je me prends pour un coquin, et où j'ai envie de faire justice de moi!... Mais cela n'arrivera pas, non! Mes fautes sont légères et réparables. Je ne verrai plus Nama en secret. Diable de fille, qui ne sait écrire qu'en *chinois!* Pourquoi ris-tu, toi?

— Parce que tu t'épuises en intrigues de comédie quand tu pourrais aller au bonheur par le grand chemin.

— Qu'est-ce qu'il faut faire? Dis!

— Il faut aimer, et tu n'aimes pas. Tu n'as que des désirs et de l'imagination; le cœur ne t'inspire rien!

— Va toujours! Qu'est-ce que le cœur m'inspire-
rait, si j'en avais un?

— Le respect, le dévouement, la droiture et la
patience. Bonsoir. *Dixi*.

Je m'éloignai rapidement, craignant de le conseiller trop bien.

Il essaya d'en profiter, car il laissa passer plusieurs jours sans agir et sans reparaître. Pasquali n'y
comprenait rien. Le baron s'en croyait délivré. Mademoiselle Roque s'en inquiétait, et la marquise
avait l'air de ne pas s'en apercevoir.

Cette semaine fut un repos dont j'avais réellement
besoin, et qui acheva de réparer mes forces ébran-
lées. Il fit constamment beau; la nature riait par
tous ses pores. Les cistes blancs à fleurs roses, les
ornithogales d'Arabie, les gentianes jaunes, les scilles
péruviennes, les anémones stellaires, les jasmins
d'Italie, les chèvrefeuilles de Tartarie et de Portugal
croissaient pêle-mêle à l'état rustique, indigènes ou
non, sur la colline de Tamaris, devenue un bouquet
de fleurs, en dépit de l'ombrage des grands pins. Le
golfe était si calme, qu'au lever du soleil on ne distinguait pas les objets du rivage de la ligne marine
où ils prenaient leur réverbération. L'horizon de la
pleine mer se remplissait de navires dont la vapeur
nacrée se déroulait en longs serpents sur le ciel rose,
et des centaines de barques, pêchant autour des récifs tranquilles, empourpraient plus ou moins au so-

leil matinal leur voile latine rouge ou blanche.

Dans la campagne, loin des routes, qui sont empestées par les ruisseaux noirs et gras des moulins à huile d'olive, les collines étaient embaumées par les siméthides délicates, par les buissons de cythise épineux et de coronille-jonc, et par les tapis de coris rose, cette jolie plante méridionale qui ressemble au thym, mais qui sent la primevère, souche de sa famille. Des abeilles, butinant sur ces parfums sauvages, remplissaient l'air de leur joie. Des lins charmants de toutes couleurs, des géraniums rustiques, des liserons-mauves d'une rare beauté, de gigantesques euphorbes, de luxuriantes saponaires ocymoïdes, des silènes galliques de toutes les variétés et des papilionacées à l'infini s'emparaient de toutes les roches, de toutes les grèves, de tous les champs et de tous les fossés. C'était fête partout et fête effrénée, car elle est courte en Provence, la fête du printemps! Entre les tempêtes de mars-avril et les chaleurs de mai-juin, tout s'épanouit et s'enivre à la fois d'une vie exubérante et rapide.

Nous fîmes plusieurs excursions intéressantes, et Paul devint aussi savant que moi en botanique provençale de la saison. Sa mère s'intéressait vivement à nos trouvailles, et consentait à s'extasier devant des brimborions à peine visibles à l'œil nu. Mademoiselle Roque aimait mieux les fleurs voyantes, les tulipes *œil de soleil,* qui croissaient dans les blés, les

grandes glaucées des falaises et les nigelles de Da-
mas, *qui* dans certains ravins atteignaient à des pro-
portions extraordinaires. Elle se faisait de singulières
coiffures avec ces riches corolles ; elle s'en mettait
sur les tempes, dans les oreilles ; elle regrettait de ne
pouvoir s'en mettre dans les narines. Elle était quelquefois à mourir de rire, et quelquefois aussi très-
belle avec cette ornementation sauvage. Quand la
marquise la coiffait avec goût d'une couronne de
fleurs de grenadier mêlées à ses cheveux noirs
crépus, elle avait une tête remarquable.

C'était un véritable enfant, d'une innocence pri-
mitive et d'une inaltérable douceur. Madame d'Elmeval me trouvait trop indifférent pour sa protégée.

— Que lui reprochez-vous donc? me disait-elle.
Elle n'est pas intelligente *à l'œil nu,* comme vous
dites en étudiant vos plantes microscopiques, et je
conviens qu'elle ne montre pas plus d'esprit qu'une
statue de bronze à qui l'on aurait mis des yeux d'é-
mail ; mais elle est loin d'être ce qu'elle paraît : elle
apprend très-vite. La douceur et la volonté d'obéir
remplacent chez elle l'habitude de l'attention et de
la mémoire. Elle vit un peu comme les autres rê-
vent ; mais il y a en elle une telle ignorance du mal
que l'on se prend à l'admirer au moment où l'on
croirait devoir la gronder.

J'avouais ne pas tenir grand compte de cette absence de notion du mal qui avait pour conséquence l'absence de la notion du bien.

— Ah! vous avez tort! répondait la marquise d'un air naïvement étonné, comme si jusque-là elle m'eût jugé infaillible; oui, vrai, docteur, vous avez tort de dédaigner cet état divin de l'âme qui fait la beauté morale de l'enfance! Est-ce que vous croyez que Paul sait ce que c'est qu'une mauvaise action?

— Non, sans doute; mais il faudra bien qu'il l'apprenne.

— Ah! il l'apprendra toujours trop tôt, et la bonne Nama aussi! C'est leur mois de mai, à eux! Laissons-le fleurir.

Je voyais madame d'Elmeval presque à toute heure. Le matin, elle amenait Paul au baron. La leçon durait deux heures, et, pendant ce temps, je me promenais avec elle dans le jardin Caire, ou je lui lisais au salon les journaux et les brochures nouvelles. Elle rentrait avec Paul, qui déjeunait, jouait et travaillait. Pendant ce travail, elle enseignait la lecture et l'écriture françaises à mademoiselle Roque. A deux heures, à moins de courses exceptionnelles, nous montions en voiture avec Nama, le baron, et quelquefois Aubanel ou Pasquali, pour rentrer à six heures. Paul travaillait encore jusqu'à sept. On dînait souvent tous ensemble, tantôt chez nous, tantôt chez la marquise, et souvent on causait jusqu'à neuf

heures du soir. Paul se couchait alors, et sa mère
veillait près de lui jusqu'à minuit.

Elle était d'une grande activité, toujours levée,
coiffée et habillée à huit heures du matin. Je n'ai
jamais rencontré d'humeur plus égale, d'âme plus
sereine. Son activité n'avait rien d'emporté et passait sans bruit sous les yeux comme l'eau d'un ruisseau bien rapide, bien clair et bien plein, qui
s'épanche sur un lit de mousse. Son entretien, comme
son silence, vous pénétrait du calme suave qui régnait dans sa pensée. L'amour pouvait-il trouver une
fissure pour pénétrer dans ce cristal de roche !

Mademoiselle Roque avait-elle osé lui parler des
sentiments de son prétendu frère ? Rien ne trahissait
un air de confidence entre elles. Mademoiselle Roque
gagnait certainement chaque jour en beauté et en
santé depuis qu'elle habitait Tamaris ; elle maigrissait ; mieux mise et plus assurée sur ses jambes, qui
apprenaient à marcher, elle perdait cette nonchalance lourde qui n'était pas une grâce à mes yeux.
Madame d'Elmeval s'efforçait de secouer la torpeur
physique : elle lui permettait de faire de beaux
ouvrages d'aiguille, Nama avait un grand goût d'ornementation ; mais on lui prescrivait le mouvement,
et la marquise lui confiait quelques soins domestiques qui lui plaisaient.

Un matin, la marquise ayant demandé du café,
mademoiselle Roque voulut le préparer elle-même ;

sa manière, et j'étais là quand elle le lui présenta ; la marquise, l'ayant goûté, reposa la tasse avec dégoût en lui disant :

— Ma chère enfant, ce n'est pas du café broyé que vous me donnez là. Je ne sais ce que c'est, mais c'est fort désagréable.

Je vis mademoiselle Roque se troubler un peu, et, comme elle allait remporter la tasse sans rien dire, je m'en emparai et j'en examinai le contenu : c'était une véritable infusion de cendres qu'elle avait servie à la marquise. Un souvenir rapide m'éclaira.

— C'est de la cendre de plantes aromatiques, dis-je à mademoiselle Roque ; cela vient de la cime du Coudon, et c'est un vieux charbonnier qui la prépare.

Elle resta pétrifiée, et la marquise s'écria en riant que je disais des choses fantastiques. J'insistai. Mademoiselle Roque ne lui aurait-elle pas déjà servi en infusion ou fait respirer certaines plantes vulgaires, comme la santoline, le romarin ou la lavande stæchas ?

— Vous êtes donc sorcier ? dit la marquise. Elle ne m'a jamais rien fait boire d'extraordinaire avant ce prodigieux café ; mais elle a mis dans ma chambre toutes les herbes de la Saint-Jean, pour combattre, disait-elle, le *mauvais air* de la mer ; ce qui m'a paru fort plaisant.

— Et ces herbes sont divisées en trois paquets

liés par des cordons de laine *rouge, jaune, noire.*

— Eh ! mais précisément, je crois ! D'où savez-vous tout cela ?

Comme Nama s'enfuyait terrifiée, je la suivis pour lui adresser une verte semonce. Elle risquait, avec ses drogues de sorcier de campagne, d'employer à son insu des choses nuisibles et d'empoisonner son amie. Elle eut grand'peur, pleura et jura de ne pas recommencer. Je feignis de croire qu'elle n'avait eu d'autre dessein que celui de chasser de la maison les mauvais esprits et les funestes influences ; je ne voulus pas lui dire qu'après avoir demandé ces amulettes pour se faire aimer de la Florade, elle les employait maintenant pour faire aimer la Florade de la marquise. Je ne pouvais me défendre de sourire de la naïveté de cette fille, qui n'osait ou ne savait parler, et qui croyait faire merveille pour son protégé en versant ses philtres innocents à sa compagne.

— M'expliquerez-vous cette affaire mystérieuse ? me dit madame d'Elmeval quand je retournai auprès d'elle.

— C'est bien simple. Votre métisse est superstitieuse, elle évoque la vertu de certains dictames contre les esprits pernicieux de l'air, et, comme elle est ignorante, elle s'en rapporte à la science des charbonniers de la forêt, dont quelques-uns font métier d'enchanteurs.

Je lui **racontai** ma rencontre au Coudon avec l'homme chargé par Nama de cette récolte. Elle devint pensive en m'écoutant.

— N'est-ce pas le 6 avril, me dit-elle, que ce feu a été allumé sur la cime du Coudon?

— Précisément.

— Eh bien, je l'ai vu, je l'ai remarqué. Je me suis demandé si c'était un signal pour quelque navire en détresse; mais il n'y a aucun poste par là, et c'est trop loin de la mer, qui était, d'ailleurs, fort tranquille. Comme cette nuit-là a été mauvaise à partir de onze heures! Je ne sais pas pourquoi j'ai repensé à ce feu en me disant que quelque voyageur attaqué par les loups était peut-être là en grand péril, et j'ai été regarder encore; mais tout était dans les nuages, la lune aussi bien que la montagne. Enfin j'ai pensé à vous, docteur; vous aviez dit à Pasquali que vous comptiez faire cette excursion prochainement avec M. la Florade?

— Et vous étiez inquiète de lui? repris-je en riant des lèvres.

— De lui? Ah! vous m'y faites penser; parlons de lui. Pourquoi s'imagine-t-il que je suis si pressée de me remarier?

— Je ne sais s'il imagine quelque chose. Qui vous fait croire?...

— Pasquali qui me parle sans cesse de son filleul avec un zèle... Dites-moi...

— Voulez-vous me permettre, madame la marquise, de ne pas vous en parler du tout?

— C'est-à-dire que vous ne voulez être ni pour ni contre. Quand nous avons parlé de lui à propos de Nama, vous étiez plus expansif. Vous vous intéressez donc à elle plus qu'à moi?

— Je la voyais en péril; mais vous...

— Moi, vous me croyez à l'abri de toute folie?

— Si vous traitez de folie les rêves de Pasquali, la question est jugée.

— Je n'ai pas dit cela, je n'ai aucun dédain pour le nom, l'état et la situation du protégé de Pasquali. Je ne sais de son caractère que ce que vous m'en avez dit...

— Oubliez ce que j'ai dit et jugez par vous-même.

— Je ne suis pas pressée de juger telle ou telle personne, cher docteur; je ne commence pas les choses par la fin. La question n'est pas de savoir si M. de la Florade doit m'intéresser, mais bien de savoir si je dois songer au mariage.

— Comment! vous me demandez conseil, à moi?

— Et en qui donc aurais-je confiance?

— Le baron...

— Le baron dit oui; et vous?

— Je ne peux pas avoir un autre avis que le sien.

— Votre jugement, oui; mais votre instinct? Voyons, si le baron disait non?

— Je dirais non aussi. Ne voyez en moi qu'un

esprit soumis au sien pour tout ce qui vous concerne.

— Vous n'avez donc aucune amitié particulière
pour moi?

— Ah! madame!... Pardonnez-moi, mais la question est trop grave et trop délicate.

— Pas pour un homme comme vous. Je vous place
dans mon estime à la hauteur de cette question-là,
et je vous demande d'avoir une opinion à vous tout
seul; si elle est contraire à celle de notre ami, je ne
dis pas qu'elle aura plus de poids que la sienne;
mais je pèserai l'une et l'autre, et ma conscience
mieux éclairée prononcera plus clairement. Parlez.

— Eh bien, madame, laissez-moi vous interroger
d'abord...tenez, en médecin. Croyez-vous à l'empire
sérieux des passions?

— Sur l'honneur, je n'en sais absolument rien.

— Alors vous n'y croyez pas, car vous sauriez
bien s'il faut y croire.

— Attendez. J'aime mon enfant avec passion pourtant.

— Pourriez-vous aimer quelqu'un autant que
lui?

— Autant... non, mais autrement, peut-être.

— Peut-être plus ou peut-être moins?

— Si ce quelqu'un-là aimait aussi mon Paul avec
passion, je ne sais pas où s'arrêterait l'enthousiasme
de ma reconnaissance.

— Alors votre cœur vivrait deux fois plus qu'il ne vit, et vous seriez deux fois plus heureuse?

— C'est bien dit, docteur, je vous crois; mais, si ce quelqu'un-là me trompait ou se trompait lui-même?

— Quand vous en serez là, demandez à Dieu la réponse.

— Vous pensez qu'aucun homme ne peut répondre de lui-même? C'est singulier! je répondrais si bien de moi!

— Le jour où vous aimerez, vous ne demanderez pas à l'homme aimé de vous donner des garanties: vous croirez. Celui dont vous douteriez encore, vous ne l'aimeriez pas?

— C'est encore vrai! Alors... vous croyez que le cœur ne se trompe pas?

— Un cœur comme le vôtre ne doit pas se tromper.

— Expliquez-moi cela. Je suis une femme très-ordinaire... et je me suis trompée une fois... en amitié.

— En amitié conjugale?

— Oui, puisque vous le savez. Je n'aime pas à me plaindre; n'y revenons pas. Expliquez-moi comment l'amour, qui est aveugle, à ce qu'on dit, peut apporter la lumière dans un cœur qui la cherche.

— Vous faites la question et la réponse, chère madame. Si ce cœur-là ne cherche réellement que la vérité, il la tient déjà, et l'amour y entrera en pleine lumière.

— Comment peut-on chercher autre chose qu'un amour vrai ?

— On le cherche rarement, parce qu'on l'éprouve rarement soi-même. On prend si souvent pour de l'amour des instincts ou des passions qui sont tout le contraire ! Mais soyez certaine que, quand on aime avec l'unique passion de rendre heureux l'être aimé, sans songer à soi-même, à ce que les autres en penseront, au profit, plaisir ou gloire qui vous en reviendra, on est dans la vérité. Voilà du moins ce que je pense. Ayant, comme vous, passé ma vie sans connaître et sans pouvoir chercher l'amour, je ne peux vous apporter le tribut de l'expérience.

— Alors nous sommes tous ici sans expérience, car le baron n'a jamais aimé non plus. C'est peut-être Nama qui aime? Et quand j'y songe, cette passion de chien fidèle qu'elle a pour la Florade, ce dévouement aveugle, tranquille, soumis, qui n'est ni amour ni amitié...

— Prenez garde, c'est un instinct fanatique dans une intelligence sans clarté, et ces engouements-là ne viennent pas sans motif dans les têtes bien saines. Je ne veux pas dire que la Florade en soit indigne ; mais elle le connaît si peu et elle est si incapable de l'apprécier, qu'elle eût pu en aimer tout autant un autre sans savoir pourquoi.

— Alors vous êtes persuadé qu'une tête saine peut se fier à son cœur?

— Quand le cœur est aussi sain que la tête, quand il a conscience de sa dignité, de sa pureté et de sa force, peut-il donner place à des fantômes et adorer au hasard une figure incertaine? Se laisse-t-il troubler et surprendre? Ces grands magnétismes dont on parle ne s'adressent-ils pas aux sens plus qu'à l'esprit? L'âme éprise d'un type idéal peut-elle descendre aux agitations vulgaires et se laisser envahir par des nuages grossiers? Je ne le crois pas, et voilà pourquoi je vous dis, madame : Ne prenez conseil que de vous-même.

— Vous avez raison, docteur! répondit la marquise en me tendant la main. Tout ce que vous me dites là est ce que je pense. Vous venez de me donner une consultation, et vous reconnaissez que je ne suis pas trop malade?

— Puissiez-vous ne pas l'être du tout!

— Vous en doutez donc?

— Et vous, madame?

— Ah! docteur, vous êtes trop curieux, répondit-elle avec un sourire dont je fus ébloui. Attendez que je vous interroge une autre fois. Pour aujourd'hui, en voilà assez : il faut que j'aille rejoindre Paul, qui travaillerait trop ou trop peu. Je connais sa dose!

Cet entretien réveilla en moi le trouble inexprimable que j'avais tant combattu. Le sourire, le der-

nier sourire, si clair, avec un regard si beau, dont le
fluide divin m'avait enveloppé de confiance ardente
et de reconnaissance passionnée;... mais c'était un
regard et un sourire de femme qui n'a pas aimé, qui
n'aime peut-être pas, et qui ne sait pas la portée de ses
manifestations sympathiques. Qu'est-ce que le regard
et le sourire? Des choses infiniment mystérieuses qui
échappent à la volonté, et qui s'adressent quelquefois à l'un parce qu'on pense à l'autre. Est-ce que
toutes les paroles, toutes les questions et toutes les
réponses de la marquise ne pouvaient pas ou ne
devaient pas se résumer ainsi : « J'ai pensé malgré
moi à la Florade, et je veux savoir si je l'aime? Vous
me prouvez que j'aurais tort de l'aimer si vite, et je
vais me méfier un peu plus de lui et de moi. Réus-
sirai-je? Je vous le dirai plus tard. »

— Oui, oui, pensais-je en descendant au hasard
chez Pasquali, voilà certainement comment il faut
comprendre : c'est le vrai sens! Ah! pauvre homme!
tu te croyais fort! Tu ne sais ni guérir ni combattre.

Quand je fus au bas de l'escalier, je m'aperçus de
ma distraction. Je n'avais aucune envie de voir Pasquali, je redoutais au contraire d'avoir à parler de
ce qui me serrait la poitrine. Je passai outre furtivement, sans regarder par la petite barrière qui fermait
son jardin du côté des degrés, et j'allais m'élancer
sur le sentier de la plage, lorsqu'une voix m'appela :

— Hé! par ici, le médecin!

Et, tournant la tête, je vis la Zinovèse, qui, n'ayant trouvé personne chez Pasquali, s'était assise sur les marches de la maisonnette.

—Comment, c'est vous? lui dis-je. J'ai peine à vous reconnaître!

— Vous voyez, vous m'avez guérie! Eh! on n'est pas trop vilaine à présent, qu'est-ce que vous en dites?

En effet, madame Estagel, encore un peu mince et pâle, avait recouvré sa beauté, qui était peu ordinaire. Beauté n'est pas le mot qui convient, si par là on entend une forme idéale animée d'une expression sympathique. La Zinovèse n'était jolie que par la délicate régularité de ses traits. Il n'y avait en elle ni charme, ni distinction réelle. Ses yeux, ramenés à leur expression normale, ne parlaient qu'aux sens. Ils offraient un mélange plus piquant qu'agréable de dédain et de provocation.

Elle était fort bien mise à la mode de je ne sais quel pays méridional, un costume de fantaisie peut-être, mais élégant, simple, sombre, et, comme d'habitude, d'une propreté recherchée. Une grosse chaîne d'or faisait huit ou dix fois le tour de son cou, et de longues boucles d'oreilles de corail de Gênes se détachaient sur sa chemisette d'un blanc de neige. Je ne me sentis pourtant pas porté à lui faire le compliment qu'elle réclamait. Je me contentai de la questionner sur sa santé et de lui demander si

elle en devait réellement le retour à més ordonnances.

— Oui, répondit-elle, évidemment blessée de mon
peu de galanterie; je crois que je vous dois le mieux
que j'ai eu tout de suite, et, à présent, il y a autre
chose. Je suis plus contente.

— Vous avez oublié...

— Rien du tout! personne! mais on m'a demandé grâce et pardon, c'est tout ce que je voulais.
Ne parlons plus de ça. Je suis venue ici pour vous. Je
vous apporte un présent.

— Je ne veux pas de présent.

— Alors vous méprisez le mondè?

— Non, puisque j'ai été chez vous pour le plaisir
de vous être utile.

— Gardez le plaisir, c'est bien; mais ne refusez
pas ce que mon mari vous envoie.

Et elle me montra un grand panier qui était près
d'elle, et qui contenait un très-beau poisson de
mer.

— C'est moi qui l'ai pêché, reprit-elle, moi et
l'*homme* (le mari)! Nous l'aurions mangé, car nous
ne sommes pas marchands. Vous voyez que ça ne
nous coûte rien et ne nous prive guère. Si vous refusez, vous ferez de la peine au brigadier.

— Alors j'accepte, et je vous remercie. Laissez
cela ici, je l'enverrai chercher.

— Non, nous allons le monter là-haut, à Tamaris, chez vous; je serai contente de voir votre dame.

— Que diable croyez-vous là? Je ne demeure pas à Tamaris, moi, et je ne suis pas marié.

— Ah! vous ne l'êtes pas encore; mais vous le serez bientôt!

— Je vous jure que je n'ai encore jamais pensé à cela, et que je ne connais personne...

— Comment! s'écria la Zinovèse, dont les yeux reprirent pour un instant leur ancienne contraction, vous n'êtes pas pour épouser la dame de Tamaris, celle qui était avec vous et *un petit* le jour où je vous ai rencontrés à la chapelle de là-bas?

— Quel imbécile vous a fait une pareille histoire?

— Ce n'est pas un imbécile, c'est un menteur et un lâche!

Il ne fallait pas réfléchir longtemps pour conclure de tout ce qui précède que la Florade avait revu la Zinovèse, qu'elle était de nouveau éprise et jalouse, qu'elle surveillait ses démarches, que ses soupçons s'étaient portés sur la marquise, et que, pour la tranquilliser, la Florade lui avait fait croire que j'étais l'époux ou le fiancé de celle-ci. Je me trouvai assez embarrassé, je devais ou compromettre la marquise, ou exposer la Florade au ressentiment de sa maîtresse. Je n'aurais pas hésité à sacrifier les plaisirs de l'amant de la Zinovèse au respect dû à madame d'Elmeval; mais la vindicative créature pouvait s'en prendre à la marquise elle-même, et je cherchai un moyen de la rassurer.

— La dame de là-haut se marie, lui dis-je, mais ce n'est ni avec moi ni avec celui que vous pensez.

— Pourquoi m'a-t-il menti?

— Je ne sais pas; peut-être s'est-il imaginé...

— Vous mentez aussi, vous; mais je saurai bien la vérité!

Et, poussant avec vigueur la mince barrière du jardin Pasquali, qui céda sous son impulsion nerveuse, elle s'élança sur l'escalier avant que j'eusse pu m'y opposer. Je l'y suivis à la hâte, mais j'avais déjà eu le temps de me dire qu'il valait mieux la surveiller que de la contraindre ouvertement. Elle était femme à s'exaspérer en se croyant redoutable. Je la rejoignis en riant, et, comme elle n'avait pas songé à se débarrasser de son grand panier, je le lui ôtai des mains et lui offris mon bras, en lui disant qu'elle se fatiguait trop pour mon service.

— C'est bien, c'est bien, répondit-elle, vous vous moquez de moi, ou vous croyez m'empêcher de faire ce que je voudrai!

— Je n'aurai pas la moindre peine à vous faire tenir tranquille, ma chère malade. Les médecins ne craignent pas les fous, et vous allez voir comment je m'y prends pour arrêter l'accès!

Cette menace mystérieuse et vague dont je m'avisais pour la frapper de terreur produisit son effet.

— Ne craignez rien, docteur, reprit-elle, je ne
suis pas folle, et je ne veux de mal à personne.

— Je l'espère bien : le mal serait pour vous ! Mais
pourquoi montez-vous à Tamaris? C'est à la bastide
Caire que je demeure.

— Je veux voir la dame ! Laissez-moi la voir.

— Pourquoi?

— Je veux la remercier. C'est elle qui vous a
dit de venir chez moi pour me guérir, vous
savez bien ! C'est une femme bonne, on dit.

— Eh bien, venez la remercier, rien ne s'y op-
pose ; mais ne dites rien d'inconvenant, ou gare au
médecin !

Je l'amenai sous la varande où madame d'Elmeval
était assise, et celle-ci s'écria en la voyant :

— Ah! bravo, docteur! voilà comment il faut
guérir les gens! Je vous fais aussi mon compliment, madame, vous voilà redevenue charmante.
Vous ne pleurez plus votre beauté, n'est-ce pas? et,
ce qui vaut encore mieux, vous ne souffrez plus?
Asseyez-vous et reposez-vous. Est-ce que vous êtes
venue à pied?

La Zinovèse fut imperceptiblement émue, mais
sensiblement intimidée de l'accueil de celle qu'elle
regardait comme sa rivale. J'en fus ému agréablement pour ma part. On se rappelle que la marquise
connaissait l'histoire de la Florade avec cette femme,
et je pouvais constater que, sans aucune préparation

ni effort, elle la recevait avec la plus parfaite aménité. La Zinovèse s'assit au bout du banc. Madame d'Elmeval fut un peu surprise de me voir me placer entre elles. Au bout d'un instant, elle comprit ou devina que je n'étais pas absolument tranquille.

— Et comme ça, dit la Zinovèse après avoir remercié la marquise aussi poliment qu'il lui était possible, vous ne venez donc plus vous promener du côté de chez moi? Vous allez sur mer plus souvent que sur terre, n'est-ce pas?

— Non, pas très-souvent.

— Il y a des officiers de marine qui vous promènent dans les canots de l'État pourtant?

— Une seule fois, répondit la marquise avec un sourire de douceur railleuse.

— Ah! une fois?

— Vous trouvez que c'est trop?

— Une fois suffit pour se perdre... en mer!

— Certaines gens ont du bonheur et ne se perdent nulle part!

— Ah! oui? Quelles gens donc?

— Les bonnes personnes que Dieu protége.

— Les femmes qui aiment leurs maris, vous croyez?

— Ou celles qui aiment leurs devoirs, leur bonne renommée, leurs enfants surtout!

— Et il y en a qui ne les aiment pas, vous dites?

14

s'écria la Zinovèse en se levant et en regardant Paul, qui jouait au bout de la terrasse.

— Je ne parle que pour moi, répondit la marquise en se levant aussi.

— Oh! vous êtes fière de vous! Eh bien, n'allez pas sur mer avec tout le monde.

— Vous me le défendez?

— Peut-être!

— Alors je me soumets, non par crainte des dangers de la mer, mais pour ne pas vous causer d'inquiétudes. D'ailleurs, je n'aime pas la mer, et le docteur ne me la conseille pas.

— Le docteur... vous ne faites peut-être pas toujours sa volonté?

— Pardonnez-moi; je n'en reconnais pas d'autre que la sienne!

— Oh! alors..., dit la Zinovèse en changeant de ton et en s'adressant à moi, vous ne vouliez pas me le dire; mais je vois bien... Adieu et merci, madame; un grand bonheur je vous souhaite dans le mariage, plus que je n'en ai. Prenez ce que je vous apporte pour votre souper avec le futur, et rendez-moi mon panier.

La marquise m'empêcha de répondre en me serrant le bras à la dérobée, fit prendre le poisson par Nicolas, remercia la Zinovèse, et la pria d'accepter une jolie bague qu'elle ôta de son doigt. La Zinovèse hésita, sa fierté se refusait à l'échange des cadeaux;

mais les bijoux la fascinaient : elle accepta la bague avec un plaisir qu'elle ne put dissimuler. Je voulais la reconduire, la marquise me retint en s'emparant de mon bras, qu'elle serra encore avec une émotion extraordinaire, et la Zinovèse partit en me disant :

— Restez, restez avec votre dame ! Le bonheur ne dure pas toute la vie, allez ! il n'en faut pas laisser perdre une miette !

— Vous voilà étonné? me dit la marquise quand nous fûmes seuls. Vous allez prétendre que je me compromets vis-à-vis de cette femme? Oh! tant pis, docteur! Que l'on dise et pense tout ce qu'on voudra de nos prétendues fiançailles, sachez que, malgré mon air brave et tranquille, j'ai très-peur de la Zinovèse. J'ai vu dans ses yeux qu'elle avait le génie du mal, et j'ai remarqué que, quand j'étais sur le point de la blesser, elle a regardé Paul avec une expression diabolique. Si elle croit avoir à se venger de moi, c'est par lui qu'elle cherchera à me faire souffrir. Savez-vous? plus j'y pense, plus j'ai peur. J'ai envie de quitter le pays pour quelque temps.

— Ne serait-il pas plus simple de prier la Florade de ne pas revenir de quelque temps?

— Aura-t-il la bonté d'y consentir? dit la marquise en rougissant de dépit contre lui ou d'émotion secrète.

— La Florade est homme de cœur, repris-je, et, quelque désagréable pour moi que soit la commission, je m'en charge... si vous me l'ordonnez !

— Eh bien, je vous en prie, allez le trouver demain. Dites-lui ce qui s'est passé, et ma frayeur maternelle. Qu'il ne devine surtout en aucune façon
que j'ai le moindre soupçon de ses prétentions. Il ne
me conviendrait pas d'avoir l'air de m'en garantir.

— Mais, si demain il a revu la Zinovèse, si elle lui
a dit...

— Que je me mariais avec vous, docteur? Eh bien,
laissez-le-lui croire, à lui aussi ! Demandez-lui le secret, et ensuite... Mais je ferais mieux de m'en aller,
ce serait plus sûr. Que me conseillez-vous?

En parlant ainsi avec une animation demi-enjouée,
demi-inquiète, la marquise, que j'avais suivie auprès du banc de coquillages, se détourna comme
pour regarder où était Paul, et je crus voir qu'elle
essuyait furtivement des larmes soudaines. Je fus si
troublé, si consterné moi-même, que je ne sais ce
que je lui répondis. Pensait-elle avec effroi à son
fils, menacé par une furie?... L'effroi ne se traduit
pas ordinairement par des larmes ! Sentait-elle avec
déchirement la nécessité de renoncer à la Florade,
ou de s'en séparer pour quelque temps? Était-elle
jalouse, ou honteuse d'elle-même, ou désespérée?
J'étais éperdu, moi, et, à mon tour, je me détournai
pour lui cacher ma douleur. Elle renouvela sa question avec un visible effort sur elle-même.

— Tenez, lui répondis-je au hasard en lui mon-

trant la Zinovèse, qui s'éloignait sur le golfe, enle-
vant d'un bras vigoureux sa petite barque; elle s'en
va, elle ne vous hait pas en ce moment, Paul est
bien en sûreté, je suis là, et vous avez le temps d'a-
viser. Calmez-vous donc! Pourquoi vous affecter
ainsi?

— Savez-vous ce que je remarque? répondit la
marquise en regardant avec attention l'élégante batelière. C'est qu'elle a sans façon détaché un des
canots de pêche de Pasquali, et qu'elle s'en sert pour
retourner chez elle. Elle n'ira que jusqu'à la plage
de sable qui ferme le golfe, et, là, je vois une autre
barque qui est sûrement la sienne... Mais vous savez
si Pasquali aime qu'on touche à ses canots, et comme
les pêcheurs du rivage sont avertis de ne pas s'en
servir sans sa permission! Eh bien, il faudra qu'il
aille chercher celui-ci demain aux Sablettes, si la
Zinovèse daigne l'y amarrer et ne pas le laisser flotter au hasard. Cette femme ne connaît pas d'obsta-
cles à sa volonté, elle est partout comme en pays
conquis. Je la crains, vous dis-je, et j'ai raison de
la craindre! Elle fera quelque malheur, comme on
dit. Elle tuera Paul, ou moi, ou la pauvre Nama,
si ses soupçons tombent sur elle, ou bien vous, si
elle apprend que nous la trompons,... ou la Florade lui-même... Que sais-je? Elle est entrée ici
comme un interrogatoire, et elle s'en va comme une
menace. Ah! pourquoi m'a-t-on amené ce la Flo-

rade ? A quoi bon ? J'étais si heureuse et si tranquille ici ! Voilà tout mon bonheur gâté !

En disant cela, la marquise n'avait pas perdu cet
accent de douceur que la plainte et le reproche ne
pouvaient aigrir ; mais elle ne retenait plus ses larmes, et je les vis couler jusque sur son corsage de
soie. Je perdis la tête, je tombai presque à ses genoux
sur le gazon, et, prenant ses mains dans les miennes,
je lui parlai, pleurant aussi, sans trop savoir ce que
je lui disais ; mais je me rappelle bien le sentiment
de douleur, de tendresse et de pitié qui débordait en
moi. Elle l'aimait, celui qu'elle maudissait avec une
colère de colombe, celui qui avait détruit la paix de
son âme angélique, celui qui attirait l'orage sur sa
tête, ou tout au moins la terreur sous son toit. Elle
l'aimait, elle souffrait par lui, pour lui peut-être ;
elle ne savait à quelle inquiétude s'arrêter entre son
fils et lui. Aux combats qu'elle avait dû se livrer déjà
venait se joindre l'effroi de le perdre ou le chagrin
mortel de le quitter. Elle avait fini d'être heureuse,
elle entrait dans la vie d'émotions, de périls et d'an-
goisses ! Il n'était plus temps de chercher à la préserver des tempêtes. Je ne le pouvais ni ne le devais
d'ailleurs. Comprit-elle ce scrupule qui m'échappait
sans doute sous forme de réticence ? — Mais, qu'elle
fût ou non blâmable de n'avoir pas mieux défendu
son bonheur, et peut-être celui de son fils, était-ce
une raison pour qu'elle fût abandonnée dans sa dé-

tresse? Était-elle moins chère à ses amis parce qu'elle souffrait? N'était-ce pas le moment de l'entourer de dévouement, de consolations, et de la défendre contre les dangers extérieurs? Oui, certes, il ne s'agissait plus de songer à soi-même, de calculer le plus ou le moins de chances de sa destinée, le plus ou le moins de confiance et de sympathie que pouvait inspirer la Florade. Il fallait précisément aimer, conseiller, préserver, diriger la Florade, et faire que cette affection pleine d'écueils eût au moins ses jours de bonheur et ses refuges assurés dans le sein de l'amitié vraie. Oui, on lui devait cela, à lui si jeune et si téméraire, mais marqué par la destinée pour cette grande tâche de devenir en tout digne d'elle. On lui devait cela, à elle surtout, elle si pure, si douce, si maternelle et si vraie! On se le devait à soi-même, pour échapper à la lâcheté du rôle d'ami pédant qui s'éloigne sans porter secours.

Et, comme elle pleurait encore en rendant à mes mains leur fraternelle étreinte et en m'interrompant pour me dire d'une voix entrecoupée que j'étais le meilleur des êtres, je la grondai de me parler ainsi. Voulait-elle flatter mon orgueil et me faire perdre la douceur de la servir? Non, non, il ne fallait pas m'attribuer un rôle au-dessus de moi. Mon dévouement n'était que l'accomplissement du devoir auquel j'avais consacré ma vie. Ne m'étais-je pas donné aux souffrants et aux menacés de ce monde en me faisant

médecin? Et peut-on être médecin du corps sans être
celui de l'âme? Pouvais-je renier ma tâche au moment où je la voyais le plus nécessaire? Le mérite
était mince avec une amie comme elle, qui m'avait accueilli avec confiance dès le premier jour, dont l'estime m'avait récompensé des labeurs de ma jeunesse,
et dont les soins délicats et généreux m'avaient probablement sauvé la vie?

Je ne sais ce que je lui dis encore. Elle ne pleurait
plus, elle m'écoutait, les yeux attachés sur mes yeux,
les mains endormies dans les miennes, les joues
animées d'une sainte rougeur et les lèvres émues
d'un sourire sérieux et profond. Tout à coup elle se
pencha vers moi, et, comme si dans sa chasteté parfaite elle n'eût jamais rien pressenti de ma passion,
elle posa sur mon front brûlant un baiser aussi
tendre et aussi pur que ceux qu'elle donnait à Paul.
Puis elle se leva en me disant :

— Vous m'avez fait un bien que je ne peux pas
vous dire à présent; voilà Paul qui vient. Allez-vous-
en; qu'il ne vous voie pas pleurer. J'ai beaucoup de
choses à vous confier, ainsi qu'au baron, demain!...
ou après-demain! Mais, si vous voyez M. la Florade,
pas un mot qui puisse l'enhardir auprès de moi.
Dites-lui simplement de ne pas revenir ici sans ma
permission; rien de plus! Au nom d'une amitié dont
le pacte est aujourd'hui sacré, je vous le défends.

Elle alla au-devant de Paul. Je courus m'enfermer

chez moi; j'étais brisé, je ne voyais plus clair, les larmes me suffoquaient, et je me sentais aussi faible qu'un enfant.

IV

Je ne pus dîner avec le baron. Je parlai d'une migraine violente, il s'inquiéta, et vint plusieurs fois me voir. Il craignait une rechute. Je fis semblant de dormir, et il fut mandé, je crois, par la marquise, car j'entendis la voix de Nicolas dans la maison. Deux heures après, le baron rentra, m'interrogea, et, me croyant mieux, me dit qu'il remettait au lendemain de me parler de choses intéressantes.

— Oui, oui, lui répondis-je; en ce moment, j'ai vraiment besoin de repos. Demain, je serai tout à vous.

J'espérais retremper mes forces morales en imposant l'inaction à mes facultés; mais je ne pus trouver le sommeil, et je dus y renoncer. Je me levai; j'écrivis à mes parents que ma santé était rétablie, mais que d'impérieux devoirs devaient retarder de quelques jours, de quelques semaines peut-être encore le moment de notre réunion. Je sentais, en effet, que ce n'était pas au début de sa carrière d'agitations et

peut-être de malheurs que je devais quitter la marquise. Le baron était bon pour le conseil, mais pas
assez ingambe pour courir de la Florade à la Zinovèse, si le péril devenait sérieux de ce côté-là. La marquise avait sans doute pressenti l'horrible vérité ; Paul
était peut-être menacé. Ses craintes m'avaient paru
exagérées ; mais, dans le calme sinistre des nuits sans
sommeil, les fantômes grandissent, et celui-là se
présentait devant moi. J'aimais Paul avec une sorte
d'adoration, moi aussi ! Que ce fût à cause de sa mère
ou parce que l'enfant avait par lui-même un charme
irrésistible, je me sentais pour lui des entrailles de
père, et l'idée de quelque tentative contre sa vie me
faisait venir au front des sueurs froides.

Bien résolu à ne pas le perdre de vue, à faire la
ronde chaque nuit autour de sa maison s'il le fallait,
à jouer le rôle, atroce pour mon cœur, de fiancé de
la marquise, si elle l'exigeait, pour cacher jusqu'à
nouvel ordre ses fiançailles avec un autre, à être,
quand elle me l'ordonnerait, le confident de cet
autre et le sien propre, à les suivre pour les installer
où besoin serait ; à me consacrer en un mot, âme et
corps, à l'œuvre effrayante de leur salut, j'épuisai
dans cette nuit d'insomnie le calice de ma souffrance.
Je voulus regarder tout au fond et en savourer tout
le fiel, afin d'être préparé à tout. Et je ne voulus pas
lutter contre moi-même, ni me dissimuler que mon
amour insensé grandissait dans cette épreuve ; mais

au fond de tout cela je trouvai, sinon le calme, du moins une persistance de résolution et de résignation qu'aucun démon ne put ébranler.

A trois heures du matin, je sentis que j'étais fort pour la journée du lendemain, que je pourrais écouter les confidences, connaître l'histoire mystérieuse de cette passion dont les fils déliés avaient échappé à ma clairvoyance inquiète, enfin me mettre en campagne pour les autres, en guerre ouverte contre moi-même. Je dormis deux heures. Le soleil se levait quand un méchant rêve, résultat de mes préoccupations de la nuit, m'éveilla brusquement. Il me semblait entendre la voix de la marquise m'appeler avec un accent de détresse inexprimable. Était-ce un pressentiment, un avis de la destinée ? Sous l'empire des perplexités, on croit aisément à des instincts exceptionnels. Je m'habillai, je traversai les jardins, je m'approchai de Tamaris, et, au versant de la colline, j'écoutai attentivement. Un calme profond régnait partout. Un petit oiseau chantait. Le golfe, déjà rose, reflétait encore le fanal de quelques pêcheurs de nuit. Je montai encore quelques pas. Je regardai la maison de Tamaris, éclairée à demi par le rayon matinal. Tout était fermé, tout était muet. Rien n'avait troublé le pur sommeil de la mère et de l'enfant.

Comme je redescendais vers ma demeure, j'entendis un frôlement d'herbes et de branches. Je regardai avec soin. Je vis la Florade enveloppé dans son caban, à cinq ou six pas de moi, dans les buissons. Il ne me vit pas, il s'en allait furtivement du côté de l'escalier qui conduisait chez Pasquali... Demeurait-il là toutes les nuits, et voyait-il la marquise au lever du jour? — Je ne voulais rien savoir que d'elle-même. Je rentrai chez moi, maudissant l'imprudence de ces rendez-vous, qu'un jour ou l'autre la Zinovèse pouvait surprendre et faire payer si cher. — Mais, après tout, puisque la Florade avait appelé le danger, son devoir n'était-il pas de faire bonne garde, et le plus près possible, pour avertir ou porter secours?

J'étais depuis peu d'instants dans ma chambre lorsque j'entendis ses pas et sa voix sous ma fenêtre. Il m'appelait avec précaution. Je descendis aussitôt et le trouvai fort agité.

— La Zinovèse a vu la marquise hier! me dit-il.

Et, comme, en raison de la défense qui m'avait été faite de donner aucune explication, j'essayais de feindre l'ignorance :

— Je sais tout! ajouta-t-il. J'ai vu la Zinovèse hier au soir. Tiens, voici la preuve!

Et il me montra à son petit doigt la bague que la marquise avait donnée la veille à madame Estagel.

— Ah! la Florade, m'écriai-je, tu lui as pris cette bague! Tu lui avoues donc que tu aimes la marquise? Et tu viens ici, la nuit, au risque d'être suivi ! et tu ne crains pas la vengeance d'une femme poussée à bout !

— Non, je ne crains rien, répondit-il, rien que de n'être pas aimé de celle que j'aime.

— Mais c'est d'un affreux égoïsme, ce que tu dis là ? Tu ne songes qu'à toi !

La Florade ne me comprenait pas. Quand je lui racontai les terreurs de la marquise et la défense qu'elle lui faisait de la voir jusqu'à nouvel ordre, il fut en proie à l'étonnement le plus sincère.

— Comment ! s'écria-t-il, on craint pour Paul ? Mais c'est fantastique, cette idée-là ! Ah çà ! vous prenez donc cette Zinovèse pour une mégère ou pour une Brinvilliers ?

Et, passant tout à coup à la joie :

— Ah ! mon ami, s'écria-t-il, est-ce que la marquise la craint ? est-ce qu'elle a un peu souffert en la voyant ? est-ce qu'elle l'a trouvée belle à présent qu'elle est guérie ?

— Ainsi tu voudrais voir la marquise jalouse ? tu voudrais la faire souffrir ?

— Je ne veux rien que la voir émue. Sa froideur et son empire sur elle-même me tueront !

— Toi, toujours toi ! jamais son bonheur et son repos ! Voyons, puisque c'est à moi d'y songer à ta place, parle-moi de cette Zinovèse. Tu ne la crois donc pas aussi méchante qu'elle le paraît ?

15

— Elle est méchante, si fait ; mais, entre la colère et le meurtre, entre la jalousie et le crime, il y a des degrés qu'une crainte ridicule fait vite franchir à ton imagination ! Que la marquise, une femme, une tendre mère, rêve de la sorte, je l'admets ; mais toi, l'homme sérieux, le physiologiste,... c'est absurde, je te le déclare !

— C'est possible, mais je veux tout savoir.

— Permets ! Moi d'abord, je suis l'égoïste, c'est réglé ; je veux savoir avant tout ce que signifie ce prochain mariage de la marquise avec toi.

— N'est-ce pas toi qui as inventé cette fable ?

— Oui, pour détourner les soupçons de Catherine Estagel et avoir la paix ; mais comment la marquise a-t-elle pu s'y prêter ? Elle a donc une grande confiance en toi ? Elle t'estime donc bien ?

— J'ai droit à son estime et à sa confiance. Tant pis pour toi si tu le nies ; ce n'est pas d'un grand cœur !

— Non, non, mon ami, je ne le nie pas. Je ne doute plus de toi, je doute de moi-même. La marquise a peur pour son fils, et voilà tout. Elle n'est pas jalouse, elle ne m'aime pas ! Elle sait tout au plus que je l'aime !

— Tout au plus ?... Mais tu le lui as dit ?

— Tu sais bien que je n'ai pas osé.

— Mais Nama, qui jurait de te servir !

— Ah ! voilà ! Elle a dû parler ; mais tu me fais

un crime de la voir en secret, je ne peux rien savoir.

— N'était-ce pas pour tâcher de lui parler que tu rôdais tout à l'heure sur la colline ?

— Oui, pour lui parler, ou lui lancer un billet qu'elle se serait fait lire par Pasquali, elle l'a mis dans toutes nos confidences. Mais comment m'as-tu vu ? Est-ce que d'ici on peut...?

— Apparemment.

— Malédiction! rien ne me réussit maintenant! Vrai, la destinée, qui me souriait, qui me protégeait, qui me rendait invulnérable et invisible dans toutes mes aventures, m'abandonne depuis quelque temps. Il y a partout des yeux qui me guettent, des oreilles qui m'entendent... Et voilà une femme que j'aime avec frénésie, et qui ne se laisse ni émouvoir ni deviner! Ah! je n'ai plus de chance, et je crains de n'avoir plus de bonheur!

J'étais fort surpris de voir la Florade si peu informé de sa victoire et si découragé à la veille du triomphe. D'un mot, je pouvais l'enivrer de joie; mais cela m'était défendu expressément, et, mon cœur ne s'y fût-il pas refusé, la délicatesse s'opposait à toute confidence. La marquise n'en était encore qu'aux larmes. Elle voulait combattre encore; elle devait avoir consulté le baron; elle voulait probablement me consulter aussi. La Florade avait bien le temps d'être heureux, et j'avais beau vouloir m'intéresser à lui, je ne pouvais me résoudre à le plaindre.

— Ah çà ! reprit-il impatienté de mon silence, tu ne sais donc rien ?

— Je sais qu'elle est mortellement inquiète pour son fils, et je vois que tu ne veux rien faire pour la tranquilliser, puisque tu ne veux rien me dire des résolutions de madame Estagel.

— Est-ce que madame Estagel a des résolutions ! madame Estagel est un enfant terrible, et rien de plus. Vraiment, vous lui faites un rôle dramatique qui n'a pas le sens commun !

— Fort bien; mais ne peut-on savoir ce qui s'est passé entre elle et toi ?

— Tu y tiens ? C'est bien facile à dire, et je ne crains pas que la marquise l'apprenne. J'ai rencontré madame Estagel la dernière fois que nous nous sommes vus, toi et moi,... il y a huit jours, huit jours entiers ! Tu te souviens de tes derniers mots, *le respect, la soumission, la patience;* j'ai senti que tu avais raison, que tu me conseillais bien, que j'agissais follement, grossièrement, que je me montrais trop, que j'effrayais, et qu'il fallait savoir jouer le rôle d'un homme qui peut se contenir. Énorme hypocrisie ! N'importe ! en amour, Dieu pardonne tout. Je retournais à mon bord avec cette résolution, lorsque la Zinovèse m'est apparue plus belle et plus éprise que jamais. Je me suis dit qu'il fallait faire diversion à ma passion par une amitié de femme, et j'ai renoué celle-là. C'est une amitié, je te le jure sur l'honneur, ce n'est pas autre chose! C'est un aliment donné à mon imagination et un peu aussi à mon cœur, car je ne sais pas haïr et dédaigner une femme qui m'a plu et qui m'aime toujours. La Zinovèse vaut mieux que tu ne penses. Ce n'est pas une créature sensuelle, c'est une âme passionnée, ce qui est fort différent. Elle ne demandait ni ne désirait de redevenir ma maîtresse. Elle avait des remords de ce passé-là, car elle est pieuse et nullement corrompue ni dégradée. Elle ne réclamait qu'une affection pure, le repentir de mes fautes et un sentiment qui la relevât à ses propres yeux; je ne me le dissimule pas, c'est surtout son orgueil que j'avais froissé par l'abandon. Tout cela, je le lui devais, et, comme dans ces nouvelles relations rien ne s'opposait à ce que je fusse en bons termes avec son mari, j'ai promis d'aller la voir, chez elle, ouvertement, dans sa famille, et j'ai tenu parole. J'y suis retourné trois fois; j'ai chassé et pêché avec le brave Estagel, un digne, un excellent homme; j'ai mangé chez eux, et hier au soir, comme nous avions été loin sur la côte, lui et moi, à la poursuite d'un lièvre endiablé, j'ai passé la nuit sous leur toit, moi dans une chambre où dormaient les deux petites filles, les époux dans une autre chambre. Tu vois que tout est pour le mieux, et qu'il n'y a pas de sujet de mélodrame dans tout cela.

— Pourtant madame Estagel est toujours jalouse,

et tu le sais, puisque tu avais cru devoir lui dire que j'épousais...

— Oui, sans doute, elle était jalouse d'abord, elle ne savait encore comment prendre notre nouveau sentiment et gouverner son propre cœur; mais à présent...

— A présent, elle le gouverne moins que jamais,... je te le jure!

— Cela passera; patience!

— Cela passera d'autant moins, que tu irrites sans doute sa jalousie, tantôt par des mensonges qui ne l'abuseront pas longtemps, tantôt par des aveux insensés qui l'exaspèrent. Pourquoi et comment as-tu cette bague?

— Parce que j'avais une envie folle de l'avoir. Elle me la montrait avec orgueil; elle était enivrée des bontés de la marquise, qu'elle admire et qu'elle adore à présent, par parenthèse; dormez donc en paix sur ce point! Moi, tout en lui parlant de toi et de la marquise comme de deux bons amis dont je voyais l'union avec plaisir,... tout cela, note bien, devant le mari, qui n'y entendait pas malice, j'ai pris la bague; j'ai remarqué une petite cassure. La Zinovèse, brusque et nerveuse, l'avait forcée en l'ôtant et en la remettant cent fois. Je lui ai offert de la faire réparer, et j'ai promis de la lui reporter ce soir ou demain. Or, ce soir ou demain, la bague ne sera pas prête, l'ouvrier se sera absenté; dans quelques jours, j'en aurai fait faire une toute pareille pour elle, et celle-ci me restera.

— Et tu crois que la Zinovèse, avec son œil inquisiteur et sa pénétration agitée, est dupe de tout cela ?

— Si elle n'en est pas dupe, elle se raisonnera et se soumettra. Elle a déjà beaucoup pris sur elle, puisqu'elle a suivi tes ordonnances et recouvré la santé. Elle respecte ses devoirs, elle craint d'affliger son mari, elle craint encore bien plus de m'offenser et de perdre les égards que j'ai maintenant pour elle et dont elle est fière.

— Mon cher ami, c'est possible, mais tu me permettras de ne m'en rapporter qu'à moi-même. J'irai voir le ménage Estagel aujourd'hui, comme par hasard ; je tâcherai de causer avec la femme, et je te réponds de pénétrer ses vrais sentiments et ses intentions bienveillantes ou suspectes.

— Eh bien, vas-y, répondit la Florade en me serrant les mains. Oui, c'est d'un bon et généreux ami, et je t'en remercie. Il faut que j'aille faire mon service. Si tu restes au *baou rouge* jusqu'à deux heures de l'après-midi, j'irai t'y rejoindre.

— Alors, rends la bague, confie-la-moi ! Je dirai à madame Estagel que cela m'a causé un peu de jalousie, et que tu me l'as remise pour ne pas l'en priver inutilement plusieurs jours.

Je ne pus obtenir ce sacrifice de la Florade. Il mit

la bague dans sa bouche et dit qu'il l'avalerait plutôt que de la rendre. Son obstination m'irrita, je craignis de m'emporter, et je l'engageai à obéir à la marquise en se retirant, et en ne revenant pas que je ne fusse autorisé à le ramener. Il céda sur ce point, mais en m'arrachant la promesse de faire révoquer cet ordre d'exil, si j'acquérais la conviction des bonnes dispositions de la Zinovèse. Quant au dernier point, c'est tout ce que j'avais à faire, et à faire avant tout. J'écrivis à la marquise le résumé de l'entretien que je venais d'avoir avec la Florade. Je chargeai Gaspard de lui porter ma lettre à l'heure où elle s'éveillait ordinairement, et, tandis que le baron dormait encore, je pris le chemin du *baou rouge.*

Le vent s'était élevé tout à coup, et la mer déferlait sur le rivage. Quoique le ciel fût d'une limpidité admirable, le cap Sicier présentait un phénomène que j'avais déjà observé une ou deux fois dans la saison. Un grand nuage, battu du mistral dans quelque région élevée du ciel, s'était laissé tomber sur la haute falaise de la presqu'île et s'y tenait littéralement collé comme un manteau. Le vent passait au-dessus sans pouvoir l'en détacher, et, au milieu d'un paysage inondé de lumière, ce linceul blanc, immobile sur la montagne verte, avait quelque chose d'étrange et de lugubre.

Comme je passais près du fort abandonné, j'en vis

sortir Marescat chargé d'une botte de plantes sau
vages. Le brave homme ne préparait pas de philtres
comme le charbonnier du Coudon. Il semblait faire
quelque chose de pis, car je remarquai plusieurs
variétés vénéneuses parmi les ombellifères dont il
s'était pourvu.

— Ah! ah! répondit-il à mon observation, j'étais
bien sûr; n'est-ce pas que c'est des méchantes herbes?
Mais, puisque vous voilà, je n'aurai pas la peine
d'aller vous trouver, car j'ai des choses à vous dire.
Madame m'a fait *commander hier soir* qu'elle n'irait
pas en promenade aujourd'hui s'il y avait mistral, et
nous en tenons pour toute la journée. J'ai donc
donné récréation à M. Botte, qui n'en est pas fâché,
la pauvre bête, et je vais faire, ce matin, le *botani-
cien* avec vous tant que vous ne me direz pas:
« Marescat, va-t'en, j'ai idée d'être tout seul. »

— Fort bien, mon brave! Mettez là vos herbes,
asseyons-nous...

— Non, non, monsieur, dans le fourré. J'aime
autant qu'on ne nous voie pas examiner ça.

Quoique nous fussions dans une solitude absolue,
je cédai à la fantaisie de Marescat, et je l'engageai à
s'expliquer d'abord.

— Ah! voilà, répondit-il, c'est des choses qui
sont difficiles, et *que* peut-être *que* vous direz *que*
j'ai tort de m'en mêler?

— Non, je sais vos bonnes intentions, et, d'ailleurs, si vous avez tort, je vous le dirai de bonne amitié. Parlez.

— Alors, monsieur, voilà ce que c'est. Vous allez peut-être au poste du *baou rouge?*

— Précisément.

— Eh bien, vous ferez attention, si vous pouvez, que la brigadière compose des remèdes qui ne sont pas, c'est moi qui vous le dis, pour faire engraisser ceux qui les avaleront. Depuis deux ou trois jours, elle ramasse des herbes, oh!... mais des herbes que je connais, moi, parce que, quand mes chevaux les rencontrent dans leur foin, ils reniflent dessus que vous jureriez qu'ils vous disent : « Ote-moi ça du râtelier! » Ainsi, monsieur, la briga-dière en veut à quelqu'un, peut-être à plus d'un, et je n'aimais pas hier de la voir, autour de votre fontaine, à regarder couler l'eau qui s'en va sur le chemin. Vous sentez, une mauvaise chose est bien-tôt jetée avec une pierre; ça va au fond, ça se pourrit, on boit là-dessus; ça a beau être de l'eau courante... J'ai été en Afrique, moi, et ailleurs encore, et je sais comment on joue ces tours-là quand on croit au diable. Je suis sûr heureuse-ment qu'elle n'a pas monté jusqu'à la source, qui d'ailleurs est fermée à clef; mais faites-y attention, si elle va encore rôder par là. Faites toujours pui-ser au creux de la source, et qu'on ne la laisse pas ouverte.

— C'est bien, Marescat, on y veillera ; mais à qui donc supposez-vous qu'on en veut?

— Ah! vous savez bien que le lieutenant est retourné chez la brigadière il n'y a pas longtemps, et pourtant vous savez bien qu'il aimerait mieux aller tous les jours à Tamaris! Ça se voit et ça s'entend. Vous me direz : « De quoi te mêles-tu? » Je ne me mêle pas, je vous dis qu'il faut penser à tout, et voilà tout! A présent, regardez-moi mes herbes et celles qui poussent là dans ce petit méchant fossé. C'est là que j'ai vu la Zinovèse, pas plus tard qu'hier matin, faisant sa provision, et, quand elle m'a entendu marcher, elle a fait celle qui chante et qui ne pense point de mal.

J'examinai les plantes et reconnus diverses variétés d'œnanthe et d'æthuse extrêmement suspectes.

— Il y en a encore d'autres qu'elle rapportait de je ne sais où, reprit Marescat, de manière que je ne peux pas tout vous dire et tout vous montrer ; mais ce n'est pas d'hier qu'elle a commencé à travailler dans les herbes, car un des douaniers qui a les fièvres m'a dit l'autre semaine : « Je ne sais pas si c'est avec ce qu'elle ramasse qu'elle s'est guérie, mais je ne voudrais pas en donner à mon chien. »

Tout cela était à considérer. Je remerciai Marescat, et le priai d'aller tout de suite à Tamaris et à la bastide Caire examiner les sources et faire les recommandations nécessaires. J'écrivis un billet au

crayon pour que la marquise ne prît pas trop au
sérieux cet avis inquiétant et pour lui dire que
c'était probablement, de la part de Marescat et de la
mienne, un excès de zèle, mais que la prudence
n'était jamais regrettable, lors même qu'elle ne con-
jurait que les souffrances de l'imagination. Je continuai donc ma route, et j'arrivai au poste des
douaniers vers neuf heures du matin.

Le brigadier avait déjà commencé sa ronde. Je
trouvai la Zinovèse seule avec ses deux petites filles,
repassant du linge qu'elle plissait avec grand soin,
et en apparence avec une grande présence d'esprit.
L'aînée des enfants donnait à sa sœur une leçon de
lecture, et de temps en temps se levait pour reporter
près du feu les fers dont sa mère s'était servie et lui
en rapporter d'autres chauffés à point. Avant de me
montrer, j'examinai un instant par la porte entr'ouverte cet intérieur propre, rangé, luisant, ces enfants
bien peignés, soumis et attentifs, cette femme active
et sérieuse, ces images de dévotion, ce lit d'un blanc
irréprochable, orné au chevet d'une palme dorée et
bénite passée dans le bras d'un crucifix noir. Rien
n'annonçait là des préoccupations sinistres, et la délicate figure de la Zinovèse avait même une expression de recueillement austère que je ne lui connaissais
pas. Pourtant son œil s'arrondit sous sa paupière
contractée en me voyant.

— Ah! vous voilà! dit-elle.

Et, allant droit au but de sa rêverie :

— Me rapportez-vous ma bague?

— Quelle bague? Celle que la marquise vous a donnée hier? Vous l'avez déjà perdue?

— Mieux vaudrait! Je la retrouverais peut-être, tandis que celui qui me l'a prise ne me la rendra pas!

Je feignis d'ignorer tout afin de me faire raconter l'incident. La Zinovèse, voyant que l'aînée de ses filles écoutait d'un air étonné, l'envoya dehors avec sa sœur, et continua en s'adressant à moi :

— Il faut pourtant que vous sachiez cela, vous! Je ne veux pas vous rendre jaloux; mais, s'il est vrai que vous soyez pour épouser la dame, vous devez prendre garde à l'officier!

— Je ne prendrai pas garde à l'officier, répondis-je, empressé de détourner avant tout les projets de vengeance dont madame d'Elmeval eût pu être l'objet. La dame dont vous parlez ne s'occupe pas plus de lui que vous ne vous occupez de moi.

— Oui, je sais ça. C'est une femme de cœur, elle! Que Dieu vous la conserve, et aussi le pauvre petit! Mais l'officier, quand il veut quelque chose, est capable de tout, et vous ne devez pas lui laisser la bague!

— Non certes, elle vous sera rendue, et il vous la rapportera lui-même, j'en suis certain.

J'essayai alors de ramener la Zinovèse à des sen-

timents plus dignes de la confiance de son mari et
de sa propre fierté. Comme elle me racontait tout ce
que la Florade m'avait dit, j'avais le droit de la prê-
cher, et je le fis d'autant mieux qu'elle m'écoutait
par moments avec une douceur inusitée.

— Oui, vous avez raison, me dit-elle comme pour
résumer. Vous êtes un homme sage et un homme
bon, vous ! Si, au lieu de lui, je vous avais aimé,
vous ne m'auriez pas fait manquer à mes devoirs,
ou bien, si ce malheur-là était arrivé, vous m'auriez
aidée à m'en repentir et à vouloir le réparer, tandis
qu'il m'a abandonnée, et qu'il m'aurait laissée mourir de chagrin sans se déranger. C'est un homme
bien aimable, mais c'est un cœur dur, je vous le
dis !

— Moi, je peux vous assurer, repris-je, qu'il ne
vous savait pas sérieusement malade, qu'il l'a appris
de moi, et qu'il en a montré beaucoup de chagrin.

— C'est possible, mais il n'est pas venu me voir !
Il a peur de me trouver laide, et, si vous ne m'aviez
pas rendu ma figure, il n'aurait jamais voulu la
regarder.

J'essayai de lui démontrer que l'amitié de la Florade était désormais désintéressée et honorable pour
elle, mais je ne pus mettre sa pénétration en défaut.

— Je vous dis qu'il en aime une autre, reprit-elle :
que ce soit votre dame ou la demoiselle étrangère
qui demeure avec elle à présent, il n'est revenu à

moi que pour donner de la jalousie à une femme, ou pour amuser un peu son temps en attendant qu'on l'écoute ailleurs.

Mes remontrances parurent enfin la calmer, et, pour avoir l'occasion de jeter un coup d'œil dans ses armoires, je lui demandai la permission d'y prendre un verre d'eau et un morceau de pain, car en réalité j'avais faim et soif. Elle s'empressa de me servir des coquillages frais, base de la nourriture des gens du peuple de toute la contrée, et de me faire cuire des œufs. En allant et venant, elle laissait tous ses meubles de ménage grands ouverts; je pus même être seul quelques instants et me livrer à un rapide examen qui n'amena aucune découverte, aucun indice de préparation suspecte.

Quand elle m'eut servi, avec obligeance et empressement, je dois le dire, elle sortit pour voir où étaient ses filles, resta quelques instants absente, et rentra avec une physionomie bouleversée qui me frappa.

— Vous souffrez? lui dis-je : qu'est-ce que vous avez ?

— Rien ! répondit-elle d'un ton sinistre. Ne me dites plus rien, voilà l'*homme* qui rentre.

En effet, le brigadier arrivait. Il me fit un accueil aussi affectueux que le permettait sa manière d'être, timide ou réservée, et s'assit devant moi pour déjeuner avec moi. Il parlait à sa femme avec une extrême déférence, et il était aisé de voir qu'il l'aimait de toute la force de son cœur; mais il semblait craindre de lui déplaire en le lui témoignant, et il prodiguait à ses enfants les caresses qu'il n'osait lui faire. Ces pauvres petites, jusque-là tremblantes devant leur mère, devinrent plus expansives et vraiment charmantes de douceur et de grâce dès que le père fut là. Il les tenait tour à tour et quelquefois toutes les deux sur ses genoux en mangeant, disant tantôt à l'une, tantôt à l'autre, avec sa figure sérieuse et froide :

— Eh bien, on ne m'embrasse donc pas?

Et les enfants collaient leur bouche rose à ses joues hâlées. La mère rentrait, les grondait de leur importunité à table, et les ôtait de ses bras. A peine avait-elle le dos tourné, qu'elles revenaient à lui, et on se caressait comme en cachette. Cet innocent manége résumait à mes yeux toute la vie du père de famille frappé au cœur par une mystérieuse et incurable blessure. Il ignorait tout, il ne soupçonnait rien; mais il se sentait dédaigné, et chacun de ses regards aux enfants semblait dire : « Au moins vous, vous m'aimerez! »

Il me proposa un tour de promenade dans les bois. J'acceptai, présumant qu'il avait quelque chose à me dire; mais il n'avait rien préparé, et je dus l'amener, par des questions détournées, à me parler de ses chagrins.

— La pauvre femme est guérie de sa fièvre, dit-il, et je vous dois ça, que je n'oublierai jamais; mais vous ne pouvez pas lui guérir sa mauvaise tête. Elle s'ennuie ou se tourmente toujours. Elle voudrait être une grande bourgeoise, ça ne se peut pas! Quand elle voit des dames ou des messieurs, elle est contente; mais c'est pour être plus fâchée après, quand elle se retrouve avec moi et les pauvres petites, qui sont pourtant gentilles, n'est-ce pas?

Il me parla de la Florade.

— C'est un jeune homme comme il y en a peu, dit-il, aussi peu fier avec nous qu'un camarade. Lui aussi, quand il voit la femme de mauvaise humeur, il lui dit de bonnes raisons. Elle ne le prend pas toujours trop bien, mais elle l'écoute tout de même, et devant lui elle n'ose pas trop se plaindre et crier; mais il ne peut pas être là toute sa vie, et, quand il y est, vous sentez bien qu'il aime mieux chasser ou pêcher avec moi que de la regarder coudre et de l'entendre dire qu'elle voudrait être une reine. Quelquefois il se moque d'elle tout doucement, et elle rit, et puis après je vois qu'elle a pleuré, et elle nous gronde quand la mer est mauvaise et que nous ne voulons pas la prendre avec nous dans la barque, ou quand nous restons à la chasse trop longtemps. Est-ce que vous ne pourriez pas la guérir de ces ennuis-là?

— Vous pensez donc que c'est un malaise physique, un reste de maladie?

— Oui, il y a de ça, et puis quelquefois je me rappelle comme elle a été effrayée et à moitié folle quand elle a naufragé par ici avec son père. Je vous ai raconté ça, mais je ne vous ai pas dit que, depuis ce moment-là, elle avait toujours eu quelque chose dans l'idée, comme des rêvasseries, des fantaisies. Je l'ai épousée malgré ça. Je l'aimais, comme je l'aime toujours, et je pensais la rendre heureuse et lui faire oublier tout. Ça est resté, et, la nuit, quand le vent est fort, elle a des frayeurs, elle crie, ou il lui prend des colères, et si fort quelquefois, que j'ai peur pour les enfants. Ah ! on n'est pas toujours heureux, allez, dans ce monde, et on a beau faire de son mieux, il faut souffrir !

Tel est le résumé des courtes réponses arrachées à Estagel par mes nombreuses questions. Je lui en fis dire assez pour avoir lieu de craindre, avec lui et plus que lui, que sa femme ne fût menacée d'aliénation.

Au bout de deux heures, comme nous rentrions au poste, l'aînée des deux petites filles assises au seuil de la maison se leva et nous dit :

— Ne faites pas de bruit, maman dort.

— *Est-ce qu'elle est donc malade?* dit le brigadier en baissant la voix.

— Non, elle a dit qu'elle était fatiguée et que nous nous taisions.

— Mais qu'est-ce que Louise a donc à se cacher la figure? Elle a pleuré?

— Oui, un peu; maman l'a grondée.

Le brigadier savait apparemment comment grondait sa femme; il prit Louisette dans ses bras, la força de relever la tête, et vit qu'elle avait du sang plein les cheveux et sur les joues. Il devint pâle, et, me la remettant :

— Voyez ce qu'elle a, dit-il; moi, ça me fait trop de mal !

Il me suivit à la fontaine, où je lavai l'enfant; elle avait été frappée à la tête par une pierre. Je sondai vite la blessure, qui eût pu être mortelle, mais qui heureusement n'avait pas dépassé les chairs. Je dépliai ma trousse sur le gazon, et je fis le pansement en rassurant de mon mieux le pauvre père.

— Ce n'est rien pour cette fois, dit-il; mais, une autre fois, elle peut la tuer.

Et, se tournant vers l'aînée :

— Pourquoi s'est-elle fâchée comme ça, la mère? Louise avait donc fait quelque chose de mal ?

— Oui, répondit l'enfant : elle avait trouvé ce matin une lettre par terre, dans notre chambre, une lettre écrite, et, au lieu de la donner à maman, elle en avait fait un cornet pour mettre des petites graines. Dame, aussi, elle ne savait pas, pauvre Louise ! Maman a vu ça dans ses mains, elle s'est mise bien en colère, elle voulait la fouetter; alors Louise s'est sauvée, elle a eu tort; maman a voulu courir, elle est tombée, elle a ramassé une pierre, et je n'ai pas eu le temps de me mettre au-devant. Seulement, j'ai empêché Louise de crier, maman n'aime pas ça. Elle est rentrée, maman, et puis elle est revenue sur la porte et elle a dit : « Ne faites pas de bruit, il faut que je dorme! » Nous n'avons pas bougé, et Louise a pleuré tout bas, vrai, mon petit père, Louise a été bien sage!

— Est-ce que ça ne vous étonne pas, me dit Estagel, qu'elle puisse dormir tout d'un coup comme ça après une colère pareille?

— Si fait, un peu, répondis-je. Restez avec les enfants, distrayez ma petite blessée, faites qu'elle oublie. Je vais voir l'autre malade.

J'entrai, et, ne voyant pas la Zinovèse, je passai dans la chambre voisine et la vis étendue sur son lit, non loin du lit de ses petites filles. C'est là que la Florade avait passé la nuit.

La pièce était très-sombre, je ne distinguais que vaguement les traits de la Zinovèse. J'ouvris le volet de la fenêtre, et je fus frappé de la pâleur livide répandue sur les traits de la malheureuse femme. Elle dormait les yeux à demi ouverts, sa peau était froide et comme visqueuse. En cherchant son pouls, je trouvai dans sa main un papier froissé qu'elle voulut machinalement retenir par une légère contraction des doigts, mais que je saisis et me hâtai de lire, certain de trouver là le plus prompt des éclaircissements. C'était écrit au crayon et en peu de mots:

« Ma bien-aimée Nama, fais-moi répondre par
Pasquali, je t'en supplie ; je meurs d'impatience et
de chagrin. »

Ce billet avait été écrit par la Florade, la veille ou
le matin même, sur une feuille de son carnet, pour
être remis secrètement à mademoiselle Roque. On a
vu qu'il n'avait trouvé aucun moyen de le remettre,
et, dans son trouble, il ne s'était pas aperçu de la
perte de l'objet compromettant. Il l'avait peut-être
laissé tomber près du poste, peut-être oublié dans la
chambre des petites filles, où il avait passé la nuit
et où il avait dû l'écrire.

Dans cette même chambre, sur ce même lit encore
tiède du sommeil de son amant, la Zinovèse semblait
mourante. Sans doute elle croyait avoir saisi la preuve
d'une intrigue d'amour entre Nama et la Florade,
elle avait été en proie au délire ; mais, après avoir
voulu tuer son enfant, que s'était-il donc passé dans
son organisation bouleversée? Une congestion cérébrale s'était-elle déclarée, ou bien la malheureuse
s'était-elle donné la mort?

Oui, sans aucun doute, elle avait bu du poison,
bien que je n'aie pu retrouver ni fiole, ni breuvage
ni aucun indice du fait. Je n'attendis pas ses aveux
pour me convaincre. Divers symptômes que j'avais
déjà pu étudier sur un autre sujet et les avertisse-
ments donnés par Marescat me fixèrent vite, et je
recourus à tous les moyens indiqués par la nature du

mal pour le combattre. Je fis emmener les enfants,
j'appelai les femmes des autres douaniers, j'envoyai
Estagel chercher les objets nécessaires au Brusc, le
plus prochain village, et j'eus une heure d'espoir,
car j'obtins un mieux sensible, la peau se réchauffa
un peu, les traits se détendirent, la connaissance et
la parole revinrent. J'en profitai pour éloigner mes
aides et interroger la malade.

— Quel poison avez-vous pris? lui dis-je.

— Je n'ai rien pris.

— Si fait, je le sais. Qu'y avait-il avec la ciguë?

— Ah! vous savez! Eh bien, il y avait plusieurs
herbes.

Et elle me nomma des plantes dont le nom en patois local ne m'apprenait rien. Je pus lui arracher la
révélation vague des doses et de la préparation, mais
elle ne se laissa pas interroger complétement.

— Laissez-moi mourir tranquille, dit-elle, vous
n'y pouvez rien. Il faut que je parte, et, si vous me
sauvez, je recommencerai.

— Vous aviez donc depuis longtemps la volonté
de vous ôter la vie?

— Non. Je voulais l'ôter à celui qui m'a jouée et
avilie!... mais j'espérais toujours. Aujourd'hui...
quand donc? je ne sais plus le temps qu'il y a,...
j'ai trouvé une lettre... Ah! où est-elle?

— Je l'ai. Cette lettre est d'un frère à sa sœur.

— Non, vous mentez Je ne vous crois plus. Rendez-la-lui, sa lettre, et dites-lui ce qu'elle a fait, dites-lui qu'elle m'a rendue folle et que j'ai voulu... je ne sais plus quoi... Ah ! si, j'ai voulu tuer ma petite ! Et je l'ai tuée, car je ne la vois pas ici. Mon Dieu ! où est Louise ? Louise est morte, n'est-ce pas ? Ah ! vous pouvez tout me dire, puisque je suis morte aussi !

— Non, Louise n'a presque rien. Repentez-vous, et Dieu vous sauvera peut-être.

— Je ne veux pas vivre ! Non, je tuerais les deux enfants, et le mari, et tout, puisque je n'ai plus ma tête. Quand j'ai vu ça, je me suis punie. J'ai dit : « Tu ne peux pas te venger, puisque tu ne sais plus ce que tu fais ; eh bien, il faut en finir. » C'est un bien pour les enfants, allez, et pour l'homme aussi ! Dites à votre ami l'officier qu'il soit bien heureux, lui, et qu'il s'amuse bien ! Moi, j'ai fini de souffrir.

Une violente convulsion jeta la malheureuse à la renverse sur son oreiller. De nouveaux soins la ranimèrent une seconde fois. Elle reconnut son mari, qui rentrait, et demanda à être seule avec lui. Ils restèrent quelques minutes ensemble, puis Estagel me rappela. Il semblait frappé d'idiotisme et sortit en disant que sa femme demandait le prêtre ; mais il s'en alla au hasard, comme un homme ivre.

A partir de ce moment, la Zinovèse n'eut plus que de faibles lueurs de mémoire. Je la voyais rapidement s'éteindre. Je fis rentrer les enfants, qu'elle demandait à embrasser ; mais elle ne les reconnut pas, et, vers six heures du soir, elle expira sans en avoir conscience.

Estagel revenait quand je le rencontrai en sortant de la maison et conduisant les deux petites filles loin de l'affreux spectacle de cette mort désespérée.

— Tout est fini? dit le brigadier en recevant les enfants dans ses bras.

— Oui, occupez-vous de ces chères créatures-là. C'est pour elles qu'il faut vivre à présent. Elles n'ont pas été heureuses, vous leur devez tout votre cœur et tout votre courage.

— Bien! répondit-il; mais j'ai quelque chose à faire, et je ne pourrai penser aux enfants que demain. Faites-moi amitié et charité de chrétien jusqu'au bout. La dame de Tamaris est bonne et sainte femme; conduisez-lui mes filles pour vingt-quatre heures. Moi, je veux ne penser qu'à *ma pauvre!* Je veux l'ensevelir moi-même et la pleurer tout seul. Après ça, j'aurai du courage, et j'irai chercher les enfants.

Estagel avait les yeux secs et la parole plus brève que de coutume; mais il avait retrouvé sa volonté et sa présence d'esprit. Je partis avec les enfants, Marie pleurant en silence et me suivant avec résignation, Lovi accablée dans mes bras et dormant la tête sur mon épaule.

J'allai ainsi jusqu'aux Sablettes, où je vis la marquise, qui venait à ma rencontre avec Paul et Nicolas.

Elle avait appris des douaniers échelonnés sur toute la côte que la femme du brigadier de Fabregas était au plus mal. Elle comprit tout en voyant les petites filles et ma figure navrée et fatiguée.

— Ah! mon Dieu! dit-elle.

Et elle embrassa les enfants sans ajouter un mot et sans demander si on les lui confiait pour une heure ou pour toujours. Les douaniers du poste des Sablettes les prirent avec Paul et Nicolas dans une petite barque pour remonter le golfe jusqu'à Tamaris, et la marquise, ayant recommandé à Paul d'avoir le plus grand soin des pauvres petites, prit mon bras et revint avec moi par le rivage.

— Eh bien, lui dis-je, après lui avoir communiqué les faits en peu de mots, vous dormirez en paix maintenant! Cette femme si altière et si vindicative, qui vous effrayait tant hier, s'est fait à elle-même sévère et cruelle justice!

— C'est donc là le sort des maîtresses de la Florade? dit la marquise d'un ton indigné, mais sans donner aucune marque de douleur personnelle.

— N'accusez pas la Florade plus qu'il ne le mérite, repris-je. Il a été bien téméraire et bien léger; mais son intention était bonne: il voulait, par l'amitié et des témoignages d'estime, ramener cette femme à la raison et détourner de vous sa vengeance.

— S'il en est ainsi, il ne m'a pas trompée; mais

c'est moi qui suis cause de cette affreuse mort !

— Non, rassurez-vous, elle n'accusait plus que mademoiselle Roque.

— Qu'est-ce que cela signifie? s'écria la marquise après avoir jeté les yeux sur le fatal billet de la Florade. Nama n'est donc plus sa sœur? Il veut donc séduire aussi cette pauvre fille?

— Non! Qu'il soit ou non son frère, qu'il ait des doutes là-dessus ou qu'il n'en ait pas, il la traite comme une sœur. Vous voyez bien qu'il ne s'agit là que de vous. Ne vous a-t-elle jamais parlé de lui?

— Si fait, et je lui ai imposé silence; mais c'est toujours moi qui suis la cause indirecte du désespoir de la Zinovèse. Dieu sait pourtant que je n'ai rien à me reprocher! C'est égal, je la verrai longtemps dans mon sommeil, cette charmante brune, avec sa chemisette blanche et ses colliers d'or! Quelle animation dans sa parole, quel feu dans ses regards il y a vingt-quatre heures! Et aujourd'hui plus rien! Des enfants qui pleurent, un mari désespéré, un coupable qui se repent trop tard... car il se repent, n'est-ce pas? Il doit être brisé?

— Il ne sait rien encore, je ne l'ai pas vu.

— Comment cela se fait-il? Il a passé par chez nous, il y a deux heures!

— Vous l'avez vu?

— Oui, et je lui ai parlé, répondit sans hésitation

la marquise. Il m'a juré de reporter la bague à l'instant même.

— Il aura pris par l'intérieur de la presqu'île et se sera arrêté en route. A l'heure qu'il est, il est probablement arrivé.

— Et il est bien à plaindre alors à l'heure où nous parlons!

Je quittai le bras de la marquise.

— Où allez-vous? dit-elle.

— Je retourne là-bas. Je vais tâcher de guérir sa conscience, qui doit être aussi malade que son cœur. Je vais lui dire que vous le plaignez et ne le maudissez pas!

— Pourquoi le maudirais-je? reprit-elle. C'est à Dieu de l'absoudre ou de le châtier. Notre devoir, à vous comme à moi, est d'avoir pitié pour tous; mais vous le laisserez un peu à ses justes remords. Vous êtes trop fatigué. Je ne veux pas que vous retourniez là-bas.

Elle reprit mon bras avec une sorte d'autorité et se remit à marcher vite. J'étais confondu de son courage, de la mesure de douceur et de sévérité qui présidait à son jugement sur la Florade. J'admirais tristement la tranquillité de son âme au milieu d'un événement qui ne parlait qu'à sa pitié miséricordieuse.

— Elle est sainte, me disais-je, elle aime saintement. Elle le grondera sans doute, mais il est déjà pardonné. Elle pleurera ses fautes avec lui, elle l'aidera à les réparer. Elle élèvera les enfants de la Zinovèse, ou elle veillera sur eux avec tendresse. Elle réussira à faire de lui un homme sage et fort, parce qu'elle aime avec force et que son âme est remplie d'une équité souveraine. Heureux, trois fois heureux, même avec un remords poignant, celui qui est aimé d'une telle femme!

Nous trouvâmes Pasquali au seuil de sa bastide. Le soleil était couché, et, contre son habitude, Pasquali n'était pas rentré à la ville. Il m'attendait avec impatience. Il avait aidé Paul, Nicolas et les enfants de la Zinovèse à débarquer. Il savait donc l'événement; mais il n'avait pas osé leur parler de la Florade.

— Eh bien, me dit-il, est-ce qu'il a beaucoup de chagrin, ce pauvre enfant? Au diable la méchante femme qui se donne au diable! Il n'avait plus rien à se reprocher, lui! Vous l'avez laissé là-bas?

Quand Pasquali sut que je n'avais pas vu son filleul, il ferma sa maison et sauta dans son canot en disant qu'il ne voulait pas laisser la Florade devenir fou auprès d'un cadavre, et qu'il le ramènerait coucher à son bord.

Le baron nous attendait à Tamaris. Il ne fit aucune réflexion sur ce qui s'était passé, et il aida la marquise à installer les enfants du brigadier, qu'elle consola et soigna comme s'ils eussent été à

elle. Elle les fit souper avec nous, elle présida elle-
même à leur coucher, et à huit heures on se sépara.

— J'avais beaucoup de choses à te confier, me dit
le baron en rentrant; mais voici une journée trop
noire pour faire des projets. Laissons-la passer. Tu
as besoin de repos, tu étais malade hier, tu t'es levé
avant le jour, tu as eu des émotions très-pénibles.
Dors, nous causerons demain.

Ainsi l'horrible événement n'avait rien changé
dans les projets de la marquise, rien ébranlé dans
ses sentiments! On laissait passer la triste journée;
le lendemain, on parlerait d'amour et de mariage!
Pourquoi non, après tout? Si le bonheur n'était pas
égoïste, il ne serait plus le bonheur, puisqu'il est
un état de repos exceptionnel au milieu d'une vie
où tout s'agite autour de nous dans la tourmente
sans trêve et sans fin.

J'étais trop fatigué cette fois pour ne pas dormir.
J'avais, d'ailleurs, plus que jamais la ferme résolution de me reposer vite et complétement, pour être
encore prêt aux dévouements du lendemain. Ma vie
ne m'appartenait plus.

Bien me prit d'être endormi à neuf heures du soir :
Marescat entra chez moi à deux heures du matin. Il
venait de la part de Pasquali savoir si la Florade
m'avait donné signe de vie. Pasquali n'avait encore
pu le joindre. On ne l'avait pas encore vu au poste
du *baou rouge,* et pourtant le garde de la forêt de

16.

la Bonne-Mère affirmait lui avoir parlé la veille, à
sept heures du soir. C'est ce garde, déjà informé,
qui lui avait appris la mort de la Zinovèse. La Florade s'était mis à courir à travers bois dans la direction du poste. Depuis ce moment, personne ne l'avait
revu. Les gardes-côtes n'avaient pas signalé d'autre
passant sur les sentiers de la falaise que Pasquali et
Marescat lui-même, qui avait marché et cherché en
vain une partie de la nuit, tandis que Pasquali cherchait de son côté.

— Le brigadier cherchait-il aussi? demandai-je
à Marescat tout en m'habillant à la hâte.

— Oui, c'était son devoir. Quoiqu'il fût en prière
depuis sept heures jusqu'à minuit auprès du corps
de sa femme, il a commandé les recherches, et il y
a été aussi de temps en temps; mais dans tout ça il
n'y avait que M. Pasquali et moi d'inquiets. Tout le
monde disait : « Ça aura fait de la peine à l'officier,
de voir la brigadière morte ; il n'aura pas pu se décider à entrer au poste, il sera retourné par les bois,
et, à présent, il est bien tranquille à son bord. »

— Et pourquoi n'en serait-il pas ainsi? Au lieu
d'explorer les bois, ne vaudrait-il pas mieux aller
au port de Toulon?

— C'est ce que M. Pasquali est en train de faire.
Il a été prendre un bateau à la Seyne, mais il m'a
dit : « Va voir au quartier de Tamaris, et, s'il n'y est
pas, tu diras au docteur de s'inquiéter. »

— Qu'est-ce qu'il craint donc, M. Pasquali? Le
savez-vous?

— Oui et non, que je le sais! Il a l'idée que son
filleul peut avoir fait quelque bêtise dans le cha
grin.

— Se tuer?

— Oui, — ou se battre.

— Avec le mari?

— Oui, peut-être! Pourtant le mari ne savait rien.

— Et la Florade n'est pas assez fou pour s'être
confessé...

— Ah! dame, il est bien fou, vous savez, et, dans
le moment d'une mauvaise nouvelle, on parle quelquefois plus qu'on ne croit parler.

— S'étaient-ils vus hier au soir, lui et le brigadier?

— Le brigadier dit que non, et les hommes du
poste ne savent pas. Vous sentez qu'on ne peut guère
questionner là-dessus. C'est des choses délicates,
encore que tout le monde par-là sache bien ce qui
en était de la brigadière et du lieutenant!

En parlant ainsi avec Marescat, j'avais gagné le
rivage pour me rendre au *baou rouge*. La course est
longue et rude, mais moins longue par la falaise que
par les tours et détours des chemins de voiture.
D'ailleurs, ces chemins sont dangereux la nuit pour
les chevaux, et nous eussions pu être retardés par
un accident. Ma première pensée fut d'entrer au

poste pour m'enquérir d'Estagel. Je le trouvai assis près du lit mortuaire. La Zinovèse n'était plus qu'une forme vaguement dessinée sous un drap blanc semé de branches de cyprès. A la clarté des cierges qui brûlaient aux quatre coins de ce lit, je pus examiner attentivement la physionomie austère du brigadier. Rien ne trahissait en lui une pensée étrangère à la douleur morne et recueillie de sa situation.

J'avoue que je n'osai l'interroger. Une vieille femme qui veillait et priait au bout de la chambre vint à moi sur le seuil, et me dit à voix basse :

—Vous cherchez aussi l'officier, vous ? Bah ! il n'est pas venu chez nous. Il est sur son navire. Qu'est-ce que vous voulez qui lui soit arrivé? Il n'y a pas de mauvaises bêtes par ici, et les voleurs n'y viennent pas ; il n'y a que de pauvres maisons, et si peu !

— Il pourrait avoir fait une chute le long des falaises.

— Lui, le plus beau marcheur qu'on ait jamais vu marcher, et qui connaît si bien tous les passages? Oh ! que non, qu'il ne tombe pas, celui-là ! C'est bon pour les enfants, pour ce pauvre petit de trois ans qui, l'an dernier...

La vieille femme se mit à me raconter un accident très-pathétique sans doute, mais que je n'avais pas le loisir d'écouter. Je la quittai brusquement. Elle me rappela pour me dire :

— Prenez garde à vous tout de même, si vous ne

connaissez pas la côte! Emportez au moins une lanterne, et n'allez pas sans faire attention.

Je pris la lanterne, et je partis avec Marescat, qui
avait en vain cherché à s'enquérir de nouveau. Tout
le monde était endormi encore dans le poste. On
avait veillé tard, le jour paraissait à peine ; les
gardes-côtes de faction, trouvant nos recherches pué-
riles et s'étant d'ailleurs prêtés à toutes les explora-
tions voulues, nous invitèrent à ne pas troubler leur
service par des cris et des appels qui ne pouvaient
plus avoir de résultat.

Je pensais comme eux que Pasquali s'était laissé
égarer par une inquiétude sans fondement, et qu'a-
vec le jour nous le reverrions tranquillisé. Néanmoins je voulus examiner par moi-même. Marescat
était très-fatigué. Au bout d'une demi-heure de
marche, je l'engageai à se reposer dans une guérite
abandonnée. Je continuai seul. Le nuage qui, la
veille au soir, s'était détaché du promontoire s'était
reformé durant la nuit. Je marchais donc dans une
épaisse brume qui rendait mon exploration assez
vaine. Les troncs des arbres m'apparaissaient à chaque pas comme de noirs fantômes, et les pâles touffes
d'astragale épineuse jetées sur les clairières semblaient des linceuls étendus dans un cimetière dis-
proportionné. Las de ces illusions continuelles, je
descendis, non sans peine et sans danger, au bas
des falaises que le brouillard n'atteignait pas. Je

savais que les douaniers allaient partout sur le flanc
de ces rochers; mais il y avait un endroit où Estagel
seul passait quelquefois sans quitter le ras du flot.
Il me l'avait dit précisément la veille, durant notre
promenade, en passant sur le haut de la coupure à
pic. Il fallait, pour suivre la base de cet escarpement
terrible, sauter d'une roche à l'autre, et ces roches,
mouillées d'écume et couvertes de varechs glissants,
n'avaient rien de rassurant; mais j'avais donné ma
vie à la marquise, et il s'agissait de retrouver celui
qu'elle aimait sans doute plus que ma vie et la sienne
propre. Je passai sans crainte et sans accident, et
j'arrivai à une petite anse de sable au revers du cap
Sicier, au pied d'une muraille de schistes ébréchés et
redressés verticalement. Le soleil était levé; mais le
rayonnement court de son gros spectre rouge ne
m'arrivait qu'à travers le brouillard encore étendu
sur ma tête. Le lieu où je me trouvais était sinistre;
aucun moyen visible d'aller plus avant ni de remonter la falaise. Une végétation dure, tordue et noire,
des passerines et des staticées desséchées par le vent
salé, tapissaient les flancs inférieurs de cette espèce
de prison. Devant moi, de grosses roches anguleuses,
pics sous-marins plongés à demi dans le flot et à
demi dans le sable, s'enlevaient en blanc livide sur
le bleu ardoisé de la mer. Je remarquai rapidement
l'horreur de cette retraite, qui n'avait pas même tenté
les oiseaux du rivage, et je repris haleine un instant.

Comme je promenais un regard toujours attentif
sur tous les détails de ce lieu désolé, je distinguai
comme une tache noire accrochée à un buisson sur
la paroi du rocher, à une certaine élévation. J'y courus, certain, à mesure que j'en approchais, que c'était
une coiffure de marin, et, bien qu'elle fût placée trop
haut pour que je pusse l'atteindre, je distinguai parfaitement la coiffure de drap bleu à galons d'or qui
appartenait au grade de la Florade.

Il était donc là quelque part! il était tombé, ou il
avait été précipité du haut de l'effroyable falaise!
J'allais le trouver brisé dans les anfractuosités de la
base, à moins que, lancé du surplombement le plus
élevé, il ne fût au fond de la mer. Je tournai deux
ou trois roches, et je le vis étendu sur un sable fin,
la face tournée vers le ciel, les jambes dans l'eau
jusqu'aux genoux. Je n'oublierai jamais la stupeur
qui me paralysa un instant à la vue de ce jeune
homme si beau, si actif, si rempli de toutes les
flammes de la jeunesse et si fier de toutes les forces
de la vie, ainsi couché sur le dos, dans l'attitude
sinistre de la roideur cadavérique, avec sa face blême,
ses yeux grands ouverts. On voit et on observe vite
dans les moments de surexcitation. Je remarquai le
changement que la mort avait apporté dans sa physionomie. Le cercle tantôt brun, tantôt rose qui
semblait agrandir ou rapetisser ses yeux, selon le
genre d'émotion qu'il éprouvait, s'était compléte-

ment effacé; ses traits, nullement contractés, avaient
une expression de calme béatitude, sa bouche pâlie
était à peine violacée par le froid, et son regard vitré
s'était attaché à tout jamais sur le bleu infini de la
mer à l'horizon.

Mon premier soin fut de constater la mort; après
quoi, j'en recherchai la cause. Pas une fracture, pas
une blessure sur le corps, des écorchures profondes
aux mains et aux doigts, les ongles presque déra-
cinés. Il s'était retenu longtemps peut-être aux rochers avant d'achever la chute qui l'avait lancé dans
l'eau, car il était noyé et nullement frappé, meurtri
ou brisé. Il avait pu nager, errer peut-être longtemps
dans l'obscurité parmi des écueils où il n'avait pu
prendre pied, et, poussé par le flot, le vent soufflant
du large, il était venu échouer et mourir sur la grève
étroite.

A peine eus-je acquis toutes ces certitudes, que
j'appelai de toutes mes forces, et, la voix de Marescat m'ayant répondu, je me mis en devoir de
ranimer ce cadavre, sans aucune espérance, je le
déclare, tant la mort me paraissait un fait accompli;
mais, dans les cas d'asphyxie, j'ai toujours regardé
comme un devoir de ne pas croire sans appel au
témoignage de mes sens. J'arrachai les vêtements
mouillés de la Florade, je le couvris des miens, et,
avec mes mains pleines de sable, je pratiquai des
frictions violentes. J'obtins alors au moyen de la

lancette quelques gouttes de sang, et, bien que ce fût une très-faible preuve de vitalité, je redoublai d'énergie.

Marescat m'avait signalé aux gardes-côtes. Ils arrivaient avec une barque, mais trop tard à mon gré, car mes forces s'épuisaient, et je sentais se ralentir l'action de mes bras. Il m'était impossible de me rendre compte de l'état du pouls et du cœur, je ne sentais plus que le battement exaspéré de mes propres artères. Quand la barque arriva, je prescrivis à Marescat de me remplacer, et je tombai évanoui dans les bras d'Estagel, qui commandait la manœuvre.

Je revins vite à moi, et je vis qu'on nous débarquait, non au poste, mais à une maison de pêcheurs de l'autre côté du cap. C'était bien vu, puisque c'était le gîte le plus proche. Il s'agissait de continuer à réchauffer ce pauvre corps inerte jusqu'à ce que la rigidité, plus apparente que sensible, se fût dissipée ou prononcée. Je vis employer là par les gens de la côte un moyen très-efficace et très-ingénieux de réchauffement prompt et complet dont j'ai dû prendre note. Ils rassemblèrent une douzaine de poulies de navire en bois de gaïac, épaves qu'ils recueillent toujours avec soin; ils les mirent près du feu; au bout d'un instant, elles fumaient en se couvrant d'une sueur résineuse à odeur de benjoin, et elles acquéraient une chaleur forte et persistante. Ils en

17

remplirent le lit où j'avais fait déposer l'asphyxié.
Ils lui en appliquèrent sur la poitrine, sur le dos,
sur tous les membres, et, les frictions violentes con-
tinuant sans interruption, au bout d'un quart d'heure
les joues reprirent couleur, les yeux rougirent et
s'ouvrirent avec égarement, un grand cri déchirant
sembla vouloir briser la poitrine, et je n'eus plus à
combattre qu'une crise nerveuse terrible, doulou-
reuse, mais de bon augure.

Quand elle s'apaisa, je regardai fixement Estagel,
qui ne nous avait pas quittés. Il leva les yeux au
ciel, joignit les mains et dit simplement :

— Dieu est bon !

Ceci fut un mouvement si peu étudié et si reli-
gieusement vrai, que tous mes soupçons se dissi-
pèrent. La Florade avait dû être victime d'une cause
fortuite.

Quand Pasquali arriva, la Florade était vivant, ce
qui ne voulait pas dire qu'il fût sauvé. Des accidents
imprévus pouvaient survenir; mais il vivait, il entendait, il voyait, il s'étonnait et faisait des efforts
de mémoire pour comprendre sa situation.

— A présent, dis-je à Pasquali, envoyez à Tamaris,
où l'on doit être mortellement inquiet, et faites dire
que tout va bien, sans autre explication. Je ne puis
vous répondre de rien; j'ai un résultat inespéré,
voilà tout, et on ne peut rien demander de plus et
de mieux aujourd'hui à la nature.

La journée fut agitée, mais la nuit fut bonne, et, le lendemain, nous pûmes faire transporter le malade à la bastide Pasquali sur un brancard. Je m'étonnais de ne pas voir paraître la marquise ; elle ne descendit pas. Nous ne trouvâmes chez Pasquali que le baron, mademoiselle Roque et les gens des deux bastides envoyés là pour nous attendre et se mettre à nos ordres. Quand la Florade fut couché, réchauffé de nouveau et réconforté par quelques gouttes de vin vieux et de bouillon, je témoignai mon étonnement à M. de la Rive. Je craignais que la marquise ne fût malade aussi.

— Non, me dit-il, elle a supporté courageusement toutes ces émotions ; mais elle ne descendra pas. C'est à mademoiselle Roque qu'il appartient de soigner son frère. On s'est assuré qu'il ne manquerait de rien. On y veillera. Tous les serviteurs et toutes les ressources de nos maisons seront à la disposition du bon Pasquali; on a fait même tendre les fils d'une sonnette pour que les gens d'en bas puissent appeler ceux du haut de la colline à toute heure ; mais la marquise ne verra pas la Florade. Ce ne serait peut-être pas bon pour lui, et pour elle ce ne serait pas convenable. A présent, tu peux le quitter pour quelques instants; on désire te voir à Tamaris.

La marquise était seule au salon avec Estagel, qui revenait chercher ses filles et la remercier. Il avait enseveli sa femme dans la matinée. Peu s'en était fallu que le brancard qui rapportait la Florade à Tamaris n'eût rencontré le modeste convoi qui transportait la Zinovèse au cimetière de Brusc. Le brigadier était calme dans son abattement; sa reconnaissance, sans expansion, était profonde. Quand la marquise lui offrit de garder ses enfants et de les faire élever, une larme vint au bord de sa paupière; mais il la retint, et, ne sachant pas remercier, il fit le mouvement involontaire, aussitôt réprimé par le respect, de tendre la main à la marquise. Celle-ci le comprit, et lui tendit la sienne. La grosse larme se reforma et tomba sur la moustache épaisse du douanier.

— Vous comprenez, dit-il après un moment de silence. Mes enfants, c'est tout, à présent! je ne pourrais pas vivre sans ça. D'ailleurs, j'ai de quoi les élever, et je ne voudrais pas leur voir prendre des idées au-dessus de leur état; ce serait le plus grand malheur pour des filles.

Les petites rentrèrent et caressèrent avec adoration la marquise, qui permit à Paul de les reconduire avec Marescat jusqu'aux Sablettes. Le bon et généreux cœur de Paul se montrait là tout entier. Il embrassa si tendrement Estagel, que la force de l'homme fut vaincue par la grâce de l'enfance. Il fondit en larmes, et cet attendrissement le soulagea beaucoup.

La marquise me parla de la Florade avec le même

calme et la même douceur que les jours précédents.
Je remarquai avec surprise que sa figure n'était
presque pas altérée, et qu'elle ne me faisait aucune
espèce de question sur l'accident terrible auquel
il échappait par miracle. Elle ne paraissait occupée
que de moi ; elle savait par Marescat et par le brigadier les soins que j'avais prodigués à la Florade
après avoir couru quelques risques pour le retrouver. Elle me témoignait, pour cette chose si simple,
un attendrissement extraordinaire, sans aucune
expression de reconnaissance personnelle.

Au bout d'une heure, je retournai auprès de mon
malade. Il était animé et demanda à être seul avec
moi ; mais à peine eut-il dit quelques mots, que je
le sentis divaguer. Il voulait me parler de moi, de
Nama, de la marquise ; mais le nom de la Zinovèse
se mettait malgré lui à la place des autres noms. Il
avait l'esprit frappé, et je craignis un sérieux désordre du cerveau, car il n'avait pas de fièvre. Je le
fis taire. Peut-être avait-il bu un peu trop de vin. Je
guettai tous les symptômes, et bientôt la fièvre se
déclara sans cause déterminée. Le lendemain, j'hésitais encore sur la nature du mal. Vers le soir, une
fièvre cérébrale se déclara franchement, elle fut très-
grave ; mais la belle et jeune organisation du malade
me permit un traitement énergique, et il fut prompt-
tement hors de danger ; après quoi, j'augurai avec
raison que la convalescence serait longue et tour-

mentée par un état nerveux fort pénible. L'image
de la Zinovèse revenait avec la présence d'esprit, et
le malade ne trouvait d'allégement que dans l'abattement de ses forces. Il ne parlait plus jamais de la
marquise ; je remarquai que, même dans le délire
de la crise, son nom ne lui était pas revenu une
seule fois.

Un soir, tout à coup il se fit en lui une lumière,
et il me dit :

— Mon ami, j'ai eu la tête si troublée, que j'ai
oublié beaucoup de choses. Comment se porte la
marquise ? Êtes-vous mariés ?

— Tais-toi, lui dis-je, tu ne sais pas encore ce que
tu dis ; je n'ai jamais dû épouser personne.

— Je n'ai pourtant pas rêvé,... non, non, je n'ai
pas rêvé cela ! Le jour..., l'affreux jour de la mort...
tu sais !... Je ne savais rien, moi. J'avais réfléchi, je
reportais la bague... Oui, c'est bien cela ; mais je
voulais voir Nama, je suis monté à Tamaris. C'est
bien tout près d'içi, Tamaris ? Où suis-je à présent ?

— Tais-toi donc ! Je te défends de te préoccuper
de rien !

— Tu as tort. Je fais, malgré moi, pour me souvenir de tout, des efforts terribles. Tiens, vois, la
sueur m'en vient au front. Nama sait bien cela, elle
ne me laisse pas chercher, et je suis soulagé quand
je vois clair dans ma tête. Laisse-moi donc te dire...
puisque cela me revient... Oui, ce jour-là, j'ai vu la

marquise, je lui ai parlé. Est-ce qu'elle ne te l'a pas dit?

— Elle me l'a dit, tu me le rappelles.

— Eh bien, tu sais ce qu'elle m'a confié?

— Non, et je crois qu'elle ne t'a rien confié du tout.

— Si fait! J'allais me déclarer, car je la trouvais seule et je me sentais du courage; il y a comme cela des jours maudits que l'on prend pour des jours propices! Eh bien, elle ne m'a pas laissé parler pour mon compte, et, comme je lui faisais, en manière de préambule, un tableau passionné de l'amour dans la fidélité et la sécurité du mariage, elle m'a interrompu pour me dire : « Oui, vous avez raison, c'est ainsi que j'aime mon fiancé, c'est ainsi que je l'aimerai toujours. — Mon Dieu! quel fiancé? qui donc? » ai-je dit. Elle a tiré de sa poche une carte de visite à ton nom et me l'a donnée avec un cruel et terrible sourire féminin, en disant : « Gardez cela, montrez-le à madame Estagel de ma part, et rendez-lui ma bague, ou je vous tiens pour un malhonnête homme! »

Il me sembla d'abord que la Florade me faisait un roman, comme il en faisait quelquefois, même en état de santé; mais je me rappelai tout à coup une circonstance que je n'avais pas songé à m'expliquer. Avec sa coiffure d'uniforme et divers objets échappés de ses poches pendant sa chute sur la falaise, on m'avait remis une de mes cartes de visite que j'étais bien sûr de n'avoir pas eue sur moi ce jour-là, et que je savais n'avoir jamais fait remettre à personne, ces cartes, d'un nouveau modèle, m'ayant été envoyées de Paris la veille seulement. La marquise seule m'en avait demandé une pour savoir si elle en ferait faire dans le même genre.

En me retraçant ce fait, j'eus un tremblement nerveux de la tête aux pieds; mais je me défendis de cette folie. Que prouvait ce fait, sinon que la marquise, secrètement irritée contre la Florade à cause de la visite de la Zinovèse, ou méfiante d'elle-même, près de faiblir, ou encore curieuse d'éprouver l'amour de cet audacieux, l'avait puni d'un mensonge par un mensonge semblable? Il avait inventé ce mariage entre elle et moi. Elle en acceptait l'apparence, et tout cela parce qu'elle avait beau être un ange, elle était femme et voulait faire un peu souffrir celui par qui elle souffrait beaucoup.

Je voulus encore faire cesser l'expansion de la Florade, mais il me supplia de le laisser parler :

— Puisque tu m'as rendu à la vie, laisse-moi vivre un peu, dit-il, et me souvenir que je suis un homme et non une brute. Tu sauras donc que la conduite hardie et franche de la marquise m'avait rendu la raison subitement. Je ne respecte peut-être pas assez la vertu des femmes, parce que je n'y crois pas absolument; mais, croyant à l'amour, il faut

bien que je le respecte, et jamais je n'ai eu la ten-
tation de trahir un ami plus heureux que moi, lorsqu'il méritait son bonheur. J'ai loyalement demandé
pardon à la marquise, qui a fait semblant de ne pas
savoir à propos de quoi. Je lui ai juré de reporter
la bague, et je suis parti pour le *baou rouge.* J'avais
du chagrin, j'ai pleuré dans les bois, oui, je me souviens d'avoir pleuré comme un enfant et d'avoir
perdu là deux heures... deux heures que je me reprocherai toute ma vie. Si j'étais arrivé au poste des
douaniers deux heures plus tôt...

— Non ! ne te reproche pas cela. La funeste résolution était accomplie dans la matinée.

— N'importe, le remords est là qui m'étouffe.
Pourquoi avais-je pris cette bague? Pourquoi avais-je
écrit à Nama? Pourquoi ai-je stupidement perdu la
lettre?...

— Tu sais tous ces détails? Qui te les a donc
appris? Je te les tenais cachés !

— Qui me les a appris? Ah ! je m'en souviens
bien, moi ; c'est le mari de la Zinovèse !

— Tu l'avais donc vu?...

— Oui, dans la forêt. Sa femme morte, ses enfants
envoyés avec toi à Tamaris, il me cherchait... La
Zinovèse avait parlé avant de mourir ; elle avait dit :

» — Venge-toi et venge-moi !

» Et le malheureux croyait accomplir un devoir!...
Et puis c'est un homme ; il avait le sentiment de sa

17.

bonne foi surprise, outrage passé, mais ineffaçable.
Il m'a donné rendez-vous pour minuit, à la pointe
du cap Sicier, et, à minuit, je l'attendais après avoir
erré comme un fou toute la soirée.

» Il est venu à l'heure dite; mais Pasquali me
cherchait. Les gardes-côtes appelaient de tous côtés.
Estagel lui-même était censé diriger les recherches.
Il m'a dit de me tenir caché et d'attendre le moment
où nous pourrions être seuls. J'ai attendu, et enfin,
à deux heures du matin, nous nous sommes rejoints
au bord de la falaise, dans ce terrible endroit que
tu sais! Là, il m'a dit :

» — Vous n'avez pas d'armes et je n'en ai pas
apporté; je ne veux pas de traces ni de soupçons
d'assassinat. La lutte corps à corps va décider de
votre vie ou de la mienne. Nous avons souvent jouté
ensemble, et nous sommes de même force. Nous
nous mesurerons là, sur le bord de la mer, et celui
qui tombera tâchera d'*emmener* l'autre. La partie
est sérieuse, mais elle est égale.

» J'étais forcé d'accepter les conditions, et j'étais
si las de la vie en ce moment-là, que je ne songeais
guère à discuter. D'abord je voulais me laisser tuer;
mais, en homme d'honneur, Estagel n'a voulu faire
usage de sa force qu'en sentant la mienne y répondre. Trois fois il m'a *gagné* comme pour m'exciter
à la défense, et trois fois il m'a retenu, attendant
une résistance sérieuse. Je m'y mettais de temps en

temps, voulant le renverser sur place pour lui faire
grâce en le tenant sous moi : impossible! Baignés
de sueur, épuisés d'haleine, nous nous arrêtions
sans rien dire. C'étaient des moments atroces de
silence et d'attente. Estagel me laissait souffler sans
paraître en avoir autant besoin que moi, et, au bout
de cinq ou six minutes, qui m'ont paru des siècles,
il me disait de sa voix douce et implacable :

» — Y sommes-nous?

» Alors nous recommencions. A la quatrième fois,
j'ai senti qu'il me gagnait sérieusement. Imagine-toi
une pareille lutte sur une corniche de rocher qui n'a
pas deux pieds de large. L'instinct de la défense naturelle, l'amour de la vie m'ont ranimé, et je me suis
cramponné à lui. Il avait compté là-dessus pour me
pousser sans remords et sans pitié, très-insouciant
de ce qui en adviendrait pour lui-même. Comment
je ne l'ai pas entraîné dans ma chute, je n'en sais
rien. Ou j'en avais assez, ou l'espoir de me sauver
m'a donné la résolution de m'abandonner à la destinée. Je me suis retenu, par je ne sais quel miracle,
à la moitié du précipice. Je n'ai pas voulu crier, je
n'ai pas crié, je sentais mon adversaire penché au-
dessus de moi et regardant peut-être si je saurais
mourir sans lâcheté. Enfin mes mains sanglantes et
fatiguées ont lâché prise, et j'ai peut-être volontairement devancé le moment fatal. J'avais un sang-froid
désespéré. Je me disais que j'étais suspendu sur un

abîme, mais que, si je ne tombais pas juste sur un récif, je pourrais revenir sur l'eau. C'est ce qui est arrivé ; je me suis senti étourdi, puis ranimé par la fraîcheur de la mer. J'ai nagé longtemps dans d'horribles ténèbres. Le brouillard était si épais, que je me heurtais contre les écueils sans les voir. Il m'a semblé un instant que je touchais aux *Freirets*, ces deux pains de sucre qui sont à la pointe du cap, assez loin de la côte. Jusque-là, j'avais ma raison ; mais tout d'un coup je me suis aperçu que je ne pensais plus et que je nageais machinalement au hasard. C'est le seul moment où j'aie eu peur. Deux ou trois fois le raisonnement est revenu pour un instant, pour me faire sentir l'épouvante de ma situation et ranimer mes forces. Enfin j'ai perdu toute notion de moi-même, et je ne peux expliquer comment je suis arrivé au rivage. Il faut que le vent qui soufflait de la côte ait tourné tout d'un coup ; mais je ne me rendais plus compte de rien, et sans toi je ne me serais jamais relevé !

En achevant ce pénible récit, la Florade jeta des cris étouffés, se cramponna à son oreiller, croyant lutter encore contre la vague et la roche ; il ne revint à lui-même qu'en sentant les bras de Nama autour de lui. Nama ne le quittait ni nuit ni jour ; elle accourut à ses cris, et, le couvrant de larmes et de caresses, elle le calma mieux peut-être que le médicament administré par moi.

Nama, toujours pure, aimait toujours ce jeune homme avec fanatisme. Elle ne trouvait en lui rien à blâmer ni à reprendre. Elle le magnétisait pour ainsi dire et l'endormait par son inépuisable douceur. Il sentait, sans en avoir conscience, le souffle à la fois innocent et lascif de cette fille de la nature, éprise de lui sans le savoir.

Quand je le vis tranquille et assoupi, je courus chez le baron; mais à peine eus-je dit quelques mots, que je ne me sentis plus le courage de l'interroger.

— Voyons, me dit-il, à qui en as-tu? Que cherches-tu à savoir?

— Il me semblait qu'avant tous ces orages vous deviez, de la part de madame d'Elmeval, me confier certains secrets... relatifs à elle et à la Florade. Voici la Florade non guéri encore, mais hors de danger. Il se croit éconduit; je dois, en qualité de médecin, vous demander si cela est sérieux et définitif, et si, en cas contraire, je ne dois pas le consoler de ce chagrin pour hâter sa guérison.

— Ah çà! répondit le baron en me regardant fixement avec ses yeux ronds si vifs et si doux en certains moments, veux-tu me dire où tu as pris cette idée biscornue que la marquise avait jamais songé à M. la Florade? Quand est-ce qu'elle t'a dit cela? Et comment se ferait-il que je ne te l'eusse pas dit dès le premier jour?

— Ah! mon ami, vous me l'avez donné à entendre.

— Jamais! Je t'ai interrogé pour savoir ce que ce pouvait être qu'un homme si hardi. Ce pouvait être un très-grand cœur ou un très-mince paltoquet, et ce n'est ni l'un ni l'autre. C'est un enfant terrible. Tu crois la marquise moins pénétrante et moins sévère que moi? Pourquoi cela?

— Parce que, le jour où la Zinovèse est venue la voir, elle a pleuré, beaucoup pleuré, je vous jure! Elle voulait le fuir, et son cœur se brisait.

— Pauvre femme! dit le baron en riant; c'est vrai qu'elle a pleuré, et encore le soir en tête-à-tête avec moi. Et sais-tu ce que je lui ai dit pour tarir ses larmes? Devine!

— Vous lui avez donné la force de se détacher de *lui?*

— De lui, qui? De celui qu'elle aimait? Ma foi non! Je lui ai dit : « Ma chère Yvonne, vous quitterez, si bon vous semble, ce pittoresque pays, qui menace de devenir tragique; mais nous vous suivrons, *lui* et moi. Celui que vous aimez n'aura rien de mieux à faire que de vous consacrer sa vie, et, moi, j'aurai à prendre ma part de votre bonheur en le contemplant comme mon ouvrage... car c'est moi qui, de longue main, avais rêvé et peut-être un peu amené tout cela. Vous étiez mes meilleurs amis, mes enfants adoptifs et mes futurs héritiers; pourquoi séparer les deux seules destinées que j'aie pu juger dignes l'une de l'autre? Je vous ai dit que, le jour où vous rencontreriez l'homme de bien et l'homme de cœur réunis, comme vous risquiez fort de ne pas en rencontrer un autre de sitôt, vu qu'il y en a peu, il fallait, sans hésiter et sans regarder à droite ni à gauche, l'arrêter au passage et lui dire : « A moi ton cœur et ton bras ! » Cet homme-là, vous le tenez, ma chère Yvonne ; il vous adore, et s'imagine avoir si bien gardé son secret, que personne ne s'en doute. Et il se trouve que vous gardez si bien le vôtre, qu'il ne s'en doute pas non plus. Je suis content de vous voir ainsi comme frappés de respect à la vue l'un de l'autre ; mais vous commencez à souffrir, et je me charge de lui. Il saura demain... » Voyons, ne t'agite pas ainsi, ne saute pas par les fenêtres, écoute-moi jusqu'au bout! Je devais te parler le lendemain ; les tragédies prévues se sont précipitées en prenant un cours imprévu. La marquise, par une superstition bien concevable, n'a pas voulu qu'il fût question d'avenir sous de si tristes auspices, et moi, par vanité paternelle, par orgueil de mon choix, je n'étais pas fâché de lui laisser voir que tu étais capable de la servir sans espoir et de l'aimer sans égoïsme. Tu as souffert beaucoup dans ces derniers temps, je le sais ; mais j'avais du courage pour toi en songeant aux joies qui t'attendaient. Tu es tranquille sur ton malade, et moi aussi, je suis sûr de sa

guérison physique et morale : viens donc trouver
Yvonne avec moi, et tu verras si c'est M. la Florade
qu'elle aime!

Aucune expression ne saurait peindre l'ivresse où
me jeta cette révélation. Je craignis un instant de
devenir fou ; mais je ne voulus pas trop penser à mon
bonheur. Je tremblais de n'en être pas digne. J'avais
besoin de voir Yvonne et d'être rassuré par elle-
même. Oh! qu'elle fut grande et simple, et saintement sincère dans l'aveu de son affection! Comme
elle sut éloigner de moi le sentiment pénible de mon
infériorité relative, car elle est restée à mes yeux ce
qu'elle était le premier jour où je l'ai vue, un être
plus accompli, meilleur, plus sage et plus parfait
que tous les autres, et que moi par conséquent. Je
n'ai jamais songé que sa naissance fût un privilége
dont mon orgueil pût être flatté, ni sa fortune un
avantage qui pût rien ajouter à notre commun bonheur. Je n'ai pas eu non plus la crainte de ne pas aimer
assez son fils. Je ne pouvais pas les séparer l'un de
l'autre dans mon amour, et je n'aurais pas compris
qu'elle me fît promettre de le rendre heureux. Aussi
le mit-elle dans mes bras en me disant :

— A présent que je peux mourir sans crainte
pour son avenir, la vie me paraîtra plus belle,
et vous ne verrez plus jamais un nuage sur mon
front.

———————

Par un sentiment de convenance pour son fils, madame d'Elmeval ne voulait pas se remarier avant d'avoir amplement dépassé le terme de son veuvage. Notre union fut donc fixée pour la fin de l'automne, et, comme la chaleur de l'été méridional paraissait moins favorable à Paul que la brise du printemps, nous convînmes d'aller avec lui et le baron passer quelques semaines auprès de mes parents en Auvergne, et le reste de l'été en Bretagne dans les terres de la marquise et du baron. On tenterait là un établissement définitif, sauf à revenir au rivage de la Méditerranée durant l'hiver, si Paul ne s'acclimatait pas facilement dans le Nord ; mais j'avais bon espoir pour lui dans le climat doux de la région nantaise, et la suite a justifié mes prévisions.

Je ne voulais pourtant pas quitter définitivement la Florade sans le voir délivré de cette surexcitation nerveuse qui menaçait de se prolonger, et, après avoir passé le mois de juin avec la marquise, dans ma famille, je la laissai partir avec le baron pour la Bretagne ; puis je revins m'assurer de l'état de mon malade et prendre les ordres de mademoiselle Roque, ainsi que cela était convenu.

Mademoiselle Roque n'avait pas voulu quitter son frère avant qu'il fût en état de reprendre son service. Elle continuait à habiter la bastide Pasquali,

pendant qu'on lui construisait une très-jolie maisonnette près de la Seyne et de mon fameux champ
d'artichauts, mais en belle vue, sur un tertre, et au
milieu d'un bouquet de pins converti en jardin.
Toute trace de l'ancienne bastide Roque avait disparu. Elle pouvait être là fort heureuse, mais avec
un mari, et la marquise, qui se flattait de lui en trouver un convenable quand son éducation serait un
peu plus avancée, lui avait proposé de l'emmener
pour un ou deux ans.

Mademoiselle Roque avait pleuré beaucoup en
voyant partir son amie; mais elle avait demandé à
rester encore un peu chez Pasquali, qui la traitait
comme sa fille depuis qu'il l'avait vue si bonne
garde-malade, et, quand je revins pour la chercher,
elle pleura davantage et demanda à rester tout à fait.
Comme la marquise m'avait bien recommandé de ne
rien laisser au hasard dans la destinée de cette bonne
fille, je voulus savoir de Pasquali ce qu'il pensait
d'elle et de sa résolution.

— Mon ami, répondit le bon Pasquali, laissez-la-
moi, je l'adopte pour mon bâton de vieillesse. Vous
me direz que je suis encore un peu loin de la bé-
quille, et que le bâton n'est pas bien solide. Je le
sais, Nama n'est pas bonne à grand'chose dans un
ménage de garçon; mais elle a un si bon cœur, elle
est si dévouée, si douce et si belle fille, après tout,
que monsieur mon filleul pourrait faire pis que de

l'épouser. J'ai dans l'idée qu'il y a pensé, car il n'est
pas plus son frère que ne suis ton neveu. L'histo-
riette est toute de sa façon. La fameuse almée dont
son père s'était épris à Calcutta ou au Caire était tout
simplement une Alsacienne rencontrée sur la Cane-
bière, et qui ne lui a jamais donné aucune espèce de
postérité. En me racontant cela, le coquin m'a dit
qu'il dissuaderait Nama le jour où il la verrait bien
guérie de son amour pour lui ; mais ce jour-là ne
viendra guère, s'il continue à nous rendre visite
quatre fois par semaine. Le diable m'emporte ! je
crois qu'il est touché de cet amour-là ; mais il est
encore si fantasque, que je n'ose pas lui en parler.
Vois-le donc et tâche de lui délier la langue.

J'allai trouver la Florade à son bord. Il était très-
changé. Ses cheveux s'étaient beaucoup éclaircis, ses
yeux n'avaient pas retrouvé leur bizarre entourage
coloré et leur ardente expression. Il était plus pâle,
plus distingué et d'une beauté plus sérieuse et plus
douce. Ses forces étaient revenues, mais ses nerfs le
faisaient souffrir encore presque tous les jours, et il
se préoccupait de lui-même et de sa santé en homme
qui aime la vie, qui croit à la possibilité de la perdre,
et qui n'a plus la moindre envie d'en abuser. Il
montra une grande joie de me revoir, me témoigna
la plus ardente reconnaissance, et m'entretint lon-
guement de ses souffrances. Il me parla fort peu de
la marquise, et je vis qu'il n'y mettait pas d'affecta-

tion. Il avait fort envie de s'intéresser à notre bonheur; mais, loin d'en être jaloux, il se réjouissait
presque naïvement d'être guéri d'une passion qui
avait failli lui coûter si cher, et dont les conséquences avaient causé de si cruels désordres dans
son organisme.

— Sais-tu, me dit-il, que j'ai des insomnies dés-
espérantes? Toujours cette femme morte, et toujours
cette vague noire et le poignet de fer du brigadier
que je sens entre mes côtes quand je respire sans
précaution! Ah! tu me vois bien démoli! Moi qui
aurais bu la mer et avalé la tempête, je suis forcé
de mesurer l'air que j'absorbe, et, quand la houle
est forte, j'ai le vertige! Si ça continue, je serai
réduit à quitter le service.

— Non, tu guériras; mais, à propos du brigadier,
où en êtes-vous? Avez-vous fait bien sincèrement la
paix?

— Je crois que oui, je l'espère; mais je n'en suis
pas sûr. Tant que j'ai été sur le flanc, il a paru s'intéresser à moi; depuis que je suis sur pied, je n'ai
plus entendu parler de lui. Il est vrai que je ne suis
jamais retourné de ce côté-là, et je t'avoue qu'il me
serait très-désagréable de recommencer une partie
de lutte avec lui.

— Il faudrait pourtant en avoir le cœur net. La
marquise m'a dit que, le lendemain de ton accident,
il lui avait tout confié, et qu'elle lui avait fait jurer

sur le Christ de ne plus songer à la vengeance ; mais il n'avait peut-être pas beaucoup sa tête ce jour-là, et il serait bon de voir s'il n'a pas oublié son serment.

— Eh bien, tu as raison. Vas-y, tu me rendras service et tu me délivreras d'une de mes anxiétés. Si je pouvais être tranquille sur ce point, je me déciderais... Voyons, qu'en penses-tu ? Il y a une personne qui n'est pas précisément mon idéal, mais dont l'affection pour moi est sans bornes et dont l'influence physique sur moi est extraordinaire. Elle agit comme un calmant, et, dès que je suis auprès d'elle, mes fantômes s'envolent. Si j'en faisais ma femme ? Peut-être chasserait-elle les démons de mon chevet. Elle prétend avoir des amulettes contre les mauvais esprits, et je te jure qu'il y a des moments où je suis tenté d'y croire.

— Elle a un talisman souverain, répondis-je, elle t'aime ! Va, mon ami, épouse mademoiselle Roque. Elle est belle, et vous aurez de beaux enfants ; elle est bonne, et elle chassera les mauvais souvenirs ; elle a de quoi vivre, et, si tu étais forcé de quitter le service, tu ne serais pas dans la gêne. Elle est agréée de Pasquali, et elle adoucira ses vieux jours. Enfin c'est une bonne action à faire que de ne pas la laisser retomber dans l'isolement, et, le jour où tu te dévoueras vraiment à une femme, les démons cesseront de te reprocher le passé.

La Florade me serra énergiquement la main, et nous nous rendîmes ensemble au quartier de Tamaris. Je l'y laissai et courus au *baou rouge*. Je trouvai le brigadier occupé à élaguer un pied de mauve de dix pieds de haut, qui ornait sa porte.

— Non, je n'ai pas oublié ! dit-il quand il m'eut entendu. J'ai juré ! Et, d'ailleurs, quand même la sainte dame ne m'aurait pas arraché ce serment-là, la chose m'avait fait trop de mal ! Je ne suis pas méchant, moi, et, quand j'ai cru avoir tué ce jeune homme, je n'attendais que d'avoir enterré ma femme pour me tuer aussi. Dieu a voulu qu'il en revienne, et je n'irai pas contre la volonté de Dieu !

Il me pria d'entrer chez lui. L'ordre et la propreté y régnaient toujours. Les petites filles étaient bien tenues et fort embellies. La crainte ne les paralysait plus. Elles étaient vraiment aimables. J'en fis compliment à leur père.

— Vous voyez, dit-il en soupirant. C'étaient pourtant de bons enfants bien sages! Ah! comme on pourrait être heureux, si on voulait se contenter de ce que Dieu vous donne!

Il embrassa ses filles. Personne ne lui reprochait plus de les gâter; mais, tout en savourant son bonheur, il regrettait son tourment.

Quand je retournai à Tamaris, Pasquali vint à ma rencontre.

— C'est bien, me dit-il, tu es un brave garçon et

tu mérites le bonheur que tu as. Le filleul vient de parler à la petite Roque et de lui engager sa parole. Tu peux partir à présent, puisque retourner auprès de notre chère marquise est la récompense du bien que tu nous fais.

J'embrassai le bon parrain et les nouveaux fiancés. Marescat me reconduisit à Toulon, et je lui serrai les mains en le quittant, car c'était, lui aussi, un bon et honnête homme.

Ma bien-aimée promise est aujourd'hui ma femme. Que pourrais-je ajouter à ce mot, qui résume toute ma félicité, toute ma foi et toute ma gloire en ce monde? Paul est la bénédiction de notre vie, et, si je ne regrette pas ma pauvreté méritante, c'est parce que j'ai pu rester laborieux et actif en soignant mes semblables sans autre récompense que leur affection.

FIN.

ÉMILE COLIN. — IMPRIMERIE DE LAGNY.

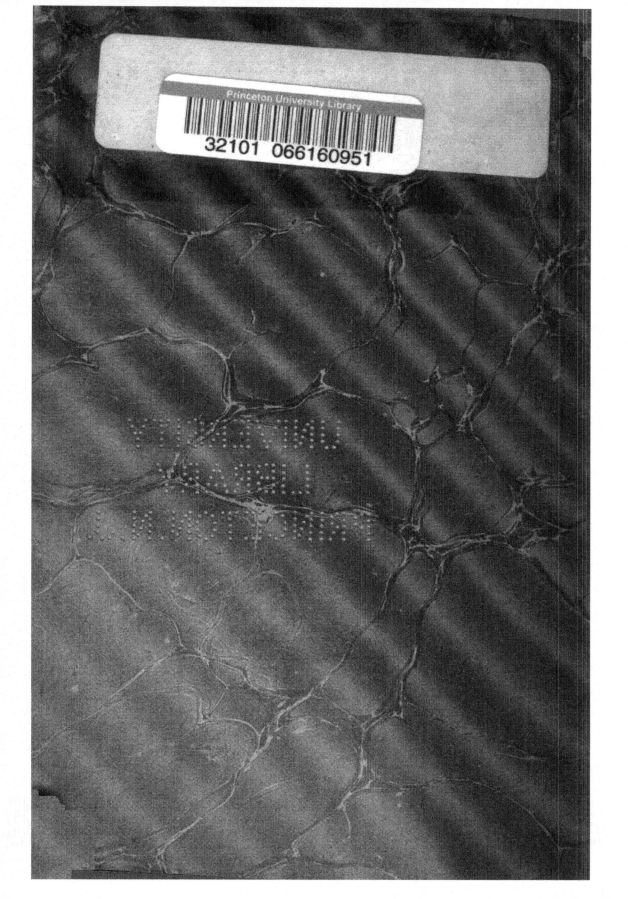

Lightning Source UK Ltd.
Milton Keynes UK
UKOW04f2240081116

287199UK00014B/894/P